知识生产的原创基地
BASE FOR ORIGINAL CREATIVE CONTENT

颉腾文化
JIE TENG CULTURE

U0951797

职场通识系列

高效阅读

灵活、策略与技巧

（原书第10版）

[美] 凯瑟琳·T. 麦克沃特（Kathleen T. McWhorter）/ 著

肖静 / 译

EFFICIENT
AND FLEXIBLE READING
10th Edition

西苑出版社
XIYUAN PUBLISHING HOUSE
·北京·

图书在版编目（CIP）数据

高效阅读：灵活、策略与技巧：原书第 10 版 /（美）凯瑟琳·T. 麦克沃特著；肖静译. -- 北京：西苑出版社，2022.7

ISBN 978-7-5151-0843-8

Ⅰ. ①高… Ⅱ. ①凯… ②肖… Ⅲ. ①读书方法 Ⅳ. ① G792

中国版本图书馆 CIP 数据核字（2022）第 104158 号

高效阅读：灵活、策略与技巧

GAOXIAO YUEDU: LINGHUO, CELUE YU JIQIAO

责任编辑：辛小雪
特约编辑：程天祥
装帧设计：王建敏
责任印制：陈爱华
出版发行：西苑出版社 XIYUAN PUBLISHING HOUSE
地　　址：北京市朝阳区和平街 11 区 37 号楼　　邮政编码：100013
电　　话：010-88636419
印　　刷：北京市荣盛彩色印刷有限公司
开　　本：787 毫米 ×1092 毫米 1/16
字　　数：342 千字
印　　张：17.5
版　　次：2022 年 8 月第 1 版
印　　次：2022 年 8 月第 1 次印刷
书　　号：ISBN 978-7-5151-0843-8
定　　价：79.00 元

The Translator's Words | 译者序

也许你还在为怎样提高阅读效率而苦恼，抑或看不懂书中众多的视觉化图表，甚至虽然对作者观点不甚认同，却不知如何加以批判和质疑：这些都是读者在阅读时常见的困惑与挫败。

凯瑟琳·T. 麦克沃特所著的《高效阅读：灵活、策略与技巧》（原书第10版）为读者解答了这些困惑。

凯瑟琳·T. 麦克沃特撰写了十多部大著，旨在帮助读者从大学起步便打下在职场成功的基础。她出生在纽约州北部的一个农场社区，在纽约州立大学布法罗分校获得了教育学博士学位，后任教于纽约州桑伯恩的尼亚加拉县社区学院，担任教职长达34年，荣膺该校人文学科的荣誉教授。通过她的大作，麦克沃特教授已经帮助了大约50万名大学生提高了他们的阅读、写作和批判性思维技能，在教育界和社会上产生了广泛的影响。

本书的结构清晰而合理：第一部分是为阅读与学习构筑坚实的基础；第二部分则由浅入深，使用多种方法和技巧，让读者加深对阅读材料的理解；第三部分介绍批判性阅读技能；第四部分则着重提高阅读的速度与灵活性。

本书条理井然，内容丰裕，语言平实，适合中学以上年龄层次的读者阅读，尤其对于需要广泛阅读、撷取知识精华的读者来说，本书更是一份不可多得的礼物。

愿读者能从本书中汲取更多营养，进一步打开眼界，充盈内心，这是作为译者最高的奖赏了。

肖静

2021年12月于北京

Preface | 前言

要在大学和职场里取得成功，我们必须学会理解作为知识来源的多种阅读材料。大学生主要的阅读材料是教科书，它们代表了独特的学术学科——每个学科都有自己的风格、内容和复杂概念。除此之外，大学生还需要阅读文献、参考资料、在线期刊、指南、手册和学习指导。大学里习得的技能，在职场中也会持续发挥作用，引领我们阅读和领会专业资料、期刊、前沿技术，等等。

每一种材料的阅读都具有独特的挑战，更重要的是，我们阅读的目的也各不相同。为了有效地应对不同的阅读任务，聪明的读者必须培养阅读的灵活性，调整策略和技巧，以适应不同的情形。

大学和职场的时间都是稀缺的，学习者必须应对学业、工作、家庭和社会活动带来的时间限制。阅读和学习必须在切合实际的时间内完成，以求卓有成效。因此，阅读的效率至关重要。本书旨在使读者成为高效且灵活的阅读者，能够成功应对大学和职场的挑战。

目标和主题

本书的主要目标是教给读者如何在一个有效和现实的框架内完成阅读任务。它将引导读者提升阅读的灵活性——调整理解程度和速度，以便与阅读材料的目的、类型、复杂度以及对内容的熟悉程度相适应。本书的第二个目标更加具体，即鼓励读者构建成功和积极的学术或专业阅读策略。本书的第三个目标是鼓励读者把阅读当成一个思考过程。元理解是贯穿始终的主题。所谓元理解，是读者对阅读和学习过程及其伴随的思维过程的意识与控制。

第 10 版的变化

第 10 版的变化预期达到两个目标：① 指导读者调整阅读技能，以便与阅读材料的目的和性质相适应，提升阅读的效率和灵活性；② 培养读者的批判性思维技能，包括解释和分析视觉化图表的能力。

具体的变化包括以下方面。

- **新的一章，内容涉及阅读和评估视觉化图表**。批判性思维并不局限于文字材料。第 7 章认识到读者需要对广泛的图形和图像进行批判性思考，指导读者解释和评估表格、图形、信息图和照片。
- **新的整合，涉及批判性思考主题**。新版除了专门的批判性思维章节外，许多章节还包含了一个小节，引导读者对本章介绍的技能和主题进行批判性思考。例如，关于主要观点的章节（第 4 章）讨论了如何批判性地思考主题句，以及怎样评估它们是否表达了事实或观点。
- **新的扩展，涉及教科书的阅读技能**。扩展了第 6 章的内容，以包含将教科书作为学习工具的章节。它向读者展示了怎样使用教科书的各个部分和利用其特色来学习与研究章节内容。本章还包括对科学和科技材料的阅读指导。
- **新的秘诀**。为了进一步强调效率和灵活性，新版提供了灵活而有效地应用章节内容的实用技巧。例如，在第 2 章关于预习主题的内容中，“提高效率秘诀”建议读者预习文本并评估它们的难度，以便安排足够的时间来完成它们。
- **新的元认知专栏，伴随着全篇阅读材料**。每一篇阅读精选材料都包含一个前元认知栏目和后元认知栏目。前元认知栏目题为“你准备采取哪种阅读策略”，引导读者在预习的基础上评估阅读内容，并选择最合适的阅读策略。后元认知栏目为“阅读理解”，鼓励读者评估所选策略的有效性，并在阅读类似材料时考虑未来的适应性。
- **新的多样化阅读精选来源**。读者需要调整他们的阅读技巧以适应文本的性质，而新的阅读精选材料代表着广泛的来源。精选的阅读材料的来源包括教科书、期刊、报纸、网站和博客。
- **新增阅读精选文章**。新版增加了新颖的、高度吸引人的阅读材料，主题涵盖对非洲裔美国人的印象、绿色计算、口碑广告、网络迷失、信息过载、可持续发展、体验音乐、素食主义、改善睡眠，以及改变世界的策略。

内容摘要

新版提供了综合阅读理解、记忆、词汇发展、批判性阅读、视觉化图表策略和评分技巧，这些都已被证明对大学生和职场人士至关重要。

第一部分为阅读与学习构筑基础。这个部分介绍了阅读文本的组织和框架，发展并解释了效率和灵活性的概念与原则，强调阅读是一个思考的过程。本部分还介绍了主动阅读的策略，描述了集中精力和记忆的技巧，并且解释了英文词汇的基本构建方法。

第二部分为提高阅读理解能力。第二部分的重点是如何运用知识和文章结构来提高理解能力。这个部分描述了主要观点的位置、段落的结构、过渡的类型，以及如何将观点组织成思维模式，介绍了教材、文章、短文、学术期刊文章、科学或科技材料的阅读策略。

第三部分为批判性阅读。批判性阅读技能是本部分的重点。这部分还包括做出推断的技能、区分事实与意见、识别概括、理解语气、辨别作者的目的、认识偏见、阅读和评估在线资源等。读者将能学到怎样寻找可靠的网站并评估其内容、准确性、及时性、目的和结构。这个部分还强调了评估论据和有说服力的写作技巧，包括辨别证据类型和分辨逻辑谬误。

第四部分为提高阅读速度与灵活性。本部分详细介绍了提高阅读速度与灵活性的具体技巧，包括略读、扫读和更快阅读的技巧，等等。

特色

- **聚焦学术阅读技能**。为满足学术阅读的需求，本书在文字阅读和批判性阅读、词汇发展和学习阅读技巧方面提供了必要的指导。
- **强调主动阅读**。本书鼓励读者通过预测、质疑和评估观点来与本书互动，做主动的阅读者（第 2 章）。
- **强调批判性思维技能**。本书自始至终强调批判性思维是有效、高效和灵活阅读的关键。第三部分着重于批判性分析、评估在线资源和评估论证。第 7 章在视觉化图表的解读与评估的背景下，深入讨论了批判性思维。
- **强调解读和评估视觉化图表的技能**。在大学和职场，阅读已经扩展到包括解读和评估大量的视觉化图表。第 7 章顺应了这一趋势，并为读者提供了理解和批判性思考技巧，以应对他们将在各式各样的阅读文本中遇到的视觉化图表。
- **聚焦于在线资源的评估**。由于我们需要越来越多地使用互联网，评估在线资源成为本书持续强调的重点。第 8 章讨论了如何寻找和评估在线资源，并且检视了在线文章要求采用的新的阅读和思考方式。
- **元认知的整合**。元认知是读者对自己的理解过程的意识。成熟且熟练的阅读者对自己的阅读进行了大量的认知控制：分析阅读任务，选择合适的阅读策略，监测策略的有效性。本书指导读者发展这些元认知策略，并且提供了一份“学习风格调查问卷”，使读者能够评估自己如何学习和处理信息（第 1 章）。同时每章章末还附有一篇精选的阅读文章，提供了之前和之后的元认知栏目，以鼓励读者就不同类型的阅读材料选择并评估阅读策略。

- **讨论学术思维模式**。本书描述了六种主要的思维模式，即时间顺序或流程、定义、分类、比较—对比、因果关系和列举，作者将用它们在不同的学术学科中组织和安排观点。另外还简要讨论了五种模式：陈述和澄清、总结、概括与示例、补充和空间顺序或地点。这些模式以组织图式的形式呈现，用于提高对教材的理解和回忆（第 5 章）。
- **非常吸引人的和相关的阅读精选**。各章章末以具有代表性的阅读期望类型为例进行了对阅读材料的遴选。精选的文章来源广泛，体例涵盖摘录、文章、短文等。每篇阅读精选之后的评测分为如下几类："检验你的理解"，衡量你对文字的理解以及你的批判性理解能力；"批判地思考"，要求具备解释性的阅读技能；以及"多想一想"，发散或深化你的思考。

致谢

我要感谢我的同事和审稿人所做的贡献，他们为本版和以前各版提供了宝贵的意见和建议。

培生集团的编辑人员值得致以特别的认可和感谢，他们为我提供了引领、支持和指导。特别要感谢我的开发编辑吉莉安·库克（Gillian Cook），感谢她宝贵的建议和帮助。还要感谢高级策划编辑南希·布莱恩（Nancy Blaine）对修订的热情支持。

凯瑟琳·T. 麦克沃特

Contents | 目录

第一部分 1 为阅读与学习构筑基础

第1章 提高效率和灵活性

这种汽车在推销的时候被称为节油汽车，术语是“燃油效率汽车”。但“燃油效率”到底是什么意思呢？燃油效率汽车是指使用较少燃料和节约能源的汽车。因此，效率这个术语指的是用最少的努力、费用或浪费来执行任务的能力。

效率是指有效利用时间和资源来完成某项特定的任务。当更深入地思考效率这个概念时，你可能开始意识到，它是我们这个以工作和时间为导向的社会的一个主要目标。例如，一名修理工更换一只轮胎要花1个小时，快餐店的一位厨师准备一个芝士汉堡要花25分钟，或一名销售人员要花5分钟才能将一件商品打包，可能是效率低下的表现。

理解阅读效率

在大学和职场，很多繁重的任务都要花更多时间来完成。应对大学及职场的要求和压力的最好方法之一就是提高效率——用更少的时间做更多的事情。

> 阅读效率是指在与你的目标相一致的时间范围内成功地完成一项任务（阅读、写作或学习）。

许多人认为提高效率的唯一方法就是读得更快，他们觉得慢速阅读是糟糕的，事实并非如此。你采取什么方式去读，比你读得有多快更加重要。如果在 1 小时内阅读了一篇 12 页的文章，但只记住了所读内容的 60%，你的阅读效率并不高。有效的阅读包括在合理的时间范围内充分地理解和回忆。

以下“效率调查问卷”将帮助你评估自己是不是一名高效的阅读者。请对每个问题回答“是”或“否”。要对自己实话实说。

效率调查问题

	是	否
1. 在每次开始阅读时，你是否为自己设定了目标和时间限制？	☐	☐
2. 当完成阅读任务时，你有没有特别的问题萦绕在脑海中？	☐	☐
3. 在开始阅读之前，你会花几分钟浏览一下吗？	☐	☐
4. 阅读的时候，你会试着预测作者接下来要说什么吗？	☐	☐
5. 当完成阅读任务时，你会花几分钟复习你读过的内容吗？	☐	☐
6. 你是否对那些表示思想变化或延续的词句保持警惕？	☐	☐
7. 你在阅读时，会整理更重要或不太重要的细节吗？	☐	☐
8. 当读到一个你不认识的生词时，你会试着通过它在句子中的使用方式来确定它的意思吗？	☐	☐
9. 你是否经常采用突出显示、摘要笔记和旁注等方式来辨别重要信息？	☐	☐
10. 在阅读非教科书的材料时，你是否试图确定作者写作的目的？	☐	☐

如果你对这些问题的回答都是肯定的，那你很可能成为一名高效的读者。如果你对其中的一些或很多问题的回答是否定的，那你得提高阅读效率。下文我们将介绍具体的方法。

效率和灵活性原则

下面的每一段话都表达了一条主要原则，它们是本书中提出的各种技巧的基础。你对它们中的任何一条感到惊讶吗？它们是否与你学过的内容相矛盾？

1. **你不必总是采用同样的方式来阅读所有内容。**在本书中你会发现，根据你的阅读目的，略读句子、段落和文章的一些部分，或浏览特定的信息，可能是完全可以接受的，甚至是明智的。

2. **并非书中的所有内容都同等重要。**句子、段落和较长的小节都包含了重要或不重要的信息。你要学会识别什么是重要的，并且观察句子、段落或文章的其余部分如何与重要的内容相关联。

3. **走捷径可以节省宝贵时间，使阅读或学习更容易。**阅读不仅仅是打开一本书然后跳进去埋头苦读。在阅读之前、之中及之后，你可以使用一些特定的技巧来大幅提高阅读效率。

4. **并非所有印刷出来的东西都是真的。**主动的阅读者必须质疑和评估信息的来源、权威性以及那些不可核实的、用来支持陈述的证据。

5. **你可以在不降低理解力的情况下提高阅读速度。**大多数人可以通过运用一些技巧来提高理解力和记忆力。当然，在保持较高理解水平的情况下，你不可能指望把阅读速度提高一两倍，但是你确实可以取得显著进步。

在本书的其余部分中，我们将论证这些原则中的每一条，并将其应用到各种阅读情境中。对于你可以用来提高阅读效率和灵活性的其他策略，页边栏会有相关提示。

分析学习风格

你是否注意到有些类型的任务比其他类型的更容易？你是否发现有些学习方法比另一些方法更有效？你觉不觉得某种学习方法对别人很有效却对你并不适用？这些差异，可以用所谓的学习风格来解释。正如你有着独特的个性一样，你采用的学习方式也是独一无二的。学习风格还能解释为什么你觉得某些任务容易，而其他学习任务却很难。下面的调查问卷将帮助你了解自己。

学习风格调查问卷

指导：选择更贴近你情况的选项。

第一部分

(　　) 1. 我更喜欢遵循

a. 口头指令。

b. 纸上打印的指令。

(　　) 2. 我更喜欢

a. 上一堂由某著名心理学家讲授的课。

b. 在网上阅读一篇这位心理学家撰写的文章。

(　　) 3. 当有人向我介绍别人时，我更容易记住对方的

a. 姓名。

b. 相貌。

(　　) 4. 我发现我更容易采用下面这种方式学习新的信息

a. 语言（文字）。

b. 图形（照片）。

(　　) 5. 我更喜欢

a. 听别人讲课并回答问题。

b. 使用幻灯片和视频。

(　　) 6. 为了解最新的时事，我更喜欢

a. 听广播新闻。

b. 看报纸新闻。

(　　) 7. 为了学会如何操作某台机器，我更喜欢

a. 听朋友讲解。

b. 看一段演示。

第二部分

(　　) 8. 我更喜欢

a. 处理事实和细节。

b. 构建理论和思想。

(　　) 9. 我更喜欢

a. 遵照具体指示的工作。

b. 涉及阅读、写作和分析的工作。

(　　) 10. 我更喜欢

a. 用公式来解答数学问题。

b. 探索为什么能用公式解题。

(　　) 11. 我更喜欢写一篇解释（　　）的学期论文。

a. 某个流程

b. 某一理论

(　　) 12. 我更喜欢要求我（　　）的任务。

a. 遵照细致的、详尽的指令

b. 运用推理和批判分析

(　　) 13. 我更喜欢

a. 探索怎样以及何时运用某部法律。

b. 学习这部法律是怎么出台的以及为什么要立法。

(　　) 14. 为了学习数码相机的操作，我更喜欢

a. 摆弄几种不同类型的相机。

b. 了解它们的工作原理。

第三部分

(　　) 15. 为了解决数学问题，我更喜欢

a. 将问题画出来或使之可视化。

b. 研究一道例题，并将其当成模型。

(　　) 16. 为了更好地记住某事，我会

a. 创建一幅心理图像。

b. 把它写下来。

(　　) 17. 根据一张图纸来组装一辆自行车，会

a. 很容易。

b. 很难。

(　　) 18. 我更喜欢

a. 在现场操作设备或观看模型。

b. 参与讨论。

(　) 19. 理解和记住一台机器如何运行，我会

a. 画一张图。

b. 做一些笔记。

(　) 20. 我喜欢

a. 画图或动手做事。

b. 演讲、写作和倾听。

(　) 21. 如果我试图确定某办公室的位置，我更喜欢

a. 查地图。

b. 获得指定的指示。

第四部分

(　) 22. 为了取得好成绩，我更喜欢

a. 与人合作。

b. 独自努力。

(　) 23. 面对一个棘手的个人问题时，我更喜欢

a. 与别人讨论。

b. 自己解决。

(　) 24. 许多教师可以通过（　）来改进他们的教学。

a. 在课堂上引入更多的讨论和小组活动

b. 让学生更频繁地自主学习

(　) 25. 在听讲座时，我会对（　）有更多的响应。

a. 表达观点的人

b. 观点本身

(　) 26. 在一个团队项目中工作时，我更喜欢

a. 与几位团队成员合作。

b. 将任务分配给个人，并完成分配给我自己的那些任务。

(　) 27. 我更喜欢（　）购物和办事。

a. 和朋友一起

b. 自己一个人

(　) 28. 在一间繁忙的办公室里工作

a. 比一个人工作更有吸引力。

b. 不如一个人工作。

第五部分

(　) 29. 在做决策时，我依赖

a. 自己的经验和直觉。

b. 事实和客观数据。

(　) 30. 完成某项任务时，我

a. 可以使用任何可用的资源和工具，漂亮地完成任务。

b. 手头必须拥有所需的一切资源和工具。

(　) 31. 我更喜欢通过以下方式来表达观点和感受：

a. 音乐、歌曲或诗歌。

b. 简明而直接的语言。

(　) 32. 我更喜欢这样的导师：

a. 允许学员自主地选择他们感兴趣的事情。

b. 清晰而明确地表达期望。

(　) 33. 我往往会

a. 质疑我听到和读到的东西。

b. 接受我听到和读到的东西。

(　) 34. 我喜欢

a. 作文考试。

b. 客观科目的考试。

(　) 35. 在完成任务时，我更喜欢

a. 想出我自己的办法。

b. 上级让我做什么，我就做什么。

为了给你的调查问卷评分，请记录你在每个部分所选的 a 和 b 的总数。在下面提供的计分网格中记录你的总分。

计分网格

部分	选项“a”的总数	选项“b”的总数
第一部分	________ 听觉型	________ 视觉型
第二部分	________ 应用型	________ 概念型
第三部分	________ 空间型	________ 语言型
第四部分	________ 社交型	________ 独立型
第五部分	________ 创造型	________ 务实型

诠释你的分数

调查问卷的五个部分分别代表了你学习风格的一个方面（见表 1-1）。

第一部分：听觉型或视觉型学习者

这个分数表明你是通过听（听觉型）还是看（视觉型）来更高效学习的。如果你的听觉型得分高于视觉型得分，那么与用看的方式相比，你更适合用听的方式学习。视觉型得分越高，说明在视觉型学习方式上更有优势，比如阅读、研究照片、阅读图形等。

第二部分：应用型或概念型学习者

这个分数描述了你本能地更喜欢和更容易处理的任务类型和学习情况。如果你是一位应用型学习者，你会更喜欢包含真实物体和情境的任务。因此，实用的、真实的例子是你的理想选择。如果你是一位概念型学习者，你会更喜欢学习语言和观点；与应用型学习者相比，你不太依赖实际应用来理解。

第三部分：空间型或语言型学习者

这个分数展示了你处理空间关系的能力。空间型学习者可以想象或在心理上“看到”事物如何运行，或能够“看到”它们在空间中的位置。这类学习者的长处可能包括画画、组装或修理东西。语言型学习者或非空间型学习者缺乏在空间中定位事物的技能。相反，他们依赖于口头或语言技能。

第四部分：社交型或独立型学习者

这个分数揭示了你是喜欢单独工作还是和别人合作。如果你是社交型学习者，你会更喜欢与他人直接地密切合作。你以人为本，喜欢人际交往。如果你是一位独立型学习者，你往往会自我指导或自我激励，并且以目标为导向。

第五部分：创造型或务实型学习者

这个分数描述了你在完成任务时喜欢采用的方法。创造型学习者是富有想象力和创新精神的。他们更喜欢通过发现或实验来学习，乐于承担风险和追随直觉。务实型学习者是实用型、逻辑型和系统型的学习者，他们寻求秩序，愿意遵守规则。

如果你不同意学习风格问卷的任何一个部分，那就遵循你自己的直觉吧。把调查问卷当作一种快速评估，相信你的自我意识。

表 1-1 学习风格与阅读 / 学习策略

如果你的学习风格是……	那么，你要使用的阅读或学习策略是……
听觉型	和朋友讨论或一起学习 在学习时大声念出来 记录自我测验的问题和答案
视觉型	画图或制表 试着将事件视觉化 在可获得时使用视频 在可获得时使用软件
应用型	思考各种能将所学知识应用起来的实际情形 将观点与它们的应用联系起来 使用案例研究、示例以及应用案例来为你的学习做提示
概念型	组织未按顺序排列的材料 运用提纲 聚焦于组织模式
空间型	使用画图方法 运用提纲 画图、制作图表和草图 运用视觉化方法
语言型	将图形和图纸转换成语言 用文字记录步骤、流程和程序 写总结 在教科书的图表旁边写下你的解释

（续）

如果你的学习风格是……	那么，你要使用的阅读或学习策略是……
社交型	组建学习小组 寻找学习伙伴 与老师交流 和辅导员合作
独立型	在可用时使用计算机辅助学习 购买复习手册或案例研究，如果买得到的话
创造型	提问并回答问题 在教科书的边栏处记录你的观点
务实型	在井然有序的环境中学习 制作步骤、程序和流程的清单 改写艰深难懂的材料

提高阅读效率

在错误的时间或在不合适的环境下阅读，会降低你的效率。不妨试试以下建议。

1. **精心挑选一个学习的地方**。选一个安静而舒适的地方，每天都在这里学习。确保你手头准备好了所有的材料（纸、笔等）。使用桌子或书桌，在那里，你可以将书本和作业摊开。避免电视的干扰。

2. **使用袖珍日历或在线日历以及一个小笔记本**。在日历上记录重要事项的截止日期；在笔记本上记录每天的进度。

3. **制订每周学习计划**。留出时间阅读、复习、做练习和备考。每周选择几个特定的时间学习每门课程。一条经验法则是，在课堂上每花 1 小时，就要预留 2 小时来学习。在这段时间不要安排其他事情。如果你已经为人父母，确保在你学习时已经可靠地安排好了孩子的事情。

4. **为任务设定目标和时间限制**。最后的截止期限会让你充满动力，也让你没有时间做白日梦。

5. **先学习难的科目**。虽然你很想先完成容易和短暂的任务，但要抵制这种诱惑。刚开始学习时，你的头脑是警觉的。这段时间，你最适合处理困难的科目。

支持技术　使用电子日历

许多互联网服务商会提供基于网络的电子日历。这些日历包含每日、每周或每月的日程安排，你可以将自己的学习、工作和社交活动纳入其中。你还可以通过电子邮件与朋友和同学分享日历并协调一些活动，通过一次性的输入来设置重复的活动（比如定期聚会），用电子邮件或手机给你发送会议或约会提醒，甚至将活动链接到其他网站或在线文档中。

提升你的专注力

保持高度的注意力，可以提高你的效率。如果你在做白日梦或没有把全部注意力放在你眼前的网页上，那就是在浪费时间了。做一个专注力测试，然后使用以下建议来提高你的注意力水平。

专注力测试

	是	否
1. 你是坐在舒适的椅子上还是躺在舒服的床上？	□	□
2. 电视机就在你附近开着吗？	□	□
3. 房间里有没有人和你一起学？	□	□
4. 你是不是认为你不必读这一章？	□	□
5. 你读这一章，只是因为它是老师布置的作业吗？	□	□
6. 你在担心什么或正在做一个重要的决定吗？	□	□
7. 你累了吗？要么是身体累了，要么是心累了？	□	□
8. 当你阅读时，你是否在想着你必须做的其他事情？	□	□

控制外部干扰

1. **关掉手机**。电话和短信是一种主要的干扰。

2. **选择一个相对没有干扰的地方学习**。你可能先得弄清楚哪类干扰发生得最频繁，然后选择一个没有人打扰你的地方。例如，如果你的家、公寓或宿舍里存在许多干扰，如朋友来访、家人聊天或看电视，你也许有必要找一个不同的地方学习。校园或附近的图书馆通常很安静，没有人打扰。

3. **在同一个地方学习**。一旦你找到了学习的好地方，试着经常在这个地方学习。渐渐地，你会熟悉周围的环境，并开始将这个地方和你在这里进行的活动联系起来。最后，只要你进入这个空间或坐在这张书桌前，你就会觉得你应该开始学习了。

4. **选择一天中你头脑清醒的时间**。当你思维敏捷，准备好接受新信息的时候，会给阅读或学习带来优势。避免在饥饿或疲劳的时候学习，因为这些时候你很难集中注意力。每天都在同一时间学习，这有助于你养成有规律的学习习惯。

5. **将让你分心的事情列一张表**。你阅读的时候，经常会想到一些你应该做的事情，如打电话给你的姐姐或买一张母亲节卡片。把这些写在“要做的事情”清单上。把它们写在纸上，可以防止它们继续在你的脑海里萦绕不去。

提高效率秘诀

一般来说，你对某个主题的背景知识了解得越多，就能越快地阅读与该主题相关的材料。

6. **改变你的阅读**。读某个特定主题的书时，如果花的时间太长，你就很容易感到厌倦。为了克服这个问题，可在一个晚上完成几项作业。

7. **将身体活动和心理活动结合起来**。阅读主要是一种心理活动。因为你身体的其他部分没有参与阅读过程，所以你很容易变得焦躁不安，或感到需要做些什么。突出显示、画下划线、在页边空白处做笔记或写总结大纲等活动，都可以为你提供释放体力的途径。

培养兴趣

如果主题非常有趣，大多数人在理解和记忆材料上都没什么困难。兴趣可以提高理解能力和阅读速度；缺乏兴趣或动机则会产生负面影响。

学习风格秘诀

如果你倾向于是一位……	那么，可通过以下方法培养你对阅读材料的兴趣：
创造型学习者	1. 假设你要采访作者，你会问什么问题？ 2. 想象或重现一个与你读到的主题有关的场景。
务实型学习者	辨别这些材料为什么重要；聚焦于它的价值。

提升阅读灵活性

你读报纸的方式与速度，和读化学教科书一样吗？你读诗歌的方式与速度，和读《时代》(*Time*)杂志的文章一样吗？令人惊讶的是，许多成年人真的是这样的。包括大学毕业生在内的很多成年读者几乎以同样的方式和同样的速度阅读所有的书。

然而，如果你是一个高效而灵活的阅读者，你读报纸的速度会比读化学教科书的速度更快，阅读方式也会不同，因为报纸更容易阅读，而且你读它的目的也不同。灵活的阅读者读诗歌比读杂志文章更慢，也会采取不同的方式读。

> 阅读灵活性包括调整你的阅读策略、阅读速度和理解水平，使之与你面临的任务、阅读的材料以及拥有的背景知识相一致。

成为灵活的阅读者，你要确定你将怎样来读某份特定的材料。你怎么阅读，取决于你为什么阅读以及需要记住多少内容。速度和理解是两个最重要的因素。把它们想象成天平上的砝码：一个增加，另一个减少。你的目标是使之达到一个合适的平衡，既符合材料的性质，又符合你的阅读目的。本章将讨论如何实现这种平衡。

评估难度

确定如何阅读一篇文章的第一步是评估它的难度。阅读材料本身的许多特点会影响你阅读它的容易程度和速度。图 1-1 列出了需要考虑的重要特征。

格式
- ❑有帮助
- ❑难以追踪观察

图形 / 视觉化的辅助工具
- ❑有
- ❑没有

印刷辅助工具
- ❑有
- ❑没有

语言特点
- ❑短句子和短段落
- ❑长句子和长段落

词汇水平
- ❑难懂的词语
- ❑可以理解的词语

主旨
- ❑复杂
- ❑可理解
- ❑熟悉

长度
- ❑长
- ❑中等
- ❑短

组织
- ❑强
- ❑中等
- ❑弱

你的背景知识
- ❑强大
- ❑中等
- ❑不足

你的生理 / 心理状态
- ❑机敏
- ❑适度机敏
- ❑容易分心

你的兴趣水平
- ❑高
- ❑中等
- ❑低

图 1-1　评估难度清单

评估一段节选文章的难度，最容易的方法是预习。预习（参见第 2 章）能揭示材料的组织情况，并让你对其难度产生感觉。一旦对阅读材料的难度做出了快速估计，你就可以相应地调整阅读策略。

提高灵活性秘诀

当你为了娱乐而阅读时，通常会比你读一板一眼的教科书更快。

认知深化　阅读的目的、速度、理解水平之间的关系

确定你的目的

你阅读某篇文章的目的将对你的阅读方式产生影响。不同的情况需要不同程度的理解和回忆。例如，当悠闲地阅读报纸上的某篇文章时，你也许不需要回忆每一个事实，但当你阅读你打算签署的合同时，则需要深刻地理解它。你的阅读可以从仔细、密切地注意各种细节，到非常简短而快速地阅读主要观点。然后，随着你的理解能力不同，阅读速度也会不同。如果不需要细致的理解，就可以读得更快一些。你通常会发现，当理解力下降时，阅读速度就会提高。

阅读材料的类型	阅读的目的	期望的理解水平	阅读速度
诗歌、法律文件、议论文写作	分析、批评、评估	完全理解（100%）	低于200字/分钟
教科书、手册、研究文件	为准备考试而高度地理解，撰写研究报告，遵循指示	高度理解（90%～100%）	200～300字/分钟
小说、平装书、报纸、杂志、社交媒体	娱乐享受，一般信息	中度理解（60%～90%）	300～500字/分钟
参考资料、目录、杂志、非小说、网站	材料的概述，具体事实的位置，回顾读过的材料	要求低（低于60%）	600～800字/分钟或更快

小试身手　选择一种理解水平

指导：对于以下每一种情况，确定适当的理解水平（从低到高）。

1. 你正在看分类广告租房子。

   低

2. 你正在阅读朋友的文章，帮助他修改。

   高，完全

3. 你正在阅读你的实验手册，为实地操作做准备。

   中等

4. 你正在读《新闻周刊》(*Newsweek*) 上一篇关于美国暴力犯罪趋势的文章。

   中等

发展批判性思维技能

高效而灵活的阅读者也是批判型的阅读者。在这种情况下，使用“批判”一词并不意味着消极或挑剔。相反，这意味着你要有一种好奇、质疑和开放的心态。为了更好地了解批判性思维包括哪些内容，并且评估你目前的批判性阅读和思考的技能水平，请完成以下迷你调查问卷。

当你阅读时，你是否	总是	有时	从不
1. 质疑作者的动机	☐	☐	☐
2. 想一想作者的意思是什么，他说了些什么	☐	☐	☐
3. 提出一些问题，比如，为什么，怎么回事	☐	☐	☐
4. 注意作者的用词，注意它们对你的影响	☐	☐	☐
5. 评价作者提供的支持观点的证据或理由	☐	☐	☐

如果你回答这些问题时，至少有一个问题的答案是“总是”或“有时”，那说明你正在成为一名批判性阅读者。如果你对一些问题的回答是“从不”，那么你将在本书的每一章中学到更多相关技能，并且发展你的批判性思维能力。

阅读精选

与陌生人彻夜交谈

雪莉·阿马特斯坦（Sherry Amatenstein）

本文最初发表在《新闻周刊》上。除了新闻，它也刊发一些关于社会和个人问题的客座专栏作家的文章。

你准备采取哪种阅读策略[①]

注：预习是一种快速浏览阅读材料的方式，目的是找出它是关于什么的以及它有多难阅读。预习的正确方法请回看本章专栏。接下来，在你阅读之前先预习文章，并回答以下问题。

__b__ 1. 阅读中你应当最关注哪类信息？

a. 骚扰电话的例子　　　　b. 作者与桑迪的经历

① 本章的记分卡可以让你计算你的阅读速度。为做到这一点，你在开始阅读之前，一定要在记分卡上标注你开始阅读的时间。

c. 纽约市的位置　　　　　　　　　　　　d. 大屠杀的历史

2. 根据你对阅读材料的预习，你认为你应该以多快的速度阅读这篇精选材料？（圈出你的答案）解释你的回答。

很慢　　慢　　中等速度　　快　　很快

____

____

a 3. 以下哪个选项是你应该以怎样的速度阅读这篇文章的最好提示？

a. 事实是，它来自流行杂志《新闻周刊》。

b. 包含了作者与热线呼叫者之间的对话。

c. 作者的家族史，如第一段所概括的那样。

d. 包含了一张呼叫中心的照片。

1　我是危机热线的志愿者，第三个班过了 60 分钟后，接到了这个电话。作为大屠杀幸存者的孩子，我从小就想减轻别人的痛苦。但直到“9・11”事件之后，我才联系了“帮助热线”，这是一家总部设在纽约的非营利性电话服务公司。我们接受了为期 9 周的培训课，导师教我们如何应对各种各样的来电者，从抑郁的老年人到“重复的人”(那些每天打无数个电话的人)。

2　我们花了两堂课来培训怎么接听自杀者打来的电话，但我祈祷，我最好先不要接到这样的电话，以免自己不适应。我们 30 名学员的脑海里反复回响着这样一句话：我们的角色不是提供建议；相反，我们要充当具有同理心的发声板，鼓励打电话的人想出采取行动的方式。

自杀热线工作人员在帮助一位打电话者

3　我对这种热线电话的价值存在的理想主义观念在第一个晚上就消退了。那天晚上，我连续接到几通想要宣泄的男人的电话，他们一遍又一遍地告诉我他们可怕的童年、无知的退缩以及不幸的人生，还有三个不同的打电话者抱怨皇后区（我居住的区！）的居民智力低下。当我拒绝告诉他们如何解决他们的问题时，一些人就开始破口大骂。

4　我竭力对他们保持同情心。如果说我（本身拥有了一份激动人心的事业、绝好的朋友和家庭）这个和他们有着共同语言的人还发现纽约与世隔绝的话，那我可以想象，这对那些需要热线陪伴的无拘无束的人来说是多么可怕。这个理由没有帮助。仅仅 10 个小时后，每当电话响起时，我都不再畏缩，害怕意味着我没有能力处理问题。相反，我想知道这个打电话的人又遇到了什么新的折磨。

5 然后，桑迪（化名）颤抖的声音在我耳边响起："我想自杀。"我想起我受过的训练，我立刻警觉起来。她有什么马上要自杀的计划吗？幸运的是，没有。桑迪认识一个试图通过吃药自杀的人，把药吐出来后活了下来。她害怕搞砸类似的尝试。由于是残疾人，她甚至无法走到窗口跳楼。

6 桑迪一生的经历无疑是这个热线的好素材。她父母40年前就和她断绝了关系。她一直当秘书，直到有一次摔得骨头都碎了，造成残疾，再也无法工作了。多年后，她又开始工作，有个男友一直陪着她，即使桑迪被一辆出租车撞倒，使得她重新被列入残疾人名单，男友依然不离不弃。他们订婚了，然后就像肥皂剧一样，悲剧又来了。桑迪的男友被诊断患有癌症，去年去世了。如今，她被人关在一间黑暗的公寓里，忍受着持续的痛苦，唯一的同伴是一位护士。"我什么也没有了，"她哭喊道，"给我一个活下去的理由。"

7 她的恳求充分说明了"不提供建议"这一格言的智慧。我怎么去搜肠刮肚地找些话来赋予别人的生活一些意义呢？我能做的就是帮助桑迪点燃生的火花，然后把它送到她伸出的手里。我向她抛出了肯定生活的话语，就像画布上的颜料那样，希望有些话能让她坚持下去。最后我说："桑迪，我不会粉饰你的问题。你已经承受了太多的痛苦。但可以肯定，总有些事情让你感到快乐。"

8 她仔细思考，记起她对灵性方面的书很感兴趣。但是，不利的一面马上就来了。桑迪视力不好，看书很困难。她粗声粗气地说："我哭得喉咙都痛了，但我怕一挂电话，我就又想自杀。"

9 我说道："只要你需要我，我就在这里。"

10 我们又谈了两个小时。她回忆起很久以前发生的事情——最令人沮丧，也有一些是快乐的。有些东西她仍喜欢：花生、"奥普拉"、秋天的味道。我再次提出了灵性的话题。我的上司——我很久以前就示意他在另一个电话里偷听——递给我一本祈祷书。我读，桑迪听。"阿门，"她说，"我想我今晚就没事了。"

11 当然，她不能保证明天会好起来。对我们所有人来说，生命都是一天天的，有时甚至是一分钟一分钟的。她问我："你什么时候再来？"

12 我说："我的时间安排是没有规律的，但我们随时都在这里等你。非常感谢你的来电。"

13 挂断电话后，我意识到这个电话对我和桑迪一样重要，甚至对我来说更重要。尽管我的生活中有很多人，但最近我还是感到极为孤独。我没有打过热线电话，但我接听过，这是我很长时间以来表现最好的一个晚上。我没有去昂贵的餐厅吃饭，也没有看电视剧，而是和纽约另一个麻烦缠身的人产生了联系。

阅后评测

检验你的理解

b 1. 这篇文章主要是关于

a. 怎样在危机热线上工作。

b. 作者帮助别人并得到了回报。

c. 为什么热线志愿者需要培训。

d. 面向公众的工作的不利一面。

__a__ 2. 为什么桑迪这么伤心?

a. 她的人生充满了悲剧和痛苦。

b. 她缺少宗教信仰。

c. 她的家人不信任她。

d. 她认识的人自杀了。

__d__ 3. 作者在（　）方面受过训练。

a. 打电话的人想听什么就说什么

b. 如果有必要，推荐一个好的心理医生

c. 追踪打进来的电话

d. 怀着同情接听，但不要给出建议

__d__ 4. 作者是怎么帮助桑迪的?

a. 和她在电话里讲了两个小时。

b. 作者承认自己也有许多问题。

c. 作者咨询了她的上司。

d. 作者鼓励她记住生活中令她愉快的事情。

批判地思考

__b__ 5. 作者在接听完桑迪的电话后感觉怎样?

a. 很高兴桑迪又想和她说话了。

b. 对自己帮助了别人感到满意。

c. 桑迪决定重新关注自己的生活，交新朋友，这让她松了一口气。

d. 很高兴终于挂断了电话。

__a__ 6. 作者写这篇文章是为了

a. 强调帮助他人的价值。

b. 证明需要开设更多的热线。

c. 表达对生活的热爱。

d. 揭秘自杀的悲剧。

__b__ 7. 作者通过哪种方式支持她的志愿服务的想法?

a. 提供统计数据。

b. 描述个人经历。

c. 引用研究成果。

d. 采访热线管理人员。

__d__ 8. 从阅读材料中，你可以推断作者

a. 独居。

b. 从未经历过失去爱人的悲剧。

c. 过着非常忙碌而令人兴奋的生活。

d. 她是纽约市一位富裕的居民，从事着有回报的工作。

__a__ 9. 这篇阅读材料的组织方式是:

a. 按事件发生的时间顺序。

b. 按因果关系。

c. 从最重要的观点开始阐述，直到阐述最不重要的观点。

d. 根据事件发生的地点，按空间顺序。

d 10. 文中照片的哪一部分提供了最有力的线索，说明这些女性是在危机热线工作的？

a. 那些电话。

b. 文件柜。

c. 那位穿 T 恤的女性正在填写表格。

d. 挂在背景中的“CRISIS CENTER”的招牌。

计分卡

结束时间：______时______分______秒

开始时间：______时______分______秒

阅读时间：______时______分______秒

每分钟字数（WPM）计分：__________

理解计分：

正确的数目：______ ×10 = ______%

评估你的阅读策略

1. 你会怎么评价你对这篇文章的理解？（圈出来）

很好　　好　　一般　　差

2. 你认为你的阅读策略有效吗？

有效　　无效

3. 假设让你阅读一篇与本文来自同一个网站的类似文章（一篇关于某人个人经历的文章）。根据你的阅读经验，你要怎样调整你的阅读策略（如果需要调整的话）？

____

____

阅读理解

1. 作者的主要观点是什么？

作者学会了通过帮助他人来帮助自己。

2. 描述桑迪的生活。

桑迪过着艰难的生活，遭受了几次悲剧事件。

3. 描述作者接受的培训。

为期 9 周的培训课程，教学员如何处理不同类型的来电。

4. 作者关于热线的理想主义想法是如何破灭的？何时破灭的？

第一天晚上，她就接到了骚扰电话，有人想占她便宜，有人抱怨，有人辱骂。

5. 桑迪的电话怎样改变了作者对待热线的态度？

这个电话让她意识到，她可以与需要帮助的人建立联系，让他们的生活变得不同。

6. 描述这篇阅读精选文章的组织模式。什么组织模式占主导地位？

事件是按照它们发生的顺序呈现的。按时间顺序排列。

7. 举几个例子说明作者对桑迪是有帮助的。

（1）桑迪担心如果她挂断电话，她会想再次自杀。

（2）桑迪问作者，什么时候能再次拨打热线，找到作者。

8. 作者的目的是什么？

作者的目的是分享她处理热线电话的经验，并告诉读者帮助他人的价值。

9. 从阅读材料中你能否推断出作者的生活方式？

作者是一个富裕的纽约居民，有自己的事业，和家人与朋友关系紧密。

多想一想

1. 讨论为什么热线的制度是不向打电话者提建议。

2. 评估热线给志愿者们提供的培训和管理水平。

3. 讨论一下你做了哪些事情来帮助别人，从而让你对自己感觉更好的情况。

4. 共同探讨，以列出校园或社区里可供选择的志愿者名单。讨论潜在的回报；试着预测潜在的问题。

第2章
主动阅读与学习

这张照片展示了主动的参与。照片中的球迷在对球场上的情况做出回应。他们评价比赛，质疑判罚，鼓励球员，谴责教练。主动的阅读者也会以同样的方式参与到阅读中。他们思考、质疑、挑战、批评作者的观点。他们尽量将阅读材料变成自己的材料。本章将向你介绍一些策略，使你成为一个主动的、成功的阅读者。

主动阅读

刚开始时，阅读似乎是一种例行的活动。在阅读材料中，作者会将单个的字词组合起来产生意义。因此，许多人把阅读当成一个简单的过程。他们打开书，开始读，然后合上书。研究表明，主动阅读并不是这么单一的过程，而是一整套复杂的技能，包括阅读前、阅读中和阅读后的各项活动。以下是这些技能的部分列表。

阅读之前

- 确定材料的主题。
- 确定材料的组织模式。
- 确定你需要从材料中记住些什么。
- 确定你的阅读目的。

阅读之中

- 辨别什么是重要的。
- 确定阅读材料如何支持重要观点。
- 辨别思维模式。
- 画出各观点之间的联系图。
- 预测接下来会发生什么。
- 将各种观点与你已经知道的联系起来。

阅读之中和之后

- 辨别作者写作的目的。
- 分析作者运用的技巧和语言。
- 评估作者的能力或权威性。
- 评估支持的证据的性质与类型。

表 2–1 列举了一些成功的主动阅读策略，并将它们与被动阅读（不成功的）策略进行对比。通过本书，你将学到大量的技巧和策略，以成为一个更加主动的阅读者。

表 2–1　主动阅读 vs. 被动阅读

主动的阅读者……	被动的阅读者……
以不同方式阅读每则材料	以同样的方式阅读所有材料

（续）

主动的阅读者……	被动的阅读者……
分析阅读材料的目的	因为是上级布置的，所以阅读
调整阅读速度，以便与阅读目的相一致	以同样的速度阅读所有材料
质疑材料中的观点	接受材料中的观点，只要是打印出来的，就是正确的
在阅读之前，思考材料是关于什么主题的	先看阅读材料有多长，然后开始阅读
监测自己的理解水平和专注力	阅读，直到读完
阅读时拿起铅笔，突出显示，做笔记，并且标记关键词语	就这么读

批判性思考

主动阅读需要批判性思维。要成为一名主动的阅读者，你必须超越事实和文字层面去思考。指导者希望你理解观点，但也希望你应用、分析和评估信息，并创造新的观点。“认知深化”专栏中的“思考的层次”描述了学术思维技能从基本到复杂的进程。

提高灵活性秘诀

批判性思维并不一定要求你读得更慢。不过，它确实需要你停下来，对你所读的内容进行更深入的思考。当你的阅读更加严谨时，你花在阅读材料上的总时间可能会增加。

认知深化　思考的层次

层次	示例
记住：回忆信息；重复信息，不做任何改变	回忆定义；记住日期
理解：理解观点；运用规则并遵循指令	解释某一理论；发现什么是重要的
应用：在新的场景中应用知识	运用对公式的掌握，解答一道新问题
分析：分析关系；将信息分解成若干组成部分；分析事物如何运转	比较同一位作者的两篇文章
评估：做出判断；评估信息的作用和价值	评估一段反对死刑的论证的有效性
创造：以独特的方式将观点和信息综合起来；创造新的东西	设计新的电脑程序

下面这篇文章摘自人类生物学教科书。阅读文章，研究下面的问题列表。

沟通与皮肤

我们一般认为沟通是声音和手势的问题，但皮肤也是一个重要的沟通器官。动物们会交流它们的情绪，有时通过抖毛或让它们的脖子和肩膀后面的毛发竖起来，以威胁其他动物，而人类不能这样做。然而，人类头发的分布模式和颜色，确实是性别与年龄的信号。肤色白皙的人也会无意识地改变皮肤的血液流动，脸红表示尴尬，愤怒时也会脸红，震惊时脸色苍白。此外，我们对面部和颈部的皮下肌肉有着相当大的自主控制能力，这些肌肉大多附着在皮肤上，从而产生面部的拉伸和皱纹。

皮肤的顶浆汗腺起到了另一种沟通作用，尤其是在成年人身上。它们分泌的物质有强烈的气味，尤其是在它们被居住在皮肤上的细菌作用后。这些腺体分布在腋窝、腹股沟和肛门等部位，它们有一簇绒毛，可以将气味扩散到空气中。在情绪激动的情形中，很可能会刺激顶浆分泌，这也许表明某种程度的性准备，或已经达到一定强度的恐惧或焦虑（情绪强度）。

记住　肤色白皙的人脸红时会发生什么？

理解　为什么皮肤是一种重要的沟通工具？

分析　研究几幅面部画像，思考人们是如何利用皮肤进行沟通的。

评估　为什么知道皮肤可以沟通十分重要？

创造　编写一套指南来确定皮肤的动作可以发送什么信号。

小试身手　辨别思维层次

注： 下面这段摘自历史教科书。阅读并确定每个问题需要的思考层次。

非裔美国女性作家

菲利斯·惠特莉（Phillis Wheatley）是一个年轻的非裔美国奴隶。在美国殖民时期，她属于地主约翰·惠特莉。她是一位诗人，也是第一位出版图书的非裔美国人。她的《关于各种主题、宗教和道德的诗歌》（*Poems on Various Subjects, Religious and Moral*）于1773年在波士顿出版，比《独立宣言》发表早了三年。

早期的奴隶一般不接受教育（这被认为是危险的），但惠特莉的主人允许她学习诗歌、拉丁语和《圣经》。她十八九岁时写了不少诗，编成了一本薄薄的诗集。即便如此，出版还是很困难。真正的波士顿人害怕骗局，强迫她接受一个由受过教育的人们组成的委员会的学术考试，这些人包括殖民地总督和后来抄写《独立宣言》并签名的约翰·汉考克（John Hancock）。评审委员会对惠特莉进行了广泛的质询，并裁定她有足够的文化能力来写这本书。直到那时，诗集才获准出版。

惠特莉可能是第一个，但她不是唯一在美国建国的那段时间里写书的奴隶。不幸的是，大多数早期受欢迎的非裔美国作家在现代几乎都被遗忘了。康奈尔大学教授亨利·路易斯·盖茨最近开始了一项研究，研究19世纪非裔美国人的小说和诗歌。在这个过程中，他发现了大量丢失的作品，其中几乎一半是由非裔美国女性写的。这些重新浮出水面的手稿以不同的文学体裁提供了一个内容丰富的非洲裔美国人文化宝库，其中重现了早期奴隶制和宗教对被征服者的重要性。

这些文学作品的发现很重要。事实上，这些遗失的书稿中，有30本在20世纪80年代末由牛津大学出版社重新出版。从诗人惠特莉到小说家弗朗西斯·哈珀（Frances Harper），从散文家安·柏拉图（Ann Plato）到直言不讳的女权主义者安娜·茱莉亚·库珀（Anna Julia Cooper），这些作家都在重新崛起。也许这一次，他们不会再被遗失了。

1. 谁是第一位出书的非裔美国人？

记住

2. 解释为什么菲利斯·惠特莉被迫接受学术审查。

分析

3. 说出两个最近被重新发现的作家。

记住

4. 读两首菲利斯·惠特莉的诗并加以比较。

理解、分析

5. 为什么这篇文章的作者希望重新发现的作品不会再被遗失？

分析

6. 读一首菲利斯·惠特莉的诗，并解释它对你的生活有什么意义。

理解、应用

7. 评论惠特莉的一首诗，讨论它的优缺点。

评估

8. 讨论惠特莉的主人允许她学习的可能原因。

分析

9. 阅读安·柏拉图的五篇文章，列出她所关心的问题。

理解、创造

10. 确定让惠特莉接受学术审查是否公平。

评估

监测理解水平

你是否读过一份阅读材料，然后也许是在考试很久以后，才意识到你并没有真正理解它？或你是否曾经花时间读了几页或更多的书，却发现自己真正理解的内容很少？如果是这样，你可以培养一种非常重要的和有用的技能来解决这些问题。这被称为元认知（metacognition），它意味着跟踪或意识到在你阅读时心理上发生的事情。在元认知监测中，你通过收集线索或信号来判断自己是否理解了所读的内容，从而了解自己的理解水平。

想一下，当你读到你很容易理解的材料时，会发生什么，然后将这种感觉与你阅读复杂的、难以理解的材料时的感觉进行比较。你在阅读某些材料时，是不是一切似乎都弄懂了？不同的观点是否互相契合并且能够解释得通？这种弄懂的情况，在其他时候明显不存在吗？

阅读下面的每个段落。在阅读时，注意你对每个段落的理解程度。

第 1 段

新手演讲者所犯的主要错误也许是试图在太短的时间内讲完一个大的话题。不可避免的结果是，通篇演讲没有阐述具体的内容；一切都涉及了，但只是触及表面。对宽泛的话题并没有进行有深度的阐述，所以你能做的就是告诉观众他们已经知道的东西。一个适合公开演讲的主题必须在范围上有所限制——它必须缩小范围，以适应相同的约束条件，并允许有一定深度的阐述。

第 2 段

大量的废物发生器和 SQG 必须遵守 RCRA 的规定，包括获得 EPA 标识号（EPA ID），在运输前正确处理废物、显示废物（将在下一小节讨论），以及适当记录保存和报告。有条件豁免的 SQG 不需要 EPA ID 号码。适当的运输前处理要求适当的包装，以防泄漏，同时要标记包装的废物，以识别其特性和危险。

最有可能的是，当你读第 1 段的时候，所有的东西看起来都很协调，很有意义。观点从一个发展到另一个，你可以很容易地跟上作者的思路。在阅读第 2 段时，你也许感到十分困难和困惑。你意识到，这些观点毫无意义。它使用的是你不熟悉的术语，讨论的是你不熟悉的概念，因此你看不到观点的发展。

识别理解的信号

这两个例子非常清楚：一个例子理解起来很容易，另一个却很难。然而，在很多情况下，理解和缺乏理解之间的区别并不明显。正如你在第 1 章学到的，你的理解取决于许多因素；即使在一则材料的片段里，它也可能从高到低发生变化。在这种情况下，你必须找到更微妙的线索或信号。下述专栏中的“理解的信号”列举并比较了一些可能有助于监测你的理解的常见信号。并不是所有信号都必须同时出现，也并非所有信号都适用于所有人。

认知深化　理解的信号

正面的信号	负面的信号
一切似乎都是合适的，有意义的；观点合乎逻辑地从一个发展到另一个	有些内容似乎不属于这里；观点没有融合在一起或无法解释
你能够理解作者在说些什么	你觉得好像你难以跟上作者的节奏
你可以看出作者在引导你	你无法提前思考或预测接下来是什么
你能够在观点之间建立联系	你无法理解观点之间的联系
你以正常的、舒服的速度阅读	你常常慢下来，或不知道读到了哪里
你读了一遍之后就能理解这份材料	你需要频繁地重读某些句子或段落
你能认出大部分单词，或能从上下文中辨认出它们	许多单词你都不熟悉
你可以用自己的话来表达主要观点	你必须重读并使用作者的语言来解释一个观点
你对这个主题感觉很舒服，并且具备一些背景知识	这个主题是陌生的，你一无所知

纠正不完整的理解

一旦识别出表明你理解水平的线索，你就会发现一些你不理解的情况。当这种情况发生时，尝试以下方法。

1. **分析你阅读的时间和地点**。如果你已经阅读或学习了几个小时，精神疲劳可能是问题的根源。如果你在一个有很多干扰的地方阅读，无法集中注意力也许会导致理解能力的丧失。

2. **用你自己的话重新表述每一段**。你也许会用自己的语言逐句地处理极其复杂的材料。

3. **大声朗读特别难的句子或片段**。朗读通常会提供听觉反馈信号，有助于理解。

4. **写出列举文章要点的简短提纲**。这将帮助你弄清楚材料中观点的整体组织和发展。

5. **不要犹豫，重新阅读困难或复杂的部分**。事实上，有时几次重读是适当和必要的。

6. **突出显示重要的观点**。在读完一个部分后，回过头来思考并突出显示哪些部分是重要的。突出显示将迫使你把重要的东西整理出来，这个整理过程可以促进整体的理解和回忆。

7. **如果你觉得自己开始无法理解了，那就放慢阅读速度**。有时候，仅仅是慢点阅读就能提高你的理解力。

8. **总结**。读完每一部分后总结一下，测试你的记忆。

如果这些建议都无效，那么你可能缺乏必要的背景知识，而特定的作者往往假设读者有这方面的背景知识。

你如果觉得自己在某个特定学科或某一特定主题方面缺乏背景知识，需立即采取措施补救。你可能会：

1. **在网上进行搜索**。对这个主题用搜索引擎进行搜索，以找到对它的概述。

2. **回顾一些百科全书条目和其他参考资料或在线资源**，以获得对该主题的概述。

3. **请专业人士提供一些有帮助的参考资料来源、网站、指南或书评**。

学习风格秘诀

如果你倾向于是一位……	那么，可以通过以下方法深化你的理解：
应用型学习者	思考现实生活中的情况，阐明材料中的观点。
概念型学习者	提问题。

提高效率秘诀

许多学生抱怨他们“没有时间”，完不成阅读作业。为了防止这种情况发生，你可以在指定阅读材料的时候预习它。评估阅读材料的困难程度，有助于你安排合适的阅读时间。

预习与预测

在完成阅读材料之前，先了解它是关于什么内容的（也就是预习），并且预测其内容（也就是预测），是十分有用的。预习是完成阅读任务的一种主动方式。

预习

你开始阅读时，做的第一件事是什么？如果你像许多人一样，你会先看看它有多长，然后再开始阅读。很多人没有意识到应该在阅读前预习。预习是一种让自己快速熟悉材料组织方式与内容的方法。它易于使用，并且能显著提高阅读效率。预习包括在你阅读之前对要读的内容有一个快速的印象。因此，你将读得更快，也更容易跟上作者的思路。预习就好比你开车去一个不熟悉的地方之前看一下路线图。路线图就像预习一样，让你知道前方有些什么，以及如何安排。

怎样预习

当你预习阅读材料时，只要看那些告诉你它是关于什么的或如何组织的部分。使用下面专栏中列出的步骤，可以有效地预习。

认知深化　预习的步骤

1. **读标题**。标题通常起到标签的作用，告诉你材料是关于什么的。它确定了整个主题或主旨。
2. **阅读引言或开头的段落**。一篇文章的前几个段落通常是介绍性的。作者可以解释主题，概述他的想法，或给出一些关于其思考方向的线索。如果引言很长，那就只读前两三段。
3. **读每个黑体字标题**。就像文章的题目一样，标题也可以作为标签，标明阅读材料的内容。这些标题构成了重要观点的小提纲。
4. **读每个标题下的第一句话**。虽然标题经常宣示将要讨论的主题，但标题后面的第一句话常常解释标题并阐述文章的中心思想。
5. **如果没有标题或标题很少，阅读每一页的每个段落的第一句话**。这些句子往往是表达重点的主题句。
6. **注意任何的印刷辅助工具**。印刷辅助工具包括页面的所有特征，目的是使事实或观点突显或更容易理解。这些包括斜体、粗体、旁注、上色、大写、下划线和枚举（列表）。
7. **注意任何表格或图形，并阅读它们的说明文字**。图形、表格和图片有两个用途。首先，它们强调重要的观点。其次，它们会澄清或简化信息和关系。因此，在预习时，注意它们总是很重要的。
8. **阅读最后一段或总结**。一章的最后一段通常会作为结论或总结。在某些章节中，可能会用多个段落来总结。在有的教科书中，最后几段也许标记为“总结”或“结论”。在阅读章节之前先阅读总结，你就能了解材料的一般重点和内容。

现在，预习标题为“非语言线索的类型”的节选文章。为了说明如何进行预习，我对这些页面做了特别标记。你应该读的所有内容都加了灰底。在你预习选定的内容后，请完成小试身手中的测验。

非语言线索的类型

让我们更仔细地观察非语言线索，它们会告诉别人我们的情况，或告诉我们别人的情况。当我们对不同种类的非语言线索更加敏感时，我们的自我意识和移情能力（empathic skill）也会增强。我们的理解基础越广，就越有可能解读我们感知到的线索。但我们知道，非语言交际也许是模棱两可的，必须小心对待，不要过度概括我们观察到的行为。我们可能会因为好友一句无精打采的“嗨”而感到受伤，除非我们记起这种无精打采可能是由头痛、睡眠不足、注意力过于集中或其他一些我们不知道的因素引起的。假如某个朋友每天早上都不笑，不停下来和我们聊天，我们就因此认为自己被他拒绝了，这是不明智的。

我们应当对所有线索保持警惕，并且尽可能多地获取信息，以此作为我们得出结论的依据。组织我们对非语言沟通的思考的一种方法是根据空间线索、视觉线索和声音线索来思考。在考虑这些因素时，不应忽视这样一个事实，即任何交流都发生在特定的环境中。这种环境影响了许多非语言交流。

空间线索

空间线索是我们选择站着或坐着与他人保持的距离。我们每个人身上都带着一种叫作“非正式空间”的东西。我们可以把它想象成一个气泡，而我们占据了气泡的中心。这个气泡的膨胀或收缩，取决于不同的条件和环境，比如参与交流者的年龄和性别，参与交流者的文化和种族背景，话题或主题，交流的环境，参与交流者的生理特征（体型或体态），交流伙伴的态度和情绪取向，人际关系的特点（比如友谊），参与交流者的性格特点。

文化人类学家爱德华 · T. 霍尔（Edward T. Hall）在他的《无声的语言》（*The Silent Language*）一书中指出了我们与他人交谈时假定的距离。他将这些距离分为亲密的、私人的、社交的和公共的不同情况。在许多情况下，这些距离的调整，是由上面列出的一些因素造成的。

亲密的距离

在亲密的距离（0 ~ 18 英寸[①]，约为 0 ~ 46 厘米）中，我们经常用一种轻柔的或几乎听不见的耳语来分享亲密的或机密的信息。在这样的距离下，身体接触变得很容易。

① 1 英寸 =2.54 厘米。

个人的距离

霍尔认为，18 英寸到 4 英尺[①]的距离（约合 46 ~ 122 厘米）是个人距离。当我们向某人透露信息时，很可能在这个距离内透露。我们在这个距离范围内讨论的话题可能有些机密，而且通常是私人的和相互都涉及的。在个人距离上，如果我们愿意，仍然可以触碰对方。这也许是人们在聚会上交谈时的距离，同学之间随意交谈时的距离，或在许多工作关系中的交谈距离。这样的距离是一种由来已久的熟悉关系，可能是最适合自由交换意见的距离。

社交距离

当我们与另一个人以正常的方式交谈，分享与个人无关的担忧时，通常使用社交距离（4 ~ 12 英尺，约合 122 ~ 365 厘米）。我们工作中的许多交谈都发生在这个距离上。客厅里的座位彼此之间的距离为 4 ~ 7 英尺（约合 122 ~ 213 厘米）。霍尔说，4 ~ 7 英尺为社交距离的近距离阶段；7 ~ 12 英尺是社交距离的最远阶段。

距离越大，进行的商务或社交谈话就可能越正式。通常，重要人物的桌子都足够宽，能让来访者在 7 ~ 12 英尺的距离内坐下。这种距离的目光接触对交流的顺畅更加重要；如果交谈中没有视觉接触，其中一方可能会感到被拒之门外，对话也许会停止。

公共距离

公共距离（12 英尺或更远，即 365 厘米以上）远远超出了与他人亲密接触的范围。这对于人际交往并不实际。在这个距离内，我们的视野和听觉都受到限制；谈论的话题相对来说是非个人的和正式的；而且，大部分的交流都以公开演讲的方式进行，主题都是事先计划好的，反馈的机会也很有限……

视觉线索

看得越清楚，我们和别人交流的潜力也就越大，因为我们看到的越多，对方看到的也越多，我们就能发送和接收更多信息。梅拉宾（Mehrabian）发现，我们的脸越是朝着谈话对象，就越能向他传递积极的感觉。另一位研究人员证实了我们大多数人很久以前就发现的一件事，那就是：直视一个人，微笑着向他靠近，将传递一种温暖的感觉。

① 1 英尺 =0.3048 米。

面部表情

面部可能是人体最有表现力的部分。它可以揭示复杂的、经常令人困惑的各种信息。它吸引人们的注意力，因为它是可见的、无所不在的。面部表情可以在不到1秒的时间内从狂喜转变为绝望。研究结果表明，面部表情可以传递10种基本的含义：快乐、惊讶、恐惧、愤怒、悲伤、厌恶、蔑视、兴趣、困惑和决心。研究还表明，除了人的情绪状态，面部还可以传达更多信息，甚至揭示人的思维过程。此外，有的研究表明，我们可以通过面部表情同时传递多种情绪，而不仅仅是单一的情绪状态。

眼神接触

眼睛可以辅助许多东西。如果我们希望别人回答，通常会保持密切的眼神接触。我们也可以用眼睛打开或关闭沟通渠道。想想参与者超过两个人的对话……

身体

身体可以辅助面部表情的交流。手势、姿势和其他身体动作也可以表达态度。它们能够揭示身份的差异，也可以表明欺骗的存在。至于态度，正如前面提到的，肢体动作也反映出人们之间的好感。

根据一些调查人员的说法，一个人如果想让别人觉得他是温暖的，应该让自己面朝对方，微笑着，保持直接的眼神交流，并且保持手不动。冷漠的人往往环顾四周，无精打采，手指不停地敲击，一般情况下，他们还会克制自己不笑……

个人仪表

即使我们相信“美丽是肤浅的”这句陈词滥调，也必须认识到，我们的个人仪表不仅对自我形象有着深刻的影响，而且也影响我们自身的行为和周围人的行为。我们的仪表是第一印象（有时是持久印象）的基础。

小试身手　检验你的回忆

注：预习后完成这个练习。对每道习题，在空格内填上“T”(对) 或“F”(错)。

F 1. 空间线索是指我们坐或站的方式和姿势。

T 2. 非语言交流有时是含糊不清的。

T 3. 社交距离用于非私密的交谈。

F 4. 在较近的距离中，声音会更大，音调也会更高。

F 5. 人与人之间最远的距离就是社交距离。

F 6. 手是身体最有表现力的部分。

T 7. 作者讨论了距离的四种类型。

F 8. 个人距离会影响他人的行为。

T 9. 视觉线索由面部表情、眼神接触、个人仪表和身体动作提供。

T 10. 手势和姿势能提供重要的非语言线索。

你做这个练习，答对了八道题以上吗？你或许注意到，这个练习并没有测试你对具体事实和细节的了解。相反，它们相当准确地衡量了你对这篇文章主要观点的回忆。如果你的得分在80% 或以上，那么你的预习是成功的，因为它让你熟悉了这篇文章大部分的主要观点。

这个练习表明，在阅读之前，预习可以使你知道关于文章整体内容的大量信息，让你熟悉主要观点以及材料的基本结构。

支持技术　预习在线文章

预习在线文章不同于预习书面文章，因为在线文章在内容、格式和可靠性方面变化更大一些。运用下面的小贴士：

- 了解页面的布局。
- 注意那些广告，如果可能的话，删除它们。
- 找到搜索框的位置。
- 发现如何导航到网站上，寻找标签、按钮或链接。
- 看看网站是不是有“联系”和“关于我们”的标签。

调整预习方法，适应各种类型的材料

如果说成为灵活的阅读者的关键在于调整阅读技巧，以适应阅读材料和自己的学习方式，那么成功预习的关键同样如此。你必须调整预习的方式，以适应你正在学习和阅读的材料类型。在以下专栏的“如何根据材料调整预习方法”中，我总结了一些有助于你进行这些调整的建议。

认知深化　如何根据材料调整预习方法

材料类型	要考虑的具体特点
教科书中的章节	总结 词汇表 复习和讨论的问题

（续）

材料类型	要考虑的具体特点
文章	标题 引言中的段落 总结性的段落
没有标题的文章	各段落的首句
考试和测验	说明 题目的数量 问题的类型 分数的分布
网站	功能（搜索框等） 导航 资源，关于我们或联系信息 广告（也可能没有广告）

学习风格秘诀

如果你倾向于是一位……	那么，可通过以下方法强化你的预习技能：
听觉型学习者	大声地提出并回答引导问题。
视觉型学习者	写下引导问题及其答案。

为什么预习是有效的

预习之所以有效，是因为它：

- 帮助你对所读的材料感兴趣并参与其中。
- 使你知道文章的组织结构和内容等基本信息。
- 将你的注意力吸引到文章的内容上。
- 使你能够阅读得稍快一些，因为你已经熟悉了。
- 让你从心理上对阅读材料的提纲有所掌握。

预测

预习类似于看电影的预告片。你看电影预告片时，会思考电影是关于什么内容，它将如何实现它的目标，以及你是不是想看。要做到这一点，你要根据预习的结果来进行预期或预测。例如，你可能预测这部电影是暴力和恐怖电影，或是伤感和浪漫电影，你也可以预测电影的发展和结局。

在预习之后，你应当能够对材料的内容和组织做出预测，并且将你预习时了解的信息与你已经知道的主题联系起来。

做出预测

预测是对阅读材料的有根据的猜测。例如，你可以预测一篇文章的重点，一个章节的发展方法，或一个章节中将会呈现的重要观点。表 2–2 列出了一些预测的例子。

表 2–2　预测举例

标题	预测
市场研究史的亮点	将介绍市场研究的历史概况
为什么热狗每包 10 个	将讨论产品包装和盈利能力
快餐促销计划的示例	将以一家快餐连锁店作为例子来展示快餐店如何推销其产品
起始句	**预测**
营销人员一直是某些消费者团体和政府机构批评的对象	本节将首先讨论消费者团体的反对意见，然后是政府的反对意见
消费者所面临的情况和问题直接影响他们的购买行为	本节将举例说明情况和问题，并解释为什么或如何影响购买行为
确定产品需求的关键是对整个市场及其预期份额的估计	本节将解释这个流程

你可以根据你的书面语言经验、背景知识和你对主题的熟悉程度做出预测。当你读完这篇文章的其余章节时，将更加熟悉书面材料的组织模式，做出预测的能力也会相应提高。

要开始做预测，请记住以下问题：

- 作者提供了什么线索？
- 阅读材料是关于什么内容的？
- 它会从逻辑上遵循什么样的顺序？
- 这个顺序是如何组织的？

小试身手　做预测

注：根据下面这些标题，预测接下来的内容或组织。

1. 美国的不平等现象

   下文将讨论种族和性别不平等，也可能讨论原因或结果。

2. 非传统的婚姻和家庭生活方式

   下文将包含对非传统关系和生活方式的描述。

3. 宗教运动的发展

按时间顺序排列，下文将描述这些运动并讨论它们发展的原因。

4. 20 世纪 90 年代的教育与变革

下文将按时间顺序叙述十年的重大变化。

5. 汽车、装配线和社会变革

下文将解释汽车和流水线是如何产生社会变革的。

6. 其他国家的卫生保健体系

下文将介绍卫生保健体系，也可能比较其他国家的卫生保健体系。

7. 学校中的电脑

下文将描述计算机的教学用途。

8. 社会学和其他科学

下文将比较社会学与自然科学、生命科学。

9. 性别不平等的后果

下文将讨论性别不平等的影响。

10. 什么是宗教?

下文将定义宗教并讨论其在社会中的地位或作用。

建立联系

一旦你预习了一项作业，并预测了它的内容和结构，重要的下一步是回忆你已经知道的关于这个主题的内容。通过把你要读的材料与你的背景知识和经验联系起来，以便进行联系。

建立这种联系有几个原因：

1. **如果你能把新的信息和已经储存的信息联系起来，学习就会更容易。**

2. **如果你能把任务和自己的经验或学过的科目联系起来，任务就会变得更加有趣和有意义。**

3. **熟悉且有意义的材料更容易学习。**如果你能从自己的经验中找到例子，把它们联系起来，学习基本的经济学定律就会更容易。

搜索你以前的知识和经验，寻找能够把新材料与任务联系起来的观点或信息。我们可以把这个过程想象成在已经存储的信息和新信息之间绑上一条心理上的丝带。当提取旧信息时，你会发现你也能回想起新信息。以下是一些建立联系的例子：

- “这一章的标题是成人阶段——看看我和我的父母处于哪个阶段应该很有趣。”
- “我会读一些关于心理问题的治疗方法。我听说我姑姑在离婚后参加了集体心理治疗。”
- “这一章的标题是‘遗传学’——我不知道它是否会讨论染色体定位或基因检测。”

使用以下专栏中的建议来激活你的先验知识。

认知深化　运用先验知识

为了在不太熟悉的科目上利用你的先验知识与经验，可以使用以下方法来思考这个科目：

1. 尽可能多地提出关于该主题的问题，并试着回答它们。
2. 将该主题分解成尽可能多的特点或子主题。
3. 自由联想或写下任何想到的与主题相关的东西。

图 2-1 演示了这些方法中的每一种。尽管结果不同，但每一种方法都迫使你去思考，都是从你的经验中汲取出来的，并且集中了你的注意力。

你使用哪种技巧，取决于你学习的主题和你的学习风格。把一个主题分成若干个子主题，也许不适合哲学论文，但对于了解电视节目可能是有效的。同样地，自由联想也许对创造性的学习者十分有效，而划分成子主题可能对更务实的学习者更有效。

主题：免疫系统

方法	演示
提问	免疫系统如何运行？
	它做些什么？
	当它发挥作用时，会发生什么？
	有没有其他一些类似于艾滋病的疾病还没有被发现？
	压力会影响免疫系统吗？
	饮食会影响免疫系统吗？
分解成子主题	免疫系统的疾病
	运行
	功能
	影响
	局限
自由联想	免疫系统保护身体免遭疾病和感染。
	它攻击身体入侵者并且摧毁它们。
	当疾病发生时，免疫系统就失灵了。艾滋病是一种影响免疫系统的疾病。
	压力可能影响身体的防御。

图 2-1　激活知识的方法

小试身手　激活你的知识

注： 将下列标题与你的知识或经验联系起来。讨论或总结你已经知道的每一个主题。答案会因人而异。

1. 痛苦及其控制

2. 电视与攻击行为

3. 老龄化的问题

4. 压力的源头

5. 饮食障碍

提出引导问题

提高效率秘诀

预习你需要完成的活动，通常是确定阅读目的的有效方法。例如，如果任务要求你列出阅读材料中的三个好例子，你应当在阅读过程中观察并标记出来。

当你到餐厅点汉堡、去银行办事或发短信的时候，你心里抱有一个特定目的。事实上，你的大部分日常活动都是有目的的，你会为了完成某些目标而做某些特定的事情。

阅读也应是一种有目的的活动。你开始阅读任何文章、选集或章节之前，应当知道你想通过阅读达到什么目的。你的目的应该根据情况而定。你也许在杂志上读到一篇关于虐待儿童的文章，了解到这个问题的严重程度。然后你可以阅读社会学教科书中的有关章节来确定虐待儿童的原因、后果和程度的事实与数据。你的阅读目的应当尽可能明确。明确特定目的的最好方法之一是提出引导问题。

怎样提出引导问题

引导问题可以这样提出：将章节或文章的题目和标题转化为你在阅读时试图回答的问题。例如，如果题目是“研究社会的方法”，你可以这样提问：“研究社会的方法是什么？”读文章的时候，你可以从中寻找答案。以下是一些示例。

题目：将科学纳入法律监管范围

问题：怎样才能将科学纳入法律监管范围？

为什么应当将科学纳入法律监管范围？

标题：社会问题的生命周期

问题：社会问题的生命周期有哪些阶段？

什么社会问题具有生命周期？

标题：妇女运动的发展

问题：妇女运动怎么发展？

妇女运动发展的原因是什么？

提出正确的引导问题

为了最大限度地发挥引导问题的作用，你必须提出正确的问题：

- 询问事由、原因和方式的问题是有益的，因为它们通常需要你思考或巩固信息与观点。
- 询问何人、何时和何地的问题则不太有用，因为它们通常可以用一两个词来回答；它们常常指的是一个具体的事实或细节，而不是更大的观点或概念。

小试身手　写下引导问题

注：对于下面的每一个标题或题目，写一个对指导你阅读材料有益的引导问题。

1. 我们提出了一些关于犯罪样本答案的错误问题

   那些错误的问题是什么？什么才是正确的问题？

2. 宪法：新的挑战

   宪法受到了怎样的挑战？（或为什么受到挑战？）

3. 政治党派运行

   政治党派如何运行？

4. 加纳和津巴布韦：一项对比研究

   加纳和津巴布韦有何不同？

5. X 射线和可见光的比较

   如何比较 X 射线和可见光？

批判性思考：培养一种质疑的思维模式

引导问题可以帮助你辨别哪些是需要学习和记住的重要问题，但它们不是你应当提出的唯一问题。提出批判性的问题也十分有益——这些问题将帮助你分析和解释你读到的内容。这里有几个关键的问题，有助于培养一种质疑的思维模式。

1. 在读完这篇文章后，作者希望我理解或相信什么？
2. 作者想要说明什么？（接下来会有些什么观点？）
3. 为了支持他的观点，作者提供了多少证据？是哪种类型的证据？
4. 作者是介绍了事件的两面，还是只介绍一面？
5. 作者是偏向于支持该主题还是反对该主题？
6. 阅读材料是不是摘自可靠的来源？
7. 作者的资格是什么？
8. 这些观点为什么重要？
9. 这些信息与我正在学习的其他知识有多么一致？
10. 我怎样使用这些信息？

从旁边走过去：一个黑人思考他改变公共空间的能力

布伦特·斯台普斯（Brent Staples）

本文作者是一位著名的黑人作家和《纽约时报》的社论专栏作家。这篇文章最初出现在《哈泼斯》(*Harper's*) 杂志上，该杂志经常用长篇文章审视有争议的问题。

你准备采取哪种阅读策略

注：记分卡可以让你计算你的阅读速度。为做到这一点，在你开始阅读之前，一定要在记分卡上记下你开始阅读的时间。

通过预习阅读材料来激活你的思维，并回答以下问题。

_b_ 1. 你应当最关注哪类信息？

a. 人们在作者年轻时遭到他的抢劫。 b. 作者的经历及其揭示的美国种族问题。

c. 女性在城市环境中的行为。 d. 作者对芝加哥和纽约的看法。

_d_ 2. 这篇文章来自《哈泼斯》杂志。根据你的预测，你觉得《哈泼斯》是一本什么样的杂志？

a. 一本名人八卦杂志。 b. 一本面向商界人士的杂志。

c. 一本有许多照片的时尚杂志。 d. 为受过教育的人士准备的知识杂志。

3. 根据你对阅读材料的预习，你认为你应该以多快的速度阅读这篇精选材料？（圈出你的答案）

很慢　　慢　　中等速度　　快　　很快

____

____

4. 黑人男性的刻板印象是什么？作者是如何应对这些刻板印象的？

1 我的第一位“受害者”是一名女性——白人，穿着得体，20 岁出头。一天深夜，我在海德公园一条空荡荡的街道上偶遇了她。海德公园是芝加哥一个相对富裕的社区，地处贫民区。当我跟在她身后走上大道时，我们之间似乎有一段谨慎的、非刺激性的距离。但对她来说并非如此。她不安地回头望了我一眼。在她看来，我这个年轻黑人，一个身高 188 厘米，体格魁梧、留着胡子、头发蓬乱的男人，双手插进一件笨重的军装外套的口袋里，似乎在险恶地靠近她。她又快速地看了我几眼，之后便加快了步伐，很快开始认真地跑起来。几秒钟后，她消失在一个十字路口。

2 那是十多年前的事了，当时我 22 岁，刚到芝加哥大学读研究生。正是在那个吓坏了的女人的脚步声的回响中，我第一次意识到我继承了一项笨拙的遗产——用丑陋的方式改变公共空间的能力。很明显，她认为我是个抢劫犯、强奸犯或更糟的人，如果不迅速离开，她就会沦为我的猎物。然而，当时我的情况是，由于失眠的折磨，我正打算不知不觉间让自己产生睡意，而不是偷偷摸摸地潜近一个毫无防备的行人。我是一个连用刀砍生鸡肉都不敢的“软骨头”。她的逃跑，令我一下子感到惊讶、尴尬和沮丧，使我觉得自己像是一个暴政的帮凶。

3　在我第一次离开家乡的头一年，我要彻底熟悉令人恐惧的语言。在芝加哥漆黑阴暗的十字路口，我可以从一辆停在红绿灯前的汽车前穿过，听到司机砰砰砰地砸门锁的声音——有黑人，有白人，有男性，也有女性。天黑后，在行人较少的街道上，我对那些走到街的另一边而不是从我身边走过的人变得习惯了，但也感到不舒服。接下来，我还要面对警察、门卫、保镖、出租车司机，以及其他那些在出现任何不礼貌行为之前就把麻烦的人排除在外的人，所做出的那种标准的使人不愉快的事情。

4　近两年前，我搬到了纽约，至今仍是一名热心的夜行者。在曼哈顿中心区，几乎从不间断的人群使得一对一的街头冲突差不多消失不见了。其他地方确实变得令人非常紧张，比如我去拜访住在SoHo区的朋友，那里的人行道很窄，建筑之间的间隔很紧，把天空都挡住了。

5　黑人在纽约抢劫文学中占有一席之地。诺曼·波德霍雷兹（Norman Podhoretz）1963年出版了著名的（或说臭名昭著的）论文《我的黑人问题和我们的问题》（*My Negro Problems-And Ours*），他在文中回忆了自己是怎样在对黑人男性的恐惧中长大的。他们“比我们更结实、更无情”，他写道，即使他是一个在曼哈顿上西区生活的成年人，但在某些街道上遇到黑人时，他仍然无法抑制自己的紧张情绪。

6　在我居住的布鲁克林的街道上，我经常看到女性在天黑后做出那种“直觉姿势”。她们似乎面无表情，胸前束着皮带，奋力向前行进，仿佛在抵抗对方的阻击。当然，我明白，她们感受到的危险并不是幻觉。女性尤其容易受到街头暴力的伤害，年轻的黑人男性在这种暴力的施暴者中有着过多的代表。然而，这些事实并不能安慰你，因为你曾经是嫌疑人，因为你被孤立，因为你是一个可怕的实体，行人都避免和你接触，哪怕只是眼神接触。

7　我不完全清楚，我是怎么长到22岁这个成熟年纪的。长这么大，我竟没有意识到，我居然被归为给夜间行人带去致命伤害的一类。也许是因为，我是20世纪60年代长大的孩子，小时候生活在宾夕法尼亚切斯特这个愤怒的小工业城镇。那时，在帮派争斗、街头刀伤和谋杀的背景下，我几乎毫不引人注目。我从小就是个好孩子，可能打过6次架。回想起来，我在战斗中胆怯的根源是清晰的。

8　要造就一个年轻的暴徒，需要做很多事情。其中之一就是男性浪漫的完美，带有恐吓的力量。一个婴儿发现有人随意地拍打，会把奶瓶从婴儿床上甩到地板上。快乐的婴儿一遍又一遍地重复着这些动作，试图复制这一壮举。正是如此，我回想起我的一些儿时朋友最终被硬汉形象诱惑。当一个目标畏缩着、毫不抵抗地交出了他的钱，神话和现实就结合在了一起，并且获得了回报。毕竟，只有勇敢地拥抱恐吓和威胁的力量，才算是有男子汉气概。作为男人，我们在公路上应当寸步不让，在工作、娱乐甚至爱情中也要抓住斗士的锋刃，还要勇敢地面对敌对势力。

9　不幸的是，贫穷无力的年轻人似乎对这些胡说八道信以为真。小时候，我见过无数的硬汉被关起来；从那以后，我也埋葬过几个。他们是孩子，真的：一个十几岁的表弟，一个22岁的兄弟，一个25岁左右的儿时好友。他们都在街头上演的斗殴中消失了。我很早就开始怀疑恐吓有什么好处。也许是无意识的，我选择了继续做一个影子，也就是胆怯的却能够幸存下来的人。

10　在公共场合误以为是我干的那种可怕的事，往往带有一种危险的味道。这些困惑中最令人害怕的一次发生在20世纪70年代末和80年代初，当时我在芝加哥担任记者。一天，我手里拿着临近截止日期的稿子，冲进一家杂志的办公室，结果被误以为是窃贼。办公室经理叫来了保安，并且临时召集了一群人，跟着我穿过迷宫般的大厅，几乎一直走到编辑的跟前。我没办法证明我是谁，只能轻快地向一个认识我的人走去。

11　还有一次，我为一家当地报纸工作，在采访前消磨时间。我走进一家坐落在这座城市靠近北边富人区的珠宝店。店主对我说，“对不起，我离开一下”，接着带回来一只巨大的红色杜宾犬，皮带的另一端被她紧紧地拉着。店主站在那里，放那只狗朝我走过来，对我的问题一声不吭，眼睛几乎要鼓出来了。我匆匆地看了看四周，点了点头，向她道了声晚安。然而，相对而言，我还不是那样倒霉。

12　在《我的黑人问题和我们的问题》中，波德霍雷兹写道，他通过各种途径感受到对黑人的憎恨，其中之一是他对“一种特别的偏执的敏感”感到不舒服，他认为黑人有这种倾向。毫无疑问，他在这里指的就是黑人确实有这种敏感性。随着时间的推移，我学会了压抑自己经常被当成罪犯的愤怒。不这么做的话，无疑会导致疯狂——波德霍雷兹在写这篇文章的时候，他那“特别的偏执的敏感”让他自己非常恼火。

13　我开始采取预防措施，使自己不那么危险。我四处走动的时候小心翼翼，尤其在夜深的时候。凌晨时分，我对地铁站台上那些紧张不安的人敬而远之，特别是在我将工作服换成牛仔裤之后。如果我碰巧跟在一些轻浮的人后面进入大楼，我可能会从他们旁边走过去，等他们离开之后再回来，这样就不会让人觉得我在跟踪他们。在一些罕见的场合，被警察拦下的时候，我一直十分冷静，也很和气。

14　深夜时分走在行人较少的街道上，我用口哨吹着贝多芬、维瓦尔第和更受欢迎的古典作曲家的曲子，有人曾证明，这是一种缓解紧张情绪的极佳方法。就连蜷缩在夜间目的地的那些铁石心肠的纽约人似乎也会放松下来，甚至偶尔也加入进来。几乎人人都能感觉到，一个抢劫犯不会哼着维瓦尔第的《四季》(*Four Seasons*) 中那些明亮的、阳光的曲子。

阅后评测

检验你的理解

__d__ 1. 以下哪句话能够最好地描述这篇阅读材料？

a. 这是一篇关于白人女性为什么害怕黑人男性的文章。

b. 这是对大城市中种族关系紧张的描述。

c. 这是一段为呼吁更大的种族平等的论证。

d. 这是一个黑人在公共场合的个人经历和感受。

__c__ 2. 作者可能在22岁之前并不知道公众的反应，原因是：

a. 他是一个帮派成员。

b. 他居住在宾夕法尼亚州的一个小镇上。

c. 他在罪犯和街头帮派面前并不起眼。

d. 他害羞而内向。

__a__ 3. 作者引用的“抢劫文学”是

a. 其他作家关于对黑人男性的恐惧的作品。

b. 关于抢劫犯所犯罪行的统计数据。

c. 关于抢劫犯的统计数字和客观事实的文章。

d. 描写黑人在社会中角色的文学作品。

__b__ 4. 作者把“男人必须强壮和勇敢”的态度视为

a. 个人表达。

b. 胡说八道。

c. 在历史上有理由。

d. 合法的。

__a__ 5. 作者所描述的“直觉姿势”是一种

a. 保护性的、防御的姿势。

b. 不尊重的姿势。

c. 攻击的举动。

d. 表明需要帮助的信号。

批判地思考

__b__ 6. 作者写这篇文章的主要目的是

a. 说服人们注意他们对待黑人的公开行为。

b. 描述他在公共空间中人们对其反应的个人感受。

c. 使读者熟悉大城市中的问题。

d. 争辩说不应改变公共空间。

__b__ 7. 作者用口哨吹着维瓦尔第的曲子，是为了

a. 表达他的音乐爱好。

b. 暗示他和一般的抢劫犯不同。

c. 表明他的音乐欣赏水平。

d. 表示他并不害怕。

__c__ 8. 以下哪个选项最好地描述了作者对女性害怕黑人男性的态度？

a. 作者认为她们的害怕是没有根据的。

b. 作者认为她们的害怕是夸张的，像幻觉一样。

c. 作者发现她们的恐惧是可以理解的，但当这种恐惧作用于他时，他仍感到难办。

d. 作者感到愤怒，觉得他不被人理解。

__c__ 9. 作者为了表达他的观点，主要运用下面哪一种方法？

a. 逻辑推理。

b. 统计数据和“抢劫文学”。

c. 个人经历。

d. 事实。

计分卡

结束时间：______时______分______秒

开始时间：______时______分______秒

阅读时间：______时______分______秒

每分钟字数（WPM）计分：__________

理解计分：从第 1 题至第 9 题

正确的数目：______ $\times \frac{10}{9}=$ ______%

评估你的阅读策略

1. 你会怎么评价你对这篇文章的理解？（圈出来）

很好　　好　　一般　　差

2. 你认为你的阅读策略有效吗？

有效　　无效

3. 假设你再次读到《哈泼斯》杂志的文章，根据你对这篇文章的经验，你会怎样调整你的阅读策略（如果需要调整的话）？

____

____

阅读理解

1. 总结作者描述的问题。

作者面临的问题是：由于他是黑人，总被人们视为一种威胁。

2. 为什么作者在 22 岁以前没有意识到这个问题？

作者住在一个小镇上，在那里，罪犯和街头帮派并没有注意到他（他不起眼）。

3. 作者在什么意义上使用“受害者”这个词？他自己又在什么意义上是“受害者”？

作者用“受害者”一词来指代由于外力而违背自己意愿的人。这些女性之所以成为受害者，是因为危险的情况和恐惧叠加在她们身上。作者之所以成为“受害者”，是因为别人害怕他的心理对他产生了负面影响，他却无法控制别人对他的反应。

4. 作者是怎样改变他在公共场合的行为的？

在他和其他人之间，作者保持着比正常情况更大的距离，有时用口哨吹古典乐曲。

批判地思考

5. 讨论文章标题的含义。作者如何改变公共空间？这对他的生活有什么影响？

文章的标题表明，当作者让别人不舒服时，他会做什么。作者会改变公共空间，因为当人们在晚上看到他时，他们会试图与他保持更大的距离。无论他走到哪里，人们都尽量远离他。他的生活改变了，因为他不得不担心别人的误解。

6. 讨论作者对他的“受害者”的态度。他认为她们是理性的还是非理性的？他同情她们吗？他生气吗？

作者同情他的“受害者”，认为她们的恐惧是合理的，但他希望她们能看到他的真实一面。他感到沮丧，因为她们无法看清他的真实一面。

多想一想

1. 在什么样的情况下，一个人还可以改变公共空间？
2. 你对作者的“受害者”的行为持怎样的看法？
3. 你是否认为作者应当改变在公共场合的行为？如果换成你，你也会这么做吗？
4. 在仅仅读了第一段后，你认为会发生什么？

第3章

增强词汇的力量

这张照片的一部分已经被删除。你能找出它缺了什么吗？照片上有一些线索可以帮你，包括女孩儿脸旁物体的位置，以及她张开的嘴。

你在阅读一个句子或段落时，倘若发现自己不认识某个词，可以通过研究它周围的词来推测它的意思。周围那些词能为你弄清生词的意思提供线索，就像你研究照片中的细节来帮助你找出少了什么一样。在本章中，你将学习如何利用上下文线索来识别生词，怎样利用单词的组成部分的线索来推测词的意思，怎样使用索引卡来学习单词的含义。

你通常可以通过在生词出现的句子或段落中寻找线索来理解生词的意思。在本小节的其余内容中，你将学习如何使用四个最常见的线索。

提高效率秘诀

研究上下文线索通常是最快弄清生词含义的方法。上下文线索可分为四大类：定义线索、示例线索、对比线索和推理线索。

定义线索

写作者提供定义的常用方式有两种：

- **正式定义**，比如你可能在字典中找到的那些定义。在这些情况下，词的意思是直接陈述的。
- **间接定义**，是指写作者重申某个观点或提供一个同义词，一个与生词意思相同的词。

钟表学是指测量时间的科学。

归纳是指从已知到未知的推理过程。

新陈代谢是指身体细胞从食物中制造能量或产生新细胞的速度。

请注意，在每个示例中，字体加粗的单词都有清晰而直接的定义（由句子中突出显示的部分来定义）。事实上，以上每一句话都是为了定义一个术语而写的。

忧郁症，即对自己的健康过度担心，折磨着许多年过四旬的美国人。

全体教员**一致同意**，或说全都赞成，要求每门课程都要写一篇学期论文。

千里眼指的是不用正常感觉器官就能“看见”的能力，心灵研究中心正在研究这种能力。

中年（从 35 岁到 65 岁）是加强和维持生活目标的时期。

在以上每个示例中，字体加粗的术语都有相应的含义。尽管没有给出完整的定义，但包含了足够的信息（予以突出显示），给了你一个大致的意思，这样你就可以继续阅读，而不用停下来查字典。

小试身手　使用定义线索

注：在每个句子中，在为加粗的术语提供定义线索的部分下画线。

1. **化学反应性，**是指元素参与化学反应的倾向，是元素化合的一个重要概念。
2. **效能调整，**即机体满足其环境要求的过程，取决于许多因素。
3. **演绎思维**涉及从一套普遍原则中得出结论。
4. **诘难，**或质疑，可能会使心理和情感枯竭。
5. 那男孩儿因事故而**致残，**或说毁容。

示例线索

确定一个生词的意思的第二种方法是寻找解释或阐明它的例子。假设你不知道“trauma”（创伤）这个词的意思，而你发现它用在下面这个句子中：

黛安在童年早期经历了许多**创伤（trauma）**，包括车祸受伤、祖母去世和父母离婚。

这句话列出了三个关于创伤的例子，从这些例子中你可以得出结论，trauma 指的是令人震惊的或心理上受到伤害的经历。下面是一些包含示例线索的例句：

有毒物质，如砷、石棉、杀虫剂和铅，会对身体造成永久性伤害。

无条件的反应，包括心跳、眨眼和呼吸，在所有人身上都是自然发生的。

例如，蟋蟀、蚱蜢和蟑螂都是**直翅目动物**，在潮湿的环境中茁壮成长。

你可能已经注意到，这里的提示是例如、包括和如，其他常见的还有举例来说和举例说明。

小试身手　使用示例线索

注：阅读每个句子，并写出每个黑体字词的定义或同义词。使用示例线索来帮助你确定单词或短语的意思。

1. 由于铜和铅的**金属特性**，如导热性和导电性、光泽和延展性（能被塑成薄片的能力），它们被用于电线之中。

   金属的特征

2. 感知、学习和思考都是**认知**过程的例子。

   思考或认识

3. 许多老年的**残疾**，包括听力丧失、视力下降和关节炎等疾病，都可以通过药物治疗。

   衰弱

4. 恐高、恐水、恐众等**恐惧症**可以通过调节消除。

   对特定物体和局面的不理性的恐惧

5. 人类有一些内在的**应对机制**；我们生气时会大喊大叫，难过时会哭泣，紧张时会颤抖。

   应付或处理情况的方法

对比线索

有时，我们可以从上下文中具有相反含义的单词或短语来确定某个生词的意思。在下面的句子中，注意某个与黑体字意思相反的词是如何提供线索的。

音乐会期间观众很安静，但之后就变得**喧闹**（boisterous）起来。

尽管你可能不认识喧闹这个词，但你知道，在音乐会期间观众很安静，但之后就变得不同了。“但”这个词暗示了这一点。于是你知道，人们变得与安静相反了（吵闹、喧哗）。下面是一些含有对比线索的例句：

我**讨厌**（loathe）猫，但我的大多数朋友都喜欢猫。

虽然这座小屋看上去是**废弃的**（derelict），但是我们发现周末有一家人住在那里。

皮特通过长时间的学习，成功地通过了考试；另一方面，山姆的努力变得**徒劳**（futile）。

在这些例子中，你可能已经注意到，每个例子中都包含一个单词或短语，表明存在相反的情况。例子中使用的信号词是尽管（even though）、虽然（although）和另一方面（on the other hand）。其他表达相反意思的词包括不过（however）、不管（despite）、而是（rather）、虽然（while）、然而（yet）和不管怎样（nevertheless）。

小试身手　使用对比线索

注：使用对比线索来帮助确定黑体字词的意思。

1. 艾尔总是很健谈，而爱德则保持**沉默**（**taciturn**）。

   沉默，不善言谈

2. 微波炉**过时**（**obsolete**）了，更新的微波对流烤箱为用户提供了更多的烹饪选择。

   过时的，过期的

3. 我哥哥住在肯塔基州的**偏远**（**remote**）山区，所以他很少有机会在大城市购物。

   偏远的，孤立的

4. 一位购物者**屈服于**（**succumbed**）买新衣服的诱惑，但其他的人抵制住了。

   屈服，让步

5. 西方社会的大多数成员一次只与一个人结婚，但在其他文化中，**一夫多妻制或一妻多夫制**（**polygamy**）也许是可接受的。

   同时有两个或两个以上妻子或丈夫的

推理线索

很多时候，你可以通过猜测或猜出一个你不认识的单词来确定它的意思。这个过程称为“推理”。从上下文中给出的信息，你可以推断出你不熟悉的单词的含义。例如，请看下面这个句子：

我的父亲是个**多才多艺的**（versatile）人——成功的商人、运动员、作家和跑车修理工。

你可以看到，父亲在很多活动上都很成功，便可以推断，多才多艺意味着能够胜任很多事情。同样，在下面的例子中，上下文的一般意义为单词 robust 的含义提供了线索：

乔治先生 77 岁高龄仍在熟练地打网球。他每天慢跑 4 英里，几乎每天游泳。就他这个年龄来说，他是非常健壮（robust）的。

从乔治先生的情况可以推断，robust 的意思是充满健康和活力。

有时候，你的知识和经验可以帮你理解某个生词的意思。例如，考虑下面的句子：

在品尝和吃了七种不同甜点中的大部分后，我的胃口完全**满足**（satiated）了。

你自己的经验会告诉你，如果你吃了七份甜点，就会不想再吃了。因此，你可以推论说，satiated 的意思是已经吃饱了或满足了。

学习风格秘诀

如果你倾向于是一名……	那么，采用以下方法运用上下文：
听觉型学习者	大声朗读上下文。
视觉型学习者	将上下文可视化。

小试身手　运用推理线索

注：读每个句子，并写出每个黑体字词的定义或同义词。试着通过上下文提供的信息弄清楚它们的意思。

1. 我祖父虽然已经 82 岁了，但一点儿也不**虚弱**（**infirm**）；他活跃、有抱负、健康。

   柔弱、虚弱

2. 我那**肆无忌惮**（**unscrupulous**）的叔叔想把他去年刚买的一把摇椅当古董卖掉。

   不讲原则，不考虑是非

3. 我妹妹的生活方式总是激怒我母亲，令其失望，然而，她对我母亲的朋友们给予了特别的帮助，从而**弥补**（**redeemed**）了自己的不足。

   补偿

4. 风在屋角呼啸，有传言说有鬼魂，发出**可怕的**（**eerie**）声音。

   神秘的，可怕的，令人惊悚的

5. 看到篮球队打扮成啦啦队队员的**滑稽**（**ludicrous**）模样，我们大笑起来。

   可笑的，荒谬的

小试身手　运用上下文线索

注：下列句子中包含黑体字词含义线索的部分下画线，然后写出其定义或同义词。

1. 中世纪对智障者的治疗有很大的**变化**（**variability**），从把他们当作无辜的人对待，到当作傻瓜来容忍，再到当作女巫来迫害。
   缺乏一致性或统一性
2. 公民审查小组**证明**（**exonerated**）该公职人员**无罪**，没有任何可能的不当行为或参与收受贿赂。
   获得清白
3. 居住在垃圾填埋场附近的**顽强的**（**tenacious**）居民坚决反对法院建议的和解方案，而化工行业立即同意了法院的和解方案。
   执着的，固执的
4. 经济在不断地**变化**（**flux**）；通货膨胀在一个月上升，在第二个月下降。
   改变，流动
5. 这个短篇故事包含了一系列**可怕的**（**morbid**）事件：母亲的死亡，祖母的自杀，以及一个年幼孩子被谋杀。
   悲观的，可怕的
6. 某些社会沿用**娶寡嫂制**（**levirate**），寡妇必须与已故丈夫的兄弟再婚。
   与兄弟的遗孀结婚
7. 与公司相比，私人独资**企业**（**proprietorship**）的风险和负债要高得多。
   公司，企业
8. 许多文化体系是**动态的**（**dynamic**），它们会随着环境、创新及与其他群体的接触而改变。
   活跃的，持续改变的
9. 个性是一个人在成长过程中产生的感觉和行为的**结构**（**configuration**）。
   部件或要素的排列
10. 为了满足中上层阶级生活水平的需要，**大量的**（**cornucopia**）奢侈品和休闲商品充斥着经济市场。
    丰富的

分析单词的组成部分

英语中的许多单词是由前缀、词根和后缀组成的。你可以把它们看作一个单词的开头、中间和结尾。这些词的组成部分具有特定的意思，当把它们拼在一起时，可以为特定词的意思提供强有力的线索。

下列表格中列出的前缀（表 3–1）、词根（表 3–2）和后缀（表 3–3），出现在数以千计的单词中。例如，假设你不知道“pseudonym”这个词的意思，但你知道 pseudo 的意思是“假的”，nym 的意思是“名字”，你就可以把这两部分加在一起，并推断出 pseudonym 的意思是“假的名字”。

在你开始使用这些表格来理解新单词之前，你需要知道：

1. 单词并不总是有前缀或后缀。

2. 词根与某些前缀结合在一起时，它们的拼写可能会不同。

3. 一些词根通常出现在单词的开头，一些词根出现在单词的结尾，还有一些词根出现在任何一个位置。

4. 你可能认识一组字母，但发现它并不具有前缀或词根的含义。例如，单词“missile”中的 mis 是词根的一部分，而不是前缀 mis-，如果是前缀，mis- 的意思是“错误的，糟糕的”。

5. 单词可能有多个前缀、词根或后缀。

表 3–1　常用前缀

前缀	意思	示例单词	示例单词的含义
指数量或数字的前缀			
mono–/uni–	一	monocle/unicycle	单片眼镜 / 独轮车
bi–/di–/duo–	二	bimonthly/diandrous/duet	一个月两次 / 有双雄蕊的花 / 二重唱
tri–	三	triangle	三角形（有三条边和三个角的图形）
quad–	四	quadrant	四分之一圆
quint–/pent–	五	quintet/pentagon	五人一组 / 五边形
deci–	十	decimal	十进位的
centi–	百	centigrade	百分度的
milli–	千	milligram	毫克（千分之一克）
micro–	小	microscope	显微镜（用于观察微小物体的仪器）
multi–/poly–	许多	multipurpose/polygon	多重目的 / 多边形
semi–	一半	semicircle	半圆
equi–	相等	equidistant	等距
意思是“不”（否定）的前缀			
a–	不	asymmetrical	非对称（在中线的两侧不完全相同）
anti–	反对	antiwar	反战的
contra–	反对，相反	contradict	反驳（通过表述异议来否定）

（续）

前缀	意思	示例单词	示例单词的含义
dis-	分离，离开，不	disagree	不同意（有不同的意见）
in-/il-/im-	不	incorrect/illogical/impossible	错误的 / 不合逻辑的 / 不可能的
mis-	错误地	misunderstand	误解（未能正确理解）
non-	不，不是	nonfiction	非小说（属于事实性的文学作品，不是小说）
pseudo-	虚假的	pseudoscientific	伪科学的（一种被人们错误地视为科学的理论或方法体系）
un-	不	unpopular	不受欢迎的
ab-	离开	absent	不在场（离开了或错过了某个地方）
ad-	朝向	adhesive	粘上的（能够粘在表面的）
ante-/pre-	之前	antecedent/premarital	前情（在某事发生之前的事情）/ 婚前的
circum-/peri-	围绕	circumference/perimeter	周长（围绕某物的距离）/ 周界（某个区域的边界）
com-/col-/con	与，一起	compile/collide/convene	整理 / 碰撞（发生暴力接触）/ 聚集（走到一起来）
de-	离开，来自	depart	离开
dia-	通过	diameter	直径（穿越圆心的直线）
ex-/extra-	来自，出自，前	ex-wife/extramarital	前妻 / 婚外的
hyper-	过度，过量	hyperactive	过度活跃（不正常地活跃）
inter-	介于……之间	interpersonal	人际的（存在或发生在人与人之间的）
intro-/intra-	在……之内，向……之内	introvert/intramural	内向的（转向或直接向内）/ 校内的（仅包含在同一所学校内的学生）
post-	在……之后	posttest	后续测验（一项在完成某个项目或某门课程之后的测验）
re-	向后，又	review	复习（温习或再次检查）
retro-	向后	retrospect	回顾（一项调查或对过去情况的回看）
sub-	在……下方，以下	submarine	潜艇（设计用于在水下航行的战舰）
super-	在……上方，额外的	supercharge	对……增压（增加或提升某物的力量）
tele-	远	telescope	望远镜（一种用于观测远距离物体的仪器）
trans-	交叉，越过	transcontinental	横贯大陆的（横跨一个大陆）

表 3-2　常用词根

常用词根	意思	示例单词	示例单词的意思
aster/astro	星星	astronaut	宇航员（受过训练在太空旅行的人）
aud/audit	听见	audible	听得见的
bene	好	benefit	好处（从某件事中获得的优势）
bio	生命	biology	生物学（研究生物体的科学）
cap	取，夺	captive	俘虏（被俘获的人）
chron/chrono	时间	chronology	年代顺序（事件发生的顺序）
cog	学习	cognitive	认知的（与心理过程相关联）
corp	身体	corpse	尸体
cred	相信	incredible	不可思议的（难以 / 不可能相信的）
dict/dic	告诉，说	predict	预测（宣称将来会发生某件事）
duc/duct	领导	introduce	介绍（首次引入或展现）
fact/fac	做	factory	工厂（生产商品的建筑物）
geo	地球	geophysics	地球物理学（地球的物理学）
graph	写	telegraph	电报（用来远距离传送信息的通信工具）
log/logo/logy	学习，思考	psychology	心理学（对人类思维的科学研究）
mit/miss	发送	permit/dismiss	准许 / 解散
mort/mor	死，死亡	immortal	不朽的（永恒的，不死的）
path	感觉	sympathy	同理心（分享别人的感受）
phon	声音，声响	telephone	电话（用于传递声音的设备）
photo	光	photosensitive	感光性的（对光做出反应）
port	携带	transport	运输（从一个地方运送到另一个地方）
scop	看见	microscope	显微镜（用于观察微小物体的仪器）
scrib/script	写	inscription	题字
sen/sent	感觉	insensitive	漠不关心的（缺乏对他人感受的担心）

（续）

常用词根	意思	示例单词	示例单词的意思
spec/spic/spect	看见，看	retrospect	回顾（一项调查或对过去情况的回看）
tend/tens/tent	拉伸或应变	tension	紧张（心理的或情绪的拉紧）
terr/terre	土地，地球	territory	领土（一个地理区域，一块土地）
theo	上帝	theology	神学（对上帝的特点和宗教信仰的研究）
ven/vent	来	convention	大会（会议或正式的集会）
vert/vers	转	invert	反转（颠倒或放在相反的位置）
vis/vid	看	invisible/video	看不见的 / 视频文件
voc	使命	vocation	职业（一个人的工作或使命）

表 3-3　常用后缀

后缀	意思	示例单词	示例单词的意思
指状态、条件或性质的后缀			
-able	能够	touchable	可触碰的（能够被触碰）
-ance	以……为特征	assistance	援助（帮助的行动）
-ation	行动或过程	confrontation	对抗（面对面地行动，或会面）
-ence	状态或条件	reference	参考（提到或提及的行为或事例）
-ible	能够	tangible	具体的（能够被感觉到，具有实质）
-ion	行动或过程	discussion	探讨，讨论
-ity	状态或性质	superiority	优越（在等级或身份上更高的性质或条件）
-ive	执行动作	permissive	许可的（以行动的自由为特征）
-ment	行动或过程	amazement	惊奇（压倒性的惊奇或惊讶的状态）
-ness	状态、性质或条件	kindness	仁慈（与人为善的品质）
-ous	占有，充满	jealous	嫉妒（妒忌或怨恨他人）
-ty	条件，性质，以……为特征	loyalty	忠诚（忠诚或守信的状态）
-y		creamy	奶油色的（像奶油或包含奶油）

（续）

后缀	意思	示例单词	示例单词的意思
指“人”的后缀			
-an		Italian	意大利人（来自意大利的人）
-ant		participant	参与者（参与的人）
-ee		referee	裁判（执行比赛或运动规则的人）
-eer		engineer	工程师（在工程领域受过训练的人）
-ent		resident	居民（居住在某个地方的人）
-er		teacher	教师（教书的人）
-ist		activist	活动家（采取行动宣传或鼓吹某项事业的人）
-or		advisor	顾问（提供建议的人）
意思是“修饰或提到”的后缀			
-al		autumnal	秋天的（发生在秋天的或与秋天有关的）
-ship		friendship	友谊（成为朋友的状态）
-hood		brotherhood	兄弟情谊（兄弟之间的关系）
-ward		homeward	在归途（朝着回家的方向）

学习风格秘诀

如果你倾向于是一名……	那么，你将采用以下方法学习词语的组成部分：
社交型学习者	和一组同学学习。
独立型学习者	再进行复习测验，或请朋友这么做，然后练习着参加测验。

用来学习不熟悉单词的索引系统

在日常生活中，你会不断接触到新的字词。然而，除非你有意识地努力去记住和使用这些字词，否则它们中的许多将会从你的记忆中消失。扩充词汇量最实用、最容易使用的系统之一是索引卡片系统。它是这么制作的：

1. 当你听到或读到一个你想学习的生词时，把它草草记在笔记的空白处，或用某种方式在阅读材料中做标记。

2. **然后，把每个生词写在一张索引卡的正面。接下来查找每个生词的意思，并把它写在背面。**你也可以为某个生词的发音录制一个语音，或录一个例句。索引卡的示例如图 3-1 所示。

图 3-1　词汇卡片样本

3. **只要你有几分钟的空闲时间，浏览一下索引卡。**对于每张卡片，看它正面的生词，试着回忆背面的意思。然后检查卡片的背面，看你的回答是否正确。如果你想不起来这个生词的意思，或把它和另一个词混淆了，那就重新测试一下自己。每次使用后将索引卡片洗一遍（像洗扑克牌那样）。

4. **把索引卡翻洗了几遍之后，将其分成两堆。**把你认识的生词和你没学过的生词分开。然后，把“已经知道的生词”放在一边，专注于还需要学习的生词。像洗扑克牌那样将卡片又洗一遍，改变它们的顺序。

5. **一旦你掌握了整套卡片，定期复习它们来刷新你的记忆，让这些词在你的脑海中不断更新。**

6. **如果你是一位社交型的学习者，可以和一位同学或朋友合作，**试着相互测验并讨论采用什么方法来记忆难的或混淆的生词。

这个学习词汇的索引卡片系统有效的原因是：

- 你可以在空余时间使用，那些时间如果不加以利用，往往就浪费了，比如等着别人回电话的时间、等待上课的时间或乘公交车的时间。
- 这个系统能让你花时间学习你不知道的东西，而不是浪费时间学习你学过的东西。
- 它防止你按照固定的顺序学习。

使用新学会的词

你必定会使用属于你的词汇量中的词。当第一次使用某个新词时，你也许不确定你用得是不是正确。不要让这种风险因素阻碍你试着使用新词。首先要在非正式的情况下使用新词，如试着在和朋友一起学习或参加讨论时使用新词。

写作时要注意用词，选择最清楚、最准确地表达你想表达的意思的词。一般来讲，最好是先把你的想法记录下来，而不要考虑用词的准确性。然后，当你重读你所写的内容时，试着去想那些能够更准确地表达你的观点或提供更完整信息的词。

批判性思考：掌握外延及内涵意义

假设你有一件看起来像皮革但不是真皮的夹克。你喜欢别人说你的夹克是假的（fake）、人造的（artificial）还是丙烯酸（acrylic）的？很可能你会更喜欢最后这个词。“假的”表示你在试图掩盖它不是真皮的事实。“人造的”以一种消极的方式表示某物被制成看起来像另一物。然而，“丙烯酸”指的是一种纤维，哪怕它是人造的纤维，也至少暗示了你的外套是“天然的”。你可以看到，这些词除了词典上的意思，还可能暗示其他意思。

单词在词典中的意义是它的内涵意义。词义的外延包括一个词可能具有的附加意义。举个例子，想想“walk”（走）这个词，它的意思是“通过把一只脚放在另一只脚的前面来向前移动”。这里有几个词也有“前进”的意思，但含义不同。

这对新婚夫妇在巴黎街头漫步（stroll）。

（stroll，漫步，是指悠闲地、无忧无虑地行走。）

富商大摇大摆地走（swagger）进餐馆，要了一张桌子。

（swagger，大摇大摆地走，是指以一种大胆、傲慢的方式行走。）

这个超重的男人步履蹒跚地走（lumber）着，呼吸沉重，偶尔还会绊倒。

（lumber，步履蹒跚地走，表示笨拙地移步。）

作者经常传达微妙的信息，或通过选择具有积极或消极含义的词语，引导你以某种方式对某个物体、某一行动或某个想法做出回应。你在阅读时，要仔细考虑字词的内涵意义和它们对你的影响。

小试身手　找出内涵意义

注：对于列出的每个词，另写一个具有相同的外延意义但内涵意义不同的词。

示例：to drink（喝）guzzle（狂饮）

1. to eat（吃）gobble（狼吞虎咽）、devour（吞食）、进餐（dine）
2. to talk（谈话）chat（聊天）、gossip（传谣）、confer（协商）
3. fair（公平的）just（公正的）、impartial（不偏不倚的）、objective（客观的）

4. famous（著名的）notorious（臭名昭著的）、distinguished（杰出的）

5. group（团体）gang（帮派）、pack（一群）、assembly（集会）

6. to take（取）snatch（夺）、grab（抓）、seize（夺取）

7. ability（能力）talent（才干）、aptitude（天资）、gift（天赋）

8. dog（卑鄙的人）mutt（笨蛋）、cur（坏蛋）、mongrel（杂种，表示辱骂或轻蔑）

9. fast（快的）hasty（匆忙的）、speedy（速度快的）、quick（迅速的）

10. to fall（跌倒，落下）tumble（摔倒）、collapse（崩塌）、plummet（垂直落下）

小试身手　写下内涵意义

注：对于列出的每个词，写出一个具有相似外延意义、却有负面内涵意义的词，再写一个有正面内涵意义的词。

示例	负面的	正面的
清洁	净化	擦亮
1. 显示	暴露	展示
2. 离开	遗弃	出发
3. 要求	苛求	请求
4. 任务	杂活	使命
5. 忘记	疏忽	忽略
6. 看	瞪	凝视
7. 没有能力	不胜任	没有资格
8. 软弱	虚弱	无力
9. 轿车	破车	汽车
10. 错误	大错	疏忽

小试身手　辨别内涵意义

注：阅读下列句子，特别注意其内涵意义。在每句话中，至少在一个具有强烈内涵意义的词或短语下面添加下划线。判断它是正面的、负面的还是中立的，并证明你的答案正确。然后，建议你用一个具有不同内涵意义的替代词来改变陈述的意思。

1. 让选民了解核武器的性质和实际危险是一项可怕的任务。

可能的答案 有风险的（负面意义）：风险、威胁；令人恐惧的（负面意义）：压倒性的、令人敬畏的、野心勃勃的

2. 最近，全国各地的反枪支力量都在宣扬这样一个事实：在拥有严格枪支管制法律的城市，暴力犯罪有所减少。

可能的答案 宣扬（负面意义）：宣布、揭示；严格的（中性）：僵硬的、不妥协的

3. 我想除掉的是那些蓄意对其他人犯下暴行的人类垃圾，我们称之为恐怖分子（rivers）。

可能的答案 人类垃圾（负面意义）：人们；犯下（负面意义）：致力于、实施；暴行（负面意义）：行动

4. 电视不像毒品或酒精，看电视的经历让人们完全清除对现实世界的记忆，进入一种愉快和被动的状态（winn）。

可能的答案 完全清除（负面意义或中性）：忘记、忽略；愉快的（正面意义）：满意的、令人享受的

5. 我看见西蒙·惠勒在安琪尔衰败的采矿营地里，一家破旧的小酒店的酒窖火炉边舒服地打着盹。我还注意到，他肥胖、秃顶，宁静的脸上有一种讨人喜欢的温柔和纯朴的表情（马克·吐温）。

可能的答案 破旧的（负面意义）：破旧不堪的、用旧的、磨损的、失修的；衰败的（负面意义）：腐烂的、破败的；肥胖的（负面意义）：丰满的、饱满的、大腹便便的；宁静（正面意义）：平静的

模糊的含义 vs. 清晰的含义

所有的词都有其外延意义，许多词都有其内涵意义。但有些词的意思是如此的模糊，以至于几乎没有任何意义。词义含糊不清的词会引起误解和混淆。这里有几个句子，因为画线的词的意思不明确，所以整句话的意思表达不清晰。

这电影太棒了！

（棒在哪里？）

所有药品均应受到严格控制。

（哪些？所有的吗？难道阿司匹林和咖啡因也要受到严格控制吗？）

候选人得到了一大笔钱。

（多大才算一大笔？）

阅读精选

工作智慧：绿色计算

乔治·比克曼（George Beekman）和本·比克曼（Ben Beekman）

你准备采取哪种阅读策略

注：记分卡便于计算你的阅读速度。为做到这一点，在你开始阅读之前，一定要在记分卡上记下你开始阅读的时间。

通过预习阅读材料来激活你的思维，并回答以下问题。

_a_ 1. 根据你的预习，在阅读“绿色计算”时，应该查找哪些类型的信息？

a. 关于如何节约能源和自然资源的小贴士。

b. 让你的学院或大学更有环保意识的建议。

c. 计算机技术的发展史。

d. 太阳能电池板在笔记本电脑上的应用。

_c_ 2. 根据阅读材料的标题（工作智慧）、副标题（绿色计算），你可以预估阅读材料中包括以下所有信息，除了

a. 你可以在生活中使用的实用知识。

b. 讨论科技在你生活中所扮演的关键角色。

c. 只在美国集中使用计算机技术。

d. 对“绿色”或环保意识的实践的检验。

3. 你认为你的电脑和其他电子设备（比如智能手机或MP3播放器）会消耗多少能源？节约能源如何使你乃至整个地球都受益？

1 与汽车和能源等重工业相比，计算机行业对环境的影响相对较小。但是，计算机、硬件和软件的制造与使用确实也对环境产生了重大影响，尤其是现在我们很多人都在使用这种技术。幸运的是，你可以控制计算活动对环境的影响。这里有一些建议可以帮助你使这种影响最小化。

2 购买绿色设备。今天的计算机设备使用相对较少的能源，但随着世界能源资源的缩减，能源消耗越少越好。许多现代计算机和外围设备都是专门为节能而设计的。购买设备时，可在包装上寻找美国环保局的能源之星认证。

3 使用手提电脑。便携式电脑（即手提电脑）比台式电脑耗电少得多。它们被设计用来保存宝贵的电池能量。但电池会因为重复使用而磨损，而对它们的处理也会导致不同类型的环境问题。对有些电池，如果你偶尔耗干了电池的电量并且接着充电，其使用寿命会更长。上网看看哪种特定的电池最适合你（如果你追求最新最好的科技产品，手提电脑就不是最好的选择了，因为它们很难甚至不可能升级）。

4 利用节能特点。大多数系统可以设置为休眠模式（一种假死状态，只需要很少的电力来保存

RAM)，并在空闲 1 小时左右时关闭显示器或打印机。如果你的设备自带节能功能，那就使用它们。这样的话，你将节省能源和金钱。

5 不在的时候关机。如果你只是离开电脑一两个小时，关闭电脑也节约不了太多能源。但是如果你让它超过几个小时待机而不接收传真、电子邮件或其他信息，关掉它或让它休眠就是在帮环境的忙。

6 节约能源，而不是保护屏幕。显示器可能是计算机硬件系统中能源消耗巨大的，如果不是平板显示器的话更是如此（若是你没有平板显示器，可考虑升级成平板。老式的阴极射线管显示器并不环保）。屏幕保护程序看起来很有趣，但它不能保护你的屏幕，也无法节约能源。只要你的显示器在显示图像，它就在消耗能量。把休眠作为屏幕保护程序，你也能节约能源。

7 把它全部关掉，而不是待机。许多电子设备即使在关机时也会耗电。有的设备处于“就绪”状态，这样的话，再启动它们时就不会出现延时；另一些则继续在耗电，因为以这种方式设计它们更容易或更便宜。如果把你的系统硬件（CPU、显示器、打印机、外部驱动器、音频 / 视频设备）插到一个带开关的电源插板上，可以用那个开关完全切断所有电源，既节省你的时间，也节省精力和金钱。同样，当手机充电器不给手机充电时，把它从插座上拔下来，也能节省能源。

8 避免移动部件。一般来说，运动的物体比不运动的物体消耗更多能量。如果你能将信息存储在闪存盘而不是硬盘或光盘上，可以节约能源。

手提电脑比台式电脑耗能更少，这使得在偏远地区使用太阳能电池板为它们供电成为可能。

9 只打印一次。不要为了校对而打草稿；试着在屏幕上把草稿校对好（大多数人发现这样很难做到百分百；有些错误，直到你校对一份纸质文件时才能发现）。

10 使用绿色字体。有些字体用的墨水比其他字体的少。互联网为环保字体提供了许多选择，既能节省墨水，又能保护环境，还能省钱。威斯康星大学研究发现，如果将电子邮件系统的默认字体改为世纪哥特字体（Century Gothic）这种带细线的字体，每年可节省数千美元。

11 回收电子设备产生的废物。当你因为第 1 页的一个段落缺失而重新打印 20 页报告时，可以将这些有瑕疵的打印纸回收。当打印机的墨用完了，将它送到可以加墨或回收的公司，这样的公司甚至可能为你的空墨盒支付几美元。当你的便携式电子产品的电池没电了，可按照制造商的说明进行回收。假如你的电脑或打印机坏了，别将它们埋在垃圾填埋场。此时可利用许多公司和社区提供的“齿轮回收计划”。当你进入了“回收模式”时，别忘了那些电脑杂志和目录。

12 送给别人。当你不再需要一种硬件或一款软件时，别把它扔掉。把它捐给学校、民间组织、家庭成员或朋友，让他们好好利用它。不过，一定要先删除你的数据，否则你可能沦为身份盗用的受害者。

13 发电子邮件，别寄信。用卡车、火车或飞机发送一封信，比通过互联网发送电子邮件需要更多的资源。只要可能，就请使用互联网连接而不是你的打印机。

14 考虑你做出决定的潜在环境成本。你为买下某样东西支付的金额，并不总是体现它的真实成本。总有某些人，在某个时候某个地方，将为那些拒绝成为这个星球好公民的公司所造成的环境损害付出代价。买到这类公司生产的小玩意儿，也许能让你少花几美元，但它值得吗？如果你想进行生态购物的比较，可以在网上找到大多数大公司的环境计分卡。

阅后评测

检验你的理解

__c__ 1. 这篇阅读材料主要涉及

a. 为什么回收对环境有好处。 b. 如何提高计算机的效率。

c. 怎样减小使用计算机对环境的影响。 d. 科技公司如何导致环境破坏。

__b__ 2. 作者们写这篇文章，是为了

a. 批评计算机这个行业。 b. 向计算机用户提建议。

c. 宣传推广最新的技术。 d. 探讨环境问题。

__a__ 3. 根据这篇文章，以下不能节约能源的方法是

a. 使用屏幕保护程序。 b. 升级为平板显示器。

c. 安装能在不用时进入休眠状态的系统。 d. 在闪存盘而非硬盘或光盘上保存信息。

__c__ 4. 作者们建议你

a. 总是打印出草稿以便校对。 b. 切换使用粗线字体。

c. 回收打印件、打印机墨盒和电池。 d. 将旧电脑或旧打印机放到垃圾填埋场。

__b__ 5. 当你购买电子设备时，环境计分卡可以帮助你比较各公司的

a. 最新的和最好的技术。 b. 环境保护责任。

c. 客户服务。 d. 价格。

批判地思考

__a__ 6. 作者对这个主题的态度描述为以下哪一项最合适：

a. 有益和富含信息的。 b. 玩世不恭和悲观的。

c. 不赞同和评判的。 d. 无忧无虑和轻松的。

_d_ 7. 从图中看，笔记本电脑可以通过太阳能电池板供电，因为它们

a. 足够便携，可以在高海拔地区使用。
b. 具有自动的节能特点。
c. 不需要电池。
d. 比台式个人电脑节能。

_b_ 8. 作者们通过以下哪种方式支持他们的观点？

a. 描述他们的个人经历。
b. 进行解释和推理。
c. 引用研究成果。
d. 引用专家意见。

计分卡

结束时间：______时______分______秒

开始时间：______时______分______秒

阅读时间：______时______分______秒

每分钟字数（WPM）计分：__________

理解计分：从第 1 题至第 8 题

正确的数目：______ $\times \frac{10}{8} =$ ______%

评估你的阅读策略

1. 你会怎么评价你对这篇阅读文章的理解？（圈出来）

   很好　好　一般　差

2. 你认为你的阅读策略有效吗？

   有效　无效

3. 假设你的任务是去阅读来自同一本书的相似专栏。根据你对本文的经验，你会怎样调整你的阅读策略（如果需要调整的话）？

   ____

   ____

阅读理解

1. 在第 1 段中，作者比较了计算机工业和哪些重工业？

汽车与能源

2. 作者建议的五种节能方法是什么？

买节能的电脑；使用手提电脑而不是台式机；使用“休眠”等节能功能；把电脑完全关掉；不要使用屏幕保护程序；在闪存盘上存储信息；不使用时，拔掉手机充电器。

3. 一旦你要更新你的电脑了，捐出旧电脑有什么潜在的危险，如何避免这种危险？

身份盗用；确保首先删除了你的数据。

4. 为什么作者说笔记本不是最好的选择？

笔记本难以或不可能更新。

批判地思考

5. 作者建议购买“绿色”设备是什么意思？

随着世界能源资源的减少，购买专门为减少能源使用而设计的计算机设备是很重要的。

6. 为什么作者说，如果你关掉电脑或让它进入休眠状态是在帮环境的忙？

这样做可以节约能源，所以如果你几个小时不使用电脑，最好把它关掉。

7. 两位作者认为，两者哪个更重要：是在电子设备上获得尽可能好的交易，还是花更多的钱来支付环境成本？

他们建议买家在购买时考虑对环境的潜在成本。

8. 为什么所配的图适合放在这篇文章里？

它很好地例证了这篇文章的目的，即以环保的方式使用计算机。

多想一想

1. 想想你使用科技产品的习惯，包括你如何使用电脑以及怎样处理电子垃圾。你通常对节约能源投入多少关注？对于作者的建议，你最可能采纳哪一条？解释为什么。

2. 什么是“绿色”？描述一些你在日常生活中努力做到环保的方式。

3. 计算机和其他电子设备的制造商对环境负有什么责任？讨论公司成为“地球好公民”的重要性。

4. 在你的校园或城市里，你还可以采取什么其他的环保措施？

加强理解

第二部分 2

第4章 主要观点与段落结构

你从这张照片中获得的总体感觉是什么？你有没有感觉到家人的愉快和兴高采烈？许多照片传递着单一的印象，照片中的细节支持这种印象。段落也传递单一的印象（也就是单一的重要观点）以及支持这种印象的细节。在本章中，你将学习段落中的句子如何组织，以及它们综合起来怎样表达单一的观点。

段落的组织

我们在写作时组织和表达观点的方式类似于说话。在说话时，我们往往会说出几组句子。我们的交谈很少只包括一些孤立的表达或一系列不相关的观点。例如，你也许不会对某个朋友说：“我觉得你搬离宿舍是在犯错误。”相反，你可能说出一些理由或举出一些例子来支持你的观点。同样地，在写作中，我们会将观点一组一组地组成一个段落。

段落是一组相关的语句，它们就某个单一主题形成中心思想或主要观点。段落可以分成几个部分。如下所示。

主题

主题句

细节

> 有证据表明，颜色会对你的生理产生影响。例如，当实验对象暴露在红光下时，呼吸运动会增加；暴露在蓝色环境中时，呼吸运动会减少。同样，当眼睛暴露在红光下时，眨眼的频率会增加；而暴露在蓝光下时，眨眼的频率会减少。这似乎与直觉上认为蓝色更舒缓平和，红色更振奋人心的感觉相一致。把学校的墙壁从橙色和白色改为蓝色后，学生的血压下降了，而他们的学习成绩提高了。

认知深化　段落的基本要素

一个段落包括以下组成部分：

- **主题**——整个段落阐述的一件事情。
- **主要观点**——段落着重阐述的唯一观点。这个观点通常用一个简单的句子来表达，叫作主题句。
- **支持细节**——段落中的其他所有句子，它们能解释或支持主要观点。这些细节通常使用称为“过渡”的词句连在一起。

确定主题

段落可以被定义为一组相关的观点。这些句子在某种意义上彼此相关，共同说明如一个普通人、一个地方、一件事或一个观点。这个常见的主题或观点被称为**主题**。主题就是整个段落的内容。

阅读下面的段落，请注意每个句子都描述了哥斯达黎加。

哥斯达黎加是中美洲的一个国家，哥伦布于1502年到达这里。哥斯达黎加被广泛认为是生态旅游的领先者，拥有美丽的自然风光、丰富的遗产和文化，以及友好、受过良好教育的人民。哥斯达黎加比西弗吉尼亚州略小，人口约400万，主要受西班牙的影响，这在其官方语言、宗教和建筑风格上体现得都很明显。世界遗产委员会已将可可岛国家公园定为世界遗产；它位于距离哥斯达黎加太平洋海岸550千米的地方，是东太平洋唯一拥有热带雨林的岛屿。哥斯达黎加拥有大西洋和太平洋的海岸线，有许多美丽的海滩，在温暖的水域冲浪很受欢迎，是世界上最好的潜水地。

为了确定段落的主题，问你自己这个问题："这个段落是关于什么人或什么事的？"你对这个问题的回答，就是段落的主题。现在，试着在阅读以下段落的时候使用这个问题。

提高灵活性的秘诀

确定主题可以让你评估你的先验知识水平，这反过来有助于你确定你的阅读速度。

20世纪初以来，明星制一直是美国电影工业的支柱。明星是公众创造的，是最受欢迎的。他们在时尚、价值观和公共行为等领域的影响巨大。"一个国家的社会史可以用它的电影明星来书写。"雷蒙德·杜格纳特（Raymond Durgnat）如此评价道。明星们主演的任何电影都会带来立竿见影的效果。他们的片酬令公众感到震惊。在20世纪20年代，玛丽·皮克福德（Mary Pickford）和查尔斯·卓别林是世界上薪酬最高的两位电影明星。朱莉娅·罗伯茨和汤姆·克鲁斯等当代明星，每部电影的片酬都高达数百万美元。当然，他们主演的电影也是票房宠儿，广受欢迎。有些明星的职业生涯跨度长达50年，如贝蒂·戴维斯（Bette Davis）和约翰·韦恩（John Wayne）。

在这个段落中，问题将你直接引向主题，即电影明星。段落中的每个句子都探讨了好莱坞明星的某个方面。

小试身手　确定主题

注： 阅读下面的每一个段落，然后从给出的选项中选择段落的主题。

__c__ 1. 因为人际关系中的冲突不可避免，因此，一个重要的人际关系技巧是公平地争吵。不惜一切代价去赢，只想打败对方，随心所欲，诸如此类的事情，在主要的人际关系或家庭关系中几乎没有用处。相反，必须用合作、妥协和相互理解取而代之。如果我们带着自己必须赢而另一个人必须输的想法与我们所爱的人发生冲突，那么冲突至少会伤害到一方，而通常也会伤害双方。在这些情况下，输家会受到伤害并经常进行报复，所以没有人能够真正获得胜利。另外，如果我们为了达成某种相互理解而卷入冲突，那么双方都不会受到伤害。事实上，将双方的观念或渴望的冲突与分歧显露出来，可能使得双方都从中受益。

a. 关系　　b. 表述差异

c. 公平地争吵　　d. 冲突

__a__ 2. 势能和动能都可以有许多不同的形式。例如，汽车电池具有潜在的电能（我们也可以将其称为化学能）。当电能释放出来以转动电机时，它就变成了机械能。当电机的各个部件移动时，摩擦导致一些来自电池的初始能量被耗散成热能。因此我们看到，能量不仅能以不同的形式存在，它也能从一种形式转换成另一种形式。

a. 能量的形式　　b. 电池中的能量

c. 势能与动能　　d. 机械能

__d__ 3. 不同的物种以不同方式觅食。在觅食方面，我们基本上可以将动物描述为“通才”，也可以描述为“专家”。通才是指那些可接受各种类型食物的物种。它们往往是机会主义者，吃各种可以找到的东西。乌鸦是觅食通才的一个例子——从玉米到腐肉，它们什么都吃。“专家”是指那些只接受几种类型食物的物种。有些物种是极为特殊的，如蜗鸢或食螺鸢，它们几乎只以淡水螺为食。在这两个极端之间还有很多中间类型，在一些物种中，动物会根据条件（如食物供应或后代的需求）从一种类型转变为另一种类型。

a. 动物的物种　　b. 通才

c. 后代的要求　　d. 觅食的动物的类型

__c__ 4. 就像我们接触他人或被他们接触一样，我们也会避免与某些人在某些情况下的身体接触。非语言交际的研究人员发现了避免身体接触和其他重要交际变量之间的一些有趣关系。例如，回避身体接触与沟通理解呈正相关关系，害怕口头交流的人在避免身体接触方面的得分也很高，很少自我表露的人也有较高的回避身体接触的比率。身体接触和自我表露都是亲密的交流方式，因此，不愿通过自我表露来接近他人的人，似乎也不愿通过身体接触来接近他人。

a. 非语言交际　　　　b. 自我表露

c. 回避身体接触　　　　d. 沟通理解

b 5. 美国目前的高离婚率并不意味着婚姻制度不受欢迎，相反，一些证据表明，人们似乎太爱婚姻了。第一，美国社会的结婚率在工业世界中是最高的，尽管离婚率也最高。第二，在美国，东南部、西南部和西部的大多数州的离婚率高于全国平均水平，但结婚率也较高。第三，大多数离异人士最终会再婚。为什么他们不像马克·吐温笔下的猫那样，被热烘烘的炉子烫伤后，就不愿再靠近任何炉子呢？显然，在美国，离婚并不代表对婚姻的排斥，它只代表对特定伴侣的排斥。

a. 结婚率　　　　b. 婚姻的欢迎程度

c. 高离婚率　　　　d. 婚姻的排斥

小试身手　写出主题

注：阅读下面的每个段落，确定其主题。

1. 我们知道海平面在过去发生过变化。不过，在某些情况下，这些变化与由冰川融化或形成引起的水量变化并无关系。相反，海平面是随着海洋盆地本身形状的改变而变化的。通过增加俯冲速率或海底扩张来减小海洋盆地的大小（特别是深度），可能导致全球海平面上升。海洋盆地面积的增加，可能导致海平面下降。

主题：海平面的变化

2. 每种文化都有自己关于梦的理论。在一些文化中，人们认为梦是当灵魂离开身体漫游世界或与神对话时发生的。还有一些人认为梦预示着未来。公元前3世纪，中国的一位道家学派代表人物思考了梦中的世界可能存在的现实。他说他梦见自己是一只飞来飞去的蝴蝶。“突然间醒了，我就是庄子。是庄子梦见自己是一只蝴蝶，还是蝴蝶梦见自己是庄子?”

主题：梦

3. 所有的表面都有可以通过触摸或通过视觉暗示来体验的纹理。纹理分为实际的和模拟的两类。实际的纹理是那些我们可以触摸到的，如抛光的大理石、木材、沙子等。模拟的（或暗示的）纹理是那些制造出来的纹理，它们看起来像是某些东西，而不是涂在平坦的表面上的油漆。画家可以模拟看起来像真的皮毛或木头的纹理，但摸上去感觉像光滑的颜料。艺术家也可以发明实际的或模拟的纹理。我们可以欣赏大多数纹理，即使我们不能去触摸它们，因为我们从经验中就能知道它们摸起来会是什么感觉。

主题：纹理

4. 非洲撒哈拉沙漠的蔓延并不是什么新鲜事。在冰河时代末期和后冰河时代的早期，撒哈拉沙漠支撑着林地和草原。河流向北流经这片土地汇入地中海，这一地区是早期农业学家的家园。在过去 6000 年里，气候的不断变化使该地区的降雨量持续减少，沙漠也蔓延到城市和曾经肥沃的土地上。过去几千年的气候周期在总体干燥的趋势上叠加了湿润和干燥的小阶段。因此，撒哈拉沙漠的蔓延基本上是一种自然现象。最近在北非发生的干旱，使得沙漠进一步扩大到其边缘的半沙漠地区，而人类试图在这些地区生存的行动加速了土地的退化。

   主题：撒哈拉沙漠的蔓延

5. 美国人对教育的价值有着永恒的信念。他们认为，教育是参与公共事务、纠正不公、获得个人幸福的必要条件。对教育的信念超越了种族、阶级和性别的社会区分：白人和非白人、女人和男人、穷人和富人都相信，教育对于一个民族的生存以及个人的社会与经济进步至关重要。这种信念使得美国每年在教育上投入 5000 多亿美元，并发展出世界上最全面的教育体系。

   主题：美国对教育的信念

找出主要观点和主题句

你打电话时，是否发现在刚刚接通时先介绍一下打电话的一般目的十分有帮助？你是否发现，你看到一则招聘广告，打电话过去询问时，开头就说：“我打电话来是关于你们在……的广告”，会很有益处？当你打电话到医生办公室预约时，你可以说：“我打这个电话是为了预约某医生。”在开始讲述你的详细情况之前，以这样的一般性陈述开头，可以帮助听者集中注意力。一般性陈述也给了听者一个机会来组织自己的语言或准备接收信息。

提高效率秘诀

预习是有效的，因为主题句通常是一个段落的第一句话。通过预习，你可以高效率地找到很多或绝大部分阅读材料的主要观点。

读者和听者一样，有时也需要帮助他们来集中和组织他们的思想，并且预测信息的发展。因此，对于每个段落，作者通常会对其主要观点进行一番概括性的、有组织的陈述。最清晰地陈述主要观点的句子叫作**主题句**。

本节讨论主题句的几个最常见的位置，以及每个主题句怎样为读者提供关于段落发展和组织的线索。

主题句在首句

主题句最常见于段落的开头。它可能出现在首句，也可能出现在引言或过渡句（连接本段和前段的句子）之后。如果主题句是段落的首句，作者一般会先阐述其主要观点，然后进行详细的解释和推论，如下所示：

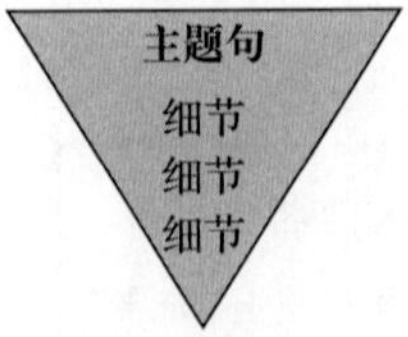

> 美国人甚至对“小点心”的偏好也各不相同。平均每个消费者一年要吃 21 磅[1]的零食（希望不是一下子吃完），但美国中西部地区的人们吃得最多（每人 24 磅），而太平洋和东南部地区的人“仅仅”吃 19 磅。椒盐卷饼是大西洋中部地区最受欢迎的零食，猪皮是南部地区最受欢迎的食物，杂粮薯片在西部很受欢迎。顺理成章的是，西南地区的西班牙裔的影响改变了人们对零食的偏好——美国西南部的消费者比其他地区的消费者多吃大约 50% 的玉米片。

请注意，作者在开篇就指出，美国人对“小点心”或零食的偏好不同。然后，在这段的其余部分，他解释了美国人在零食的数量与种类上的差异。当主题句出现在段落的开头时，它就表明了这个段落是关于什么的，以及可以预料该段落的其余部分会是什么内容。

主题句在末句

主题句也可能出现在段落的结尾。然而，有时你会发现它是在倒数第二句中表达出来的，最后一句作为重述或过渡句来连接段落与后面的内容。当主题句出现在末句时，你可以期待作者建立一个思想结构，并用主题句作为总结陈述。这种结构通常用于议论文或说服性的写作中。

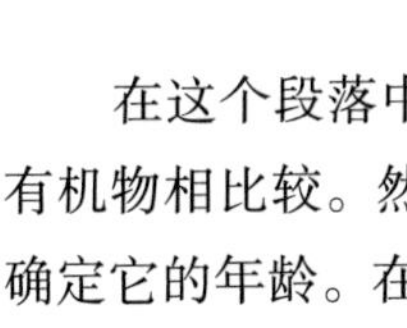

> 我们可以测量今天的动植物的放射性，并将其与古代有机物的放射性进行比较。例如，如果我们从一把古老的木质斧头的手柄中提取少量但精确的碳，发现它的放射性只有从一棵活树中提取等量碳的一半，那么这个手柄一定来自一棵在 5730 年前被砍下来的树，或来自用这棵树制成的原木。通过这种方式，我们可以探索过去长达 5 万年的时间，以查明古代文明的年代或覆盖地球的冰河时代。

在这个段落中，作者首先解释了植物和动物的放射性可以被测量，并且将其与更古老的有机物相比较。然后他用一个例子来描述如何测量古老的木质斧头手柄的放射性，以及如何确定它的年龄。在最后一句中，作者陈述了主要观点，即采用这种方法可以了解过去。

---

① 1 磅 =0.4536 千克。

主题句在中间

如果主题句既没有安排在首句，也没有安排在末句，那么它可能出现在段落的中间。在这种情况下，主题句将段落分成了两部分。它之前的句子引出或介绍主要观点。另一些时候，主题句之前的句子可能作为一个过渡句，将本段要表达的观点与前几段的观点联系起来。主题句之后的句子通常会解释或描述它，或提供关于它的更多信息。

> 美国人相信不同的人具有不同的能力，然而，日本人却相信所有学生都具备相同的先天能力，学习成绩的差异一定是努力程度不同导致的。因此，取得优异成绩的关键在于刻苦学习，而且要从小开始刻苦。在大多数日本孩子上学之前，他们的父母（通常是他们的母亲）就已经教会他们数字、字母和一些艺术技能。到 4 岁时，超过 90% 的日本儿童进入学前教育。典型的日本学生每天要在学校里待 6 ~ 7 个小时，每周五天，周六还有半天。

文章一开始比较了日本人和美国人对学习成绩的看法。在段落中间，作者就日本人认为的优异成绩的关键做了一个概括性的陈述。这就是段落的主题句。然后，作者提供了额外的事实来支持主题句。

主题句在首句和末句

有时候你可能发现，主要观点在段落的开头和末尾。这种结构通常用于强调或澄清。在下面的段落中，请注意，首句和末句用不同的词表达了相同的意思。

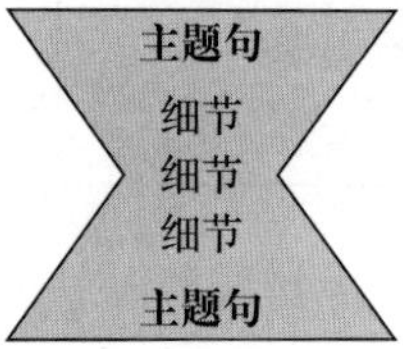

> 对史前人类的研究，必定是研究他们的化石。为了了解我们的祖先是谁，他们是什么样的人，我们必须能够解释他们的碎片，这些碎片正越来越多地浮出水面。如今，我们有了相当可靠的方法来确定这些碎片的年龄，可以更有信心地从灵长类动物化石中寻找这个至关重要的答案了：我们如何区分猴子、猿和人类？对于现代物种来说，这不是问题，它们都已充分进化到不再彼此相似的程度。但是，由于它们有一个共同的祖先，我们追溯的时间越久远，它们的化石看起来就越相似。最终到了这样的地步：无法区分它们。如果我们想要发现早期原始人类到现代人类的谱系，那么灵长类动物化石族谱的构建是至关重要的。

在这个段落中，第一句话和最后一句话都表明，对化石的研究使我们能够研究史前人类。其他的句子解释了为什么化石很重要，以及怎样用它们来区分人类发展的各个阶段。

如果你倾向于是一位……	那么，通过以下方法寻找主题：
创造型学习者	不看段落原文，用自己的话来陈述主要观点。找一个与你的陈述相匹配的句子。
务实型学习者	逐句通读这个段落，评价每句话。

学习风格秘诀

注：阅读以下段落，在每个段落的主题句下添加下划线。

小试身手　辨别主题句

1. 人们受到各种气候因素的影响。一天日照时数和云量对任何在户外活动的人（比如园丁、农民、猎人、建筑工人、海滩度假者）以及使用太阳能取暖的居民来说都很重要。降雨和降雪的数量对我们建造房屋和修建道路的方式有很大影响。某个地方的风在建筑设计和利用风力发电中起着重要的作用。空气中的污染物会对人类、动物的健康产生短期和长期的影响。花粉和霉菌孢子的数量对那些过敏的人来说很重要。
2. 礼仪是社会的规则，不同的社会有不同的礼仪。例如，在英国、加拿大部分地区和几个欧洲国家，习惯用右手拿刀，用它把食物推到盘子周围和叉子上。这被称为“大陆风格”，而“美国风格”的餐桌礼仪禁止用刀将食物推到叉子上。总的来说，欧洲文化也有类似的礼仪规则。亚洲和阿拉伯文化在礼仪方面往往与西方文化截然不同。
3. 当你负债时，可以称为“ in the red”；当你盈利时，可以称为“ in the black”。当你悲伤时，可以称为“ blue”；当你健康的时候，你“ in the pink”；当你嫉妒的时候，你“ green with envy”。胆小就是“ yellow”，没有经验就是“ green”。当你说很多的时候，可以称为“ a blue streak”；当你生气的时候，你“see red”。正如上例所揭示的那样，语言中充满了色彩的象征意义。
4. 假设一位朋友举起她的手掌，这是在向站在她对面的人发出“停止”的信号。篮球教练可以用手示意“暂停”来告诉场上的球员，该球员应该向裁判示意停止比赛，以便全队讨论新的战术。这两种情况都证明了象征意义的运用，也就是说，用身体动作代替了语言。为了使具有象征意义的动作成为一种有效的非语言交际形式，交际双方必须很容易地理解使用的动作的含义。不熟悉体育运动的观众也许不知道那些球员和教练使用的“暂停”动作，因此可能质疑裁判为什么要吹哨暂停比赛。当语言交流存在障碍时，也可以有效地使用具有象征意义的动作。篮球比赛的例子也适用于此，教练可能向球员发出信号要求暂停。之所以用动作来发信号而不是大声喊话，是因为观众发出的噪声太大，以致球员听不见教练的声音。

5. 在美国最大的办公家具制造商世楷（Steelcase）公司，营销部门的两位非常有才华的女性都只想做兼职工作。解决方案是：她们现在共享一份全职工作，每个人每周工作 2.5 天。她们的愿望都实现了，工作任务也完成了，而且干得很好。在另一种情况下，一个人可能在上午工作，另一个人下午上班。在实际工作中，人们将这种做法称为工作分摊（或工作分担），该法提高了员工的工作满意度。

小试身手　找出主要观点

注： 阅读下面的段落，然后从所给的选项中选出其主要观点。

__a__ 1. 如果立法能迫使人们放弃歧视，那么他们的偏见呢？的确，正如许多立法者相信的那样，我们不能针对偏见立法，因为这样的法律实际上是无法执行的。这可能就是我们没有任何反偏见的法律的原因。但是，通过立法反对歧视，我们就可以逐渐消除偏见。样本研究早已证实，如果一段时间内人们的态度与其行为不一致，他们就会改变自己的态度。这通常需要改变他们的态度，使之与其行为一致。因此，人们在被法律强制养成非歧视行为的习惯后，可以期望他们逐渐将偏见的态度转变为公正的态度。事实上，自 1954 年以来，一系列的民权法律和法院裁决已经使很多白人停止了他们的歧视行为，并且重新评估了他们对黑人的态度。今天，抱有偏见的白人越来越少了。他们不会再用传统的、带有成见的“乡巴佬”等词语来表达他们的偏见，而是用一种更间接、更微妙的方式。

a. 通过反对歧视的立法，可以消除偏见。

b. 民权法阻止了白人歧视黑人。

c. 大多数美国白人都有偏见。

d. 我们不能通过立法来消除偏见。

__c__ 2. 类固醇的主要好处似乎是能使肌肉从运动中更快地恢复，这样一来，运动员就能更刻苦地训练了。随着运动员们报告服用类固醇的显著效果，医学界开始测试这些药物的效果，而这些药物也很快被禁止服用。医学研究人员报告了使用类固醇的各种严重副作用，包括肝癌、心脏病和肾脏损伤。这些药物的一个问题是，在组织构建的同时，它们也会使人“雄性化”。女性的雄性化尤其严重，随着声音的变粗和乳房的缩小，她们可能会长出面部的毛发。她们的肌肉质量固然能够增加，但这种雄性化的效应也许无法逆转。

a. 类固醇有助于运动后肌肉的恢复。

b. 医学界最近开始测试类固醇的效果。

c. 使用类固醇会导致很多严重的副作用。

d. 一些女性面部长出毛发是服用类固醇的结果。

__d__ 3. 人们除了通过消费来表达对他人的感受，通常也会找理由（或创造理由）给自己买一些东西。消费者购买礼物赠给自己，是一种常见的规范自身行为的方式。这种习惯是社会可接受的，在做好了某些事情时奖励自己，在不好的事情发生后安慰自己，或激励自己完成某些目标。事实上，零售商报告说，人们在表面上为别人寻找好东西的同时，也越来越普遍地善待自己。正如一位顾客所说的那样："这个是给他们的，这个是给我的，还有一个是给她们的。"

a. 人们通过赠送礼物来表达对他人的感情。

b. 零售商提倡消费者给自己买礼物。

c. 赠送礼物是被社会接受的。

d. 人们用礼物来规范自己的行为。

__a__ 4. 自信的人愿意维护自己的权利。然而，与好斗的人不同，他们在这个过程中不会伤害他人。自信的人会说出自己的想法，并欢迎别人也这么做。罗伯特·阿尔贝蒂（Robert Alberti）和迈克尔·埃蒙斯（Michael Emmons）在他们的第一本关于自信心训练的大作《你完全正确》（*Your Perfect Right*）中指出："一个人争取自己的最佳利益，在没有过度焦虑的情况下为自己站起来，舒适地表达他的诚实感觉，或在不剥夺他人权益的前提下行使自己的权利的行为，我们都称之为自信的行为。"此外，"有主见的人在人际关系中完全掌控自己，没有自大或敌意，感到自信和胜任，在感情和情绪表达上基本上是自发的，通常受到他人的尊敬和钦佩"。这无疑是一个良好的个人形象。

a. 自信的人会在不伤害他人的情况下为自己挺身而出。

b. 咄咄逼人的人不在乎他们是否伤害了别人。

c. 阿尔贝蒂和埃蒙斯写了第一本关于自信心训练的书。

d. 高效的工作是自信心训练的结果。

__c__ 5. 就像本文涉及的所有主题一样，权力也有一个重要的文化维度。在一些文化中，权力集中在少数人的手中，这些人和普通公民所掌握的权力有很大的不同——这些被称为高权力距离文化，如墨西哥、巴西、印度和菲律宾。在低权力距离文化中，权力更均匀地分布在全体公民中，如丹麦、新西兰、瑞典及美国。这些差异在很多方面影响着交流。例如，一方面，在高权力距离文化中，学生和老师之间存在着很大的权力距离，学生被要求谦虚、礼貌、尊重他人。另一方面，在美国，学生被要求展示他们的知识和对主题的掌握，参与老师的讨论，甚至质疑老师，这是许多非洲和亚洲学生甚至想都不会去想的事情。

a. 低权力距离文化将权力平均分配。

b. 非洲和亚洲的学生永远不会挑战老师。

c. 权力在文化中的分配方式决定了人们的行为。

d. 在墨西哥、巴西、印度和菲律宾，只有少数人拥有权力。

在阅读的时候形成你的预期

在谈话开始时，你通常可以预测谈话的方向。如果一位朋友以“我不知道我是否能在辞去沃尔玛的兼职工作后过得了日子”作为开场白，你可以猜到接下来你将听到什么。我们的朋友将讨论辞掉工作的利与弊，这涉及他目前的经济状况。

同样，当开始阅读某个段落时，你通常能找到足够的线索，让你知道整个段落会发生什么，你也许会预估要遵循的观点与观点的组织方式。主题句，尤其是出现在段落首句的主题句，通常暗示这段话将如何发展。假设一个段落以下面的这个主题句开头：

> 由于各种经济因素影响，失业率在过去几年中有所上升。

你希望这一段的其余部分涉及什么？它可能涉及导致失业的各种经济因素。现在，再看看这个主题句：

> 少数族裔在种族或文化的可见度、遭受的歧视的数量、作为个人和群体所做调整的性质，以及他们作为可辨认的人口或个人生存的时间长短等方面都存在差异。

这句话表明，这段将包含对少数族裔不同的四种方式的讨论。这个主题句也暗示了讨论这些差异的顺序。在句子中首先提到的因素（可见性）将首先讨论，接下来是第二个观点，以此类推。

小试身手　预测观点

注：假设下面的每个句子都是一个段落的主题句。如果一个段落以这句话开头，你希望它包含些什么？在某些情况下，正确的预期可能不止一组。

1. 传统乐器可以分为三类。

   三种类型的乐器，包含每一种乐器的名称或描述

2. 存储和检索之间的区别对记忆研究人员有着重要的意义。

   存储和检索的定义，并列出它们的不同之处

3. 当达尔文发表他的进化论时，人们以科学和宗教的理由提出了异议。

对科学异议的描述，接着是对宗教异议的描述

4. 不同麻醉剂的来源不同，强度和后遗症也各不相同。

各种麻醉剂的清单，以及对它们的相对强度和后遗症的描述

5. 并非所有影响智力的因素都是可以测量的。

不可测量因素的讨论

主要的和次要的支持细节

在对话中，你可以采用多种方式解释某个观点。如果你试图向别人解释，狗作为宠物比猫更好，那么你可以通过举例说明特定的狗和猫的行为来阐述你的观点。你也可以给出你持这种观点的基本理由，或提供关于狗和猫的事实来支持你的观点。

段落中的所有细节都支持主题句。然而，并不是所有细节都同等重要。例如，在下面的段落中，突出显示的观点提供了关于主要观点的非常重要的信息。你在读这段话时，注意这些观点是如何直接解释主题句的。

> 小组疗法也有潜在的缺点。许多心理学家感到，小组情境中的互动过于肤浅，并无多大益处。具有深层次矛盾的病人，最好由心理治疗师进行个体治疗；治疗师可以施加持续的压力，不让患者回避关键问题，那样的话，治疗师可以更有效地控制治疗环境。对小组疗法的另一种批评是小组太强大了。如果小组开始关注一个人的防御机制（记住，这是有原因的），这个人可能会崩溃。如果没有训练有素的治疗师在场（这种情况在交心心理治疗小组中经常发生），结果可能是灾难性的。

每一个突出显示的细节都阐述了小组治疗的一个缺点。这些细节是**主要细节**，因为它们直接解释和支持主要观点。现在回头看看没有突出显示的细节。你能看出它们相对于主要观点的重要性较小吗？你可以把这些看作是进一步解释细节的细节。这些细节称为**次要细节**。它们提供的信息限定、描述或解释了主要细节。例如，第三句话进一步解释了第二句话中描述的缺点。另外，第二个突出显示的句子的后面解释了一个小组变得过于强大可能会发生什么。

特别是，如果你是一位视觉型学习者，按照下面的方式将段落组织起来可能会有所帮助。

主要观点

　主要细节

　　次要细节

　　次要细节

　主要细节

　　次要细节

　主要细节

为了找出最重要的或主要的支撑细节，问你自己这个问题："哪些陈述直接证明或解释了主要观点？"你的回答会把你引向这一段中的重要细节。现在，把这个问题应用到下面这个段落。你在阅读时，首先确定主要观点，然后突出三个主要细节来直接解释这个观点。

> 今天，美国女性和男性的教育水平相当。虽然这可能表明在教育方面已经实现了充分的平等，但仍存在一些显著的差异。第一，最高教育水平（如博士学位）由男性主导。第二，高等教育的研究领域被贴上了性别标签，男、女学生按专业被分开。女性集中在人文学科、保健科学和教育领域，而男性集中在物理科学领域。第三，某一领域的最高级别往往由男性主导。例如，在国际关系领域，男性获得了 49% 的学士学位和 79% 的博士学位。数学也有类似的模式。女性选择的研究领域似乎反映了对男女兴趣和能力的刻板印象；也就是说，女性是有教养的、情绪化的，在语言方面更擅长，而男性是理性的，在数学方面更擅长。研究表明，这种差异非常小，而且并不总是朝着预期的方向发展。

在这个段落中，你应当突出显示男女教育不平等的三个方面。这三个方面，可以通过"第一""第二"和"第三"三个词来分辨。段落中的其他句子进一步解释了每个原因，可以说，其他句子不那么重要。

小试身手　识别主题句和细节

注：阅读下列段落，选择能够最好地完善每句陈述的答案。

阿布哈兹人（居住在格鲁吉亚山区的农业民族）可能是地球上最长寿的人。许多人声称自己能活到 100 岁以上，有些人活到 120 岁甚至 130 岁。虽然很难证明这些说法的准确性，但政府的记录表明，相当多的阿布哈兹人确实活得很长。他们长寿的主要因素似乎有三个。第一是他们的饮食，很少吃肉，而吃很多新鲜水果、蔬菜、山羊奶酪、玉米粉、脱脂牛奶，还喝葡萄酒。第二是他们终身的身体活动。他们在 80 岁之后的确放慢了工作的速度，但即使在 100 岁之后，仍然每天工作 4 小时左右。第三个因素（即高度发达的社区意识）是阿布哈兹文化的核心。从童年开始，每个人都融入一个基本的团体之中，并且终身如此。那里没有什么养老院，老年人也不会独自生活。

a 1. 以“阿布哈兹人居住在”为开头的句子是

a. 主题句。 b. 主要细节。 c. 次要细节。

b 2. 以“第二是他们终身的”为开头的句子是

a. 主题句。 b. 主要细节。 c. 次要细节。

c 3. 以“他们在 80 岁之后的确放慢了”为开头的句子是

a. 主题句。 b. 主要细节。 c. 次要细节。

一个人的性格类型可以决定他如何创造和应对自我施加的压力。第一种人格被称为 A 型人格。A 型人格的人努力工作、焦虑、好胜、有紧迫感，常常对自己抱有很高期望。A 型人格的人更容易患心脏病。第二种人格类型是 B 型人格。B 型人格的人往往很放松、闲散、没有竞争力。第三种人格类型是 C 型人格。C 型人格是那些在压力下茁壮成长、取得成就，很少或根本不会体验与压力相关的健康问题的 A 型人格的人。C 型人格的人承受的压力越大，他们的工作效率反而越高。

a 4. 以“一个人的性格类型”开头的句子是

a. 主题句。 b. 主要细节。 c. 次要细节。

c 5. 以“A 型人格的人更容易”开头的句子是

a. 主题句。 b. 主要细节。 c. 次要细节。

b 6. 以“第三种人格类型”开头的句子是

a. 主题句。 b. 主要细节。 c. 次要细节。

c 7. 以“C 型人格的人承受的压力越大”开头的句子是

a. 主题句。 b. 主要细节。 c. 次要细节。

小试身手　识别主题句和主要支持细节

注：突出显示下列每个段落中的主题句，然后在每个主题句的主要支持细节下面画线。注意，只在那些直接解释或支持主要观点的细节下面画线。

1. 用钱需要花钱，任何申请过抵押贷款或大学贷款的人都明白这一点。当一家公司借钱时，它必须为使用这笔钱的每天支付利息。相反，一家公司如果有多余的现金，就可以用这些现金进行投资并且从中赚钱。底线是：拥有现金是一种优势。出于这个原因，许多公司试图通过提供现金折扣来吸引顾客快速付款。例如，一家向零售商销售产品的公司声称，销售条款是“10 天折扣 2%，30 天付全额”。这意味着，如果零售商在 10 天内付款给生产商，金额可减少 2%。总额应在 30 天内支付，超过 30 天支付就晚了。

2. 通过定期奖励好的行为和惩罚坏的行为，社会控制的执行者试图使我们遵守社会规范。如果他们成功了，服从就会变成习惯，变得自动自发。即使没有人在身边奖励或惩罚我们，即使我们没有考虑可能的奖励与惩罚，我们也会遵守这些准则。但是，人类是非常复杂的，和动物不一样的是，我们不只受到奖惩的制约。因此，制裁不足以使世界各地社会普遍遵守当今的准则。
3. 皮肤本身是人体最大的器官，由上皮组织和结缔组织组成，并在身体表面形成柔韧的保护层。它约占体重的 7%，接受约 30% 的左心室输出血。这里使用的“保护”一词，不仅包括对细菌入侵或来自外部的攻击的抵抗，也包括对内部环境大变化的保护。控制体温，防止水分过度流失，防止有机和无机物质的过度流失，是维持体内稳态和个体细胞继续正常活动所必需的。此外，皮肤作为一个重要的储存区域，接受各种刺激，并合成几种重要的物质用于整个身体经济。
4. 假设你是一名行业或组织心理学家，就职于一家公司，为其位于当地购物中心的一家零售商店挑选一名经理。在你获得这位新经理的职位的完整描述之前，你无法分辨你的老板在找什么样的人。你必须知道这家公司的商店经理的职责与责任。然后，你就可以把这个职位的描述转化为一位成功的商店经理应当具备的可测量的特征。也就是说，你应该从职位分析开始，“对一项工作的任务、职责和责任，以及完成工作所需的知识、技能和能力进行系统的研究”。
5. 气候是对土壤形成影响最大的因素。正如温度和降水是对人类影响最大的气候因素一样，它们也是对土壤形成影响最大的因素。温度和降水的变化决定了主要是化学风化还是机械风化。它们也极大地影响风化的速度和深度。例如，炎热潮湿的气候可能在相同时间内产生一层厚厚的化学风化的土壤，寒冷干燥的气候产生一层薄薄的机械风化的碎片地幔。此外，降水量会影响各种物质从土壤中去除（浸出）的程度，从而影响土壤肥力。最后，气候条件是控制现存动植物种类的重要因素。

支持技术　在线写作中的段落

正如我们看到的那样，段落是一种组织相关思想与概念的方式。一个组织良好的段落有助于读者理解作者的主要观点。在线写作（比如电子邮件、网页、电子作品集等）也要求段落包含主题、主要观点和细节。然而，研究表明，在网上阅读很长的段落，不如阅读较短的段落舒服。在网上交流时，请确保你的文字清晰，便于阅读。不要让段落太长。可以考虑改变字体大小或添加段落之间额外的换行，以帮助读者。

支持细节的类型

作者可以使用多种类型的细节来解释或支持主要观点。你在阅读时要注意作者使用的细节类型，并且能够识别最重要的细节。作者解释和支持某个观点的方式，可能影响你是否接受或同意这个观点。最常见的支持细节类型包括例证和例子、事实和统计数据、原因和描述。以下简要讨论每一种。

例证和例子

你会发现，解释观点的一种方法是通过使用例证或例子。作者常常通过举例说明某个概念、问题或过程在特定情况下的应用，使之易于理解。在接下来的段落中，作者提供了大量的例子来解释不同的语言是怎样有着不同音素的。

> 每一种语言都有自己的一套音素。例如，英语包含了大约21个元音和24个辅音；广东话是一种中国方言，有8个元音和17个辅音；南非的“丛林话”有7个元音和41个辅音。说本族语的人把自己语言中的音素识别为不同的声音。例如，英语社区的婴儿开始意识到，字母r的发音在run和tear中的发音相同。与此同时，阿拉伯语社区的婴儿学习他们自己的一套音素，这些音素不包括英语中使用的短元音。因此，对于一个以阿拉伯语为母语的人来说，英语单词bet和bit听起来是一样的。

当你阅读例证和例子时，一定要把握例证或例子与它所阐明的概念或观点之间的关系。

事实和统计数据

作者支持观点的另一种方式是加入事实或数据来进一步解释主要观点。请注意，在下面的段落中，作者是如何通过使用统计数据来解释主要观点的。

> 迄今为止，科学家已经描述并正式命名了大约180万个物种。一些生物学家认为，物种的总数约为1000万个，但也有人估计高达2亿个。因为我们不知道目前存在的物种数量，所以不能确定物种消失的实际速度。但是，据估计，全球物种灭绝的速率可能比过去10万年的任何时候都高1000倍。几位研究人员估计，按照目前的破坏速度，到21世纪末，超过一半的现存动植物物种将消失。

原因

某些类型的主要观点最容易通过给出原因来解释。特别是在议论文和说服性文章的写作中，你会发现，作者通过讨论为什么观点、信念或行为是合适的来支持它。在下面的段落中，作者给出了很少有女性涉足定量领域的原因。

> 是什么原因导致女性很少涉足定量领域的？在小学，女孩儿表现出与男孩儿相同的数学能力，但到了高中，她们在标准化测试中的成绩低于男孩儿。显然，数学和其他定量学科已经被贴上了“男性化”的标签。因此，女孩儿并不急于在这些领域出类拔萃，因为这样的成就会让她们在同龄人眼中显得与众不同，甚至可能缺乏吸引力。另一个因素是老师和辅导员无意识的偏见。尽管对少数族裔和女性问题越来越敏感，但咨询师们仍然引导女性远离数学和科学的大学预科课程。最后，许多领域涉足的女性太少，无法为年轻女性提供榜样。

你可以看到，作者为定量领域中女性的稀缺提供了许多原因，包括同伴的影响、学校的偏见以及缺乏榜样。

描述

如果一个段落的目的是帮助读者理解或想象某一物体的外观、结构、组织或组成，那么作者经常会用描述作为展开段落的手段。描述性细节是帮助你想象被描述的人、物或事件的事实。下面这段描述了华盛顿州圣海伦斯火山的爆发。

> 山体北坡的塌陷产生了有史以来最大的滑坡：大约2.75立方千米的岩石、冰和困住的空气都被蒸汽流化，以接近250千米每小时的速度涌出。山体滑坡的物质向山谷中移动了21千米，覆盖了森林，覆盖了湖泊，填满了下面的河流。这次强烈的喷发持续了9个小时，炽热的岩浆首先从火山口清理出旧岩石，然后喷发出新的物质。

隐含的主要观点

虽然大多数段落都有主题句，但也有些段落没有。这样的段落只包含细节或具体事例，综合起来就能指向主要观点。因此，文章的主要观点是隐含的，没有直接表述出来。阅读这样的段落时，你必须推断出主要思想。这是一个把所有细节累加起来，然后确定它们共同的意思或它们都支持或解释的主要观点的过程。你可以将这个过程概括如下。

使用下列步骤来掌握隐含的主要观点：

- 通过问自己这个问题来确定主题：整段话讲述的一件事情是什么？
- 确定作者想让你了解的主题。看一看每个细节，然后确定每个细节解释了什么样的观点。
- 用你自己的话来表达这个观点。

认知深化　如何找到隐含的主要观点

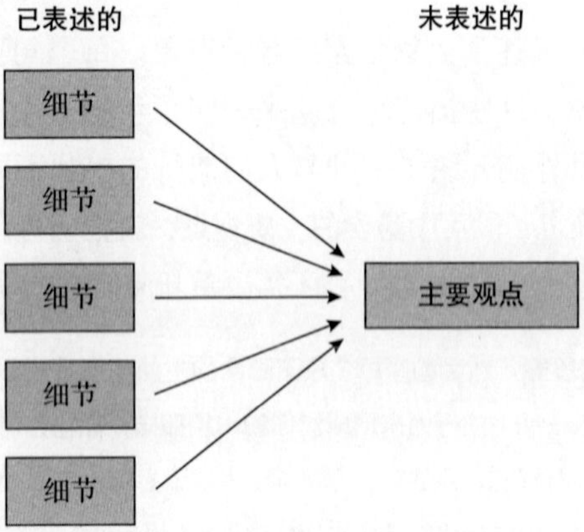

下面这个段落确实没有包含主题句：

> 当被催眠者找到一个舒适的身体姿势并且变得彻底放松时，催眠过程就开始了。不让他们的思想转移到其他事情上，而是集中在某个特定的物体或声音上，比如节拍器或催眠治疗师的声音。然后，基于催眠治疗师期望发生的事情和实际看到的事情，他告诉来访者，当催眠过程继续时，他们会有什么感觉。例如，催眠治疗师可能会说："你感到完全放松了"或"你的眼皮变得很重了"。当被催眠者意识到他们的感觉与催眠治疗师的评论相符时，他们就可能相信正在发生一些变化。这种信念似乎增加了他们对催眠治疗师其他陈述的开放性。

这一段的主题是催眠，讨论了催眠过程中发生的步骤。第一句讲述了这个过程如何开始（放松和舒适的身体姿势），第二句讲述接下来要发生的事情（集中精神），以此类推。每句话都与催眠过程中的不同步骤有关。虽然这段缺少一个主题句来解释这段话的内容，但其主要观点很清楚：被催眠的过程遵循几个步骤。

这是另一个例子：

> 提到生物学家这个词，人们脑海中就会浮现出这样一个画面：一位瘦小的老人，右脚的鞋子吱吱作响，在满是灰尘的书里，搜寻着对一种已经灭绝的蜥蜴的古老描述。另一些人也许想

象一个戴着厚眼镜的捕蝶者，举着网兜，欢快地在灌木丛中跳跃。还有些人可能认为生物学家是一个穿着舒适鞋子的观鸟者，在寒冷潮湿的黎明，透过野外的望远镜观察，希望能瞥见某种罕见的吸汁啄木鸟。也许这样的形象确实适合某些生物学家，但在这些科学家中，也有一些人在其他地方寻找生命的奥秘，比如在干净整洁、光线充足、玻璃器皿闪闪发光的实验室里。

提高灵活性秘诀

因为隐含的主要观点并未公开表达出来，你可能需要放慢速度，或经常停下来问问自己："我刚才读的内容的主要观点是什么？"如果不问自己这个问题，你就会发现，自己只记住了阅读材料中的细节，没有掌握重要观点。

这个段落描述了生物学家的各种形象。每个句子都介绍了一种不同的形象。这些描述综合起来表明了生物学家从事的广泛的系列活动，另外还介绍了一种与人们流行的想法不同的形象。

一旦你确定了段落中隐含的主要观点，就把它写在页边空白处。这样，你在复习材料的时候，就不需要重新阅读整个段落了。

小试身手　辨别隐含的主要观点

注：阅读下面的段落，然后选择每个段落隐含的主要观点。

__b__ 1. 就像别人根据你的行为来形成对你的印象那样，你也会对自己的行为做出反应：你解释它，评估它。假设你认为说谎是错误的。如果说谎，你就会根据你对说谎的内化的信念来评估这种行为。因此，你将对自己的行为给予消极的反应。一方面你可能会感到内疚，因为你的行为与信念相抵触。另一方面，假设你冒着极大的风险把某人从着火的大楼里救出来，你也许会积极地评价这种行为，对这种行为感觉良好，并因此对自己感觉良好。

a. 如果你对自己的行为感觉良好，你就会对自己感觉良好。

b. 你对自己行为的反应有助于你形成自我概念。

c. 当你的行为与你的信仰相矛盾时，你会感到内疚。

d. 你需要冒险才能自我感觉良好。

__d__ 2. 如果你正在使用某个物品，那就把它带进你的视野，因为它会成为你演讲的“中心”，然后花点时间将它从视野中移开。否则，你的听众在演示之前和之后的注意力都会集中在这个物品上，而不是你讲述的信息上。如果你的演讲涉及某个过程中的步骤，而使用物品有助于阐明你运用的方法，那么你可以带一些已完成的样本。不要试图在单个物品上完成一个复杂的过程。如果你需要在房间里传递物品，要意识到，当它从一个人传到另一个人时，人们的注意力就会被分散，不会集中在你表达的信息之上。如果你有时间，并且可以在传递物品时继续讨论物品的特性，你还是可以将听众的注意力集中在你的阐述上。你会发现，在检索物品并将其放置在视线之外的时候，这种方法更容易转移到演讲的其他阶段。若是这种方法不切实际，并且你必须让物品离开你的视线，那么，你可以通过使用其他视觉辅助工具来重新集中注意力。

a. 当你发表关于某个物品的演讲时，在房间里传递它。

b. 在围绕某个流程中的步骤而进行演讲时使用物品。

c. 在涉及物品的演讲中，使用其他视觉辅助工具来重新集中听众的注意力。

d. 当你发表涉及某个物品的演讲时，要提前计划好你将如何使用它。

__a__ 3. 人们对产品的接受程度很大程度上取决于它的包装。同样的咖啡，我们将从黄色罐子里取出来的咖啡描述为淡咖啡，从深棕色罐子里取出来的咖啡描述为太浓的咖啡，从红色罐子里取出来的咖啡描述为浓咖啡，从蓝色罐子里取出来的咖啡描述为淡淡的咖啡。甚至我们对一个人的接受程度也可能取决于他所穿衣服的颜色。例如，考虑一下某位颜色专家的评论："如果你在出庭时必须为辩护律师挑选衣服，但选择的不是蓝色，那么你很可能会输掉这个案子……"黑颜色的力量太强大了，很可能对律师和陪审团产生不利影响。棕色缺乏足够的权威。绿色很可能招致否定的回应。

a. 颜色会影响我们的思维和行为。

b. 产品的包装在很大程度上决定了我们如何接受它。

c. 律师的工作效率取决于他们的服装颜色。

d. 色彩专家将蓝色列为最具影响力的着装。

__b__ 4. 化学键把原子结合在一起，形成分子。当电子从一个原子转移到另一个原子时，由于两个相反电荷的离子之间的吸引力而形成了离子键。原子共用电子时就形成了共价键。在一些分子中，共用的电子被其中一个原子更强烈地吸引，使分子极化。氢键是一个弱键形成时，一个氢原子的正极是共价键的一个分子被吸引到另一个极性分子的负极。水分子之间的氢键使得水具有一些不寻常的特性。

a. 离子键涉及原子间电子的转移。

b. 许多键可以参与分子的形成。

c. 电子和原子之间的引力形成键。

d. 当原子共用电子时就形成了共价键。

__c__ 5. 对许多吸烟者来说，一个人的戒烟之旅太过艰难。一些吸烟者求助于非烟草产品来帮助戒烟，如尼古丁口香糖和尼古丁贴片等产品可以替代血液中已消耗的尼古丁，并缓解戒烟过程的不适。厌恶疗法试图通过将吸烟行为与某种有害刺激配对来减少吸烟，从而使吸烟本身被烟民认为是令人不快的。例如，快速吸烟的方法是治疗师指导病人快速地、连续地吸烟，直到他们超出对香烟烟雾的耐受性，进而产生不愉快的感觉。自我控制策略的支持者认为吸烟是一种后天习得的习惯，并且与特定的情况有关。治疗的目的是让吸烟者辨别这些情况，并且教会吸烟者必要的技巧来抵制吸烟行为。

a. 戒烟是一项艰巨而富有挑战性的任务。

b. 厌恶疗法将吸烟与令人不快的活动结合起来。

c. 有很多方法可以帮助吸烟者戒烟。

d. 非烟草产品已经在帮助一些吸烟者戒烟。

小试身手　写下隐含的主要观点

注：阅读下面的每一个段落，写出其隐含的主旨。

1. 一些农业和商业利益集团急于利用这些廉价劳动力，反对严格执行移民法。还有人指出，取缔非法移民也许会产生负面影响：可能导致更多的行业迁往劳动力廉价的国家，导致通货膨胀率上升，并损害外交关系。另外，由于担心美国人失去工作，工会支持打击非法移民。关注人口问题的团体坚持认为，移民的涌入抵消了最近美国出生率下降带来的好处。

   主要观点：支持和反对非法移民的论据很多。

2. 想象一下，你把一个杯子灌满了水，小心地再加几滴水或往里面放几枚硬币，都不会使水溢出来。相反，水似乎粘住了自己，形成一个圆顶，略高于玻璃的边缘。这种效应是水的极性造成的。水分子被周围的水分子从各个方向吸引。然而，表面的水分子像皮肤一样被拉向杯子里其余的水。结果，表面的水分子变得更加紧密，这就是所谓的表面张力。由于表面张力，针可以浮在水面上，某些水虫可以在池塘或湖泊表面游动，水滴是球形的。

   主要观点：当液体表面的分子被下面的分子吸引时，就会产生表面张力，变得紧密。

3. 有些民意调查显示，女性的选择权得到了强烈支持，而其他民意调查显示，绝大多数人反对无限制堕胎。女性选择权的支持者认为，如果女性要成为完全自主的人，堕胎是必不可少的。反对者称自己为反堕胎者，因为他们相信胎儿是完整的人类，而堕胎剥夺了胎儿的生命权。这些立场是不可调和的，这使得堕胎成为政客的噩梦。某个政客无论在这个有分歧的问题上选择站在哪一边，都会激怒大量的选民。

   主要观点：美国人在堕胎问题上有分歧。

4. 大多数医院旨在治疗年轻人常见的受伤和急性疾病，却没有治疗老年人慢性退行性疾病的设施或人员。许多医生也没有准备好处理这些问题。正如弗雷德·科特雷尔所指出的，“老年人中有一种普遍的感觉，大多数医生对他们不感兴趣，也不愿意治疗那些被认为对未来几乎没有贡献的人”。他说，即使有医疗保险的帮助，美国的老年人也经常很难支付他们需要的医疗保健费用。

   主要观点：许多老年人难以得到所需的医疗护理与治疗。

5. 1950 年，只有伦敦和纽约这两个城市的人口超过 800 万；今天，像这样的大城市有 20 个，其中 14 个在发展中国家。目前，发展中国家的城市人口总数估计为 13 亿人，比欧洲、日本和北美的人口总和还多。由于居民人口的自然增长和农村地区的移民，每年将新增 5000 万城市人口，截至 2020 年，发展中国家将有一半以上的人口居住在城市。

主要观点：世界的城市人口正在激增。

批判性思考：评估主要观点和细节

通常，主要观点或主题句都是对不可能有争议的事实的简单陈述。然而，并不是所有的主要观点和主题句都是完全真实的。看看下面这些话：

> 毫无疑问，游说是一个成长性行业。每个州都有数百名公共关系从业人员，他们的专长是在立法机构和政府机构之前代表他们的客户。在华盛顿特区注册的说客人数已经超过了一万人。从某种意义上说，游说者是发布公告的官员。他们了解当地的传统和习俗，也知道谁能影响政策。游说者为他们的客户提供建议，这些客户包括行业协会、公司、公共利益团体以及受监管的公用事业和行业，告诉客户如何通过与立法者和政府监管机构合作来实现自己的目标。许多游说者自称为“政府关系专家”。

第一段的主要观点是对事实的陈述；作者可以确凿无疑地证明“游说是一个成长性行业”。第二段的主要观点是：说客是发布公告的官员。也就是说，说客帮助他们的客户影响政府，获求对他们有利的结果。但这个主要观点只是该主题的一个方面。另一个方面是什么呢？游说是一项有争议的活动，许多人认为，说客花费大量金钱以不道德或非法的方式影响政府雇员。然而，这种信念并没有反映在这篇文章的主要思想中。

作者选择用细节来支持其主旨。然而，他们很少有时间或空间列出每一个可用的支持细节。考虑下面这个段落：

> 异性友谊（也就是男人和女人之间的友谊）有很多好处。和异性成为朋友，可以使你对异性有一个独特的看法，你的性别角色也会减轻。异性友谊甚至与更高的自尊和自信有关。

在这里，作者提供了两个细节来支持主题句：“异性友谊有很多好处”。这些是：① 异性朋友可以帮助你更好地了解异性；② 异性朋友可以让你自我感觉更好。但作者也可以选择其他细节。例如，有些人认为，当男性有女性朋友时，会成为更好的倾听者。你在阅读时，要注意作者选择的细节。作者是否遗漏了任何重要的、能使论证更有力的细节？他有没有说过什么特别的话来影响你？

小试身手　重写主题句

注：对于下列每一个主题句，写出另外一个表达不同主张或观点的主题句。

1. 住在城市比农村好，因为城市给居民提供了更多的活动和机会。

   住在乡下比住在城市好，因为乡下有更新鲜的空气、更开阔的空间，而且犯罪率更低。

2. 因为烟草制品危害人们的健康，应当禁止所有的烟草制品。

   因为很多产品都危害人们的健康，把烟草单独挑出来是不公平的。

3. 像脸书（Facebook）和聚友（MySpace）这样的社交网站为亲密的朋友创造了社区。

   像脸书这样的社交网站无法替代真实的人与人之间的互动。

阅读精选

尖端的口碑广告策略

迈克尔·R. 所罗门（Michael R. Solomon）

你准备采取哪种阅读策略

注：记分卡可以让你计算你的阅读速度。在你开始阅读之前，一定要在记分卡上记下你开始阅读的时间。

通过预习阅读材料来激活你的思维，并回答以下问题。

__b__ 1. 阅读材料中的小标题有什么共同之处？

a. 它们都是基于互联网的策略。　　b. 它们都是现代营销技术。

c. 它们都是为了销售玩具而开发的。　　d. 它们都已经使用了几十年。

__b__ 2. 下面的所有线索表明，你或许能够稍微快速地阅读这篇精选文章，除了

a. 你可能已经熟悉了预习中遇到的一些概念［如优兔（YouTube）］。

b. 在你的生活或你周围的世界中，很难找到对这篇精选文章的应用。

c. 作者努力使阅读看起来“时髦”“知情”和“现代”。

d. 作者包含了图形辅助来吸引和保持你的注意力。

3. 在过去的一年里，你观察（或参与）了哪些营销技巧和促销策略？互联网是如何影响你的购买行为的？

1　在“过去”（也就是几年前），一家玩具公司以这样的方式推出一款新产品：在春季交易会把一款热门的假期玩具公之于众；在 11—12 月，在电视台播放动画片的时段，实施饱和的电视广告活动，以

便把玩具卖给孩子；然后坐下来，看着绝望的父母在玩具反斗城的货架之间挤来挤去，同时等待媒体的报道来推动销量进一步上扬。在今天所谓的新媒体或网络 2.0 市场中，玩具营销人员更有可能以下面这些方式来进行宣传推广：鼓励博主撰写博文；采用即时通讯方法；在有目标观众的电视节目、电影和视频中不易察觉地植入产品广告，类似这样的视频在优兔和数百个小型网站上呈“病毒式传播”，这些网站致力于为高度参与的业余爱好者提供服务。

2　随着营销人员越来越多地认识到口碑（口口相传）对新产品成败的影响，他们想出了新的方法来让消费者帮助他们销售。让我们回顾一些成功的策略。

虚拟社区

3　在古代（也就是说，在网络被广泛使用之前），大多数会员参考小组都是由面对面接触的人们组成的。现在，你可以和你从未见过的人一同分享兴趣爱好——也许你们永远都不会见面。想想蔓延恐慌乐队（Widespread Panic）的例子吧。这支乐队从未在 MTV 上发布过音乐视频，也从未进入过美国公告牌的前 200 名，但它是美国排名前 40 的巡回乐队之一。它是怎么做到如此成功的？很简单——这个组织建立了一个虚拟的粉丝社区，并向他们开放。它召集听众帮助宣传这个团体，以换取免费门票和后台通行证。然后，它走向虚拟：乐队让粉丝向其录音棚发送信息，铁杆粉丝可以通过网站上的定期更新了解乐队成员午餐吃了什么等至关重要的信息。

4　**虚拟消费社区**是一群人在网上互动，分享他们对特定消费活动的热情与知识的集合。这些群体基于对产品的共同热爱而形成，无论是芭比娃娃还是黑莓掌上电脑。然而，社区成员保持匿名，因为他们只在网络空间相互交流。尽管如此，这些群体能够并且确实发出了他们的声音。在最近的一次努力中，近 1.4 万人在脸书上联合起来，请求吉百利史威士公司（Cadbury Schweppes）重新推出维斯帕（Wispa），这是该公司在 2003 年停产的一款巧克力棒。果然，2007 年年底，吉百利宣布将重新推出该款巧克力棒。

5　人们怎样进入消费社区？互联网用户倾向于从缺乏社交性的（“潜水者”是喜欢观看但不参与的冲浪者）信息收集发展到越来越亲密的社交活动。起初，他们只是浏览网站，但后来他们可能会受到吸引，进而积极地参与。

游击营销

6　美国 Def Jam 唱片公司为了宣传他们的嘻哈专辑，和其他唱片公司在专辑发行前几个月就开始大肆宣传，把拷贝泄露给那些将“混音带”放在街上卖的 DJ。如果孩子们喜欢一首歌，街头乐队就会把它推给俱乐部的 DJ。随着正式发布日期的临近，这群粉丝开始在市中心张贴海报。他们在电线杆、建筑物侧面和汽车挡风玻璃上贴出宣传新专辑发行的海报。这些明智的街头策略始于 20 世纪 70 年代中期，当时像有着“嘻哈之父”之称的库尔·霍克（Kool DJ Herc）和有着“嘻哈教父”之称的阿弗里卡·班巴塔（Afrika Bambaataa）这样的先锋 DJ，通过涂鸦风格的传单来宣传他们的乐队。正如著名说唱歌手艾斯·库伯（Ice Cube）评价的那样：“即使我是一个已经成名的艺术家，我仍然喜欢把我的音乐泄露给街上的一个孩子，让他在它上广播之前复制给他的朋友。”

7　这种草根努力是**游击营销**的缩影：使用非常规地点和密集的口口相传来增加产品销量。这些活动通常会招募大批真正的消费者，他们同意参加某种街头戏剧或其他活动，以说服别人使用产品或服务。例如，塞恩（Scion）经常派出街头队伍与年轻买家接触，分发商品，并在任何可能的地方张贴夸张的海报，鼓励年轻人在其网站上观看视频和多人游戏。

8　如今，大公司也开始采用游击营销策略，下面是一些制造轰动效应的游击营销策略：

- 宝洁公司成立了一个名为 Tremor 的公司，向年轻人推销其产品。它招募了近 30 万名年龄在 13 ～ 19 岁的孩子，通过学校食堂、彻底狂欢的地方、手机以及电子邮件等方式提供广告。它利用这些营销人员来谈论一切，从电影和音乐到牛奶和机油，而且它们都是免费的。Tremor 公司寻找的是社交圈子广、能说会道的孩子。为了注册，孩子们需要填写一份问卷，以得知他们每天与多少朋友、家人和熟人交流。对于这些孩子的帮助，宝洁公司会给他们送去独家的混音音乐和其他小装饰品，比如洗发水和廉价手表，以此来奖励他们。
- 品牌大使穿着引人注目的服装突然出现，宣传某个新品牌或某种新服务。美国电话电报公司（AT&T）派遣大使到加利福尼亚和新泽西的交通繁忙地区，做一些随机的事情，比如给遛狗的人送狗饼干，给音乐会的观众提供望远镜，以推广其新的本地服务。曼哈顿的凯悦酒店（Hyatt Hotels）派出 100 名行李员，他们整天都在为数千名顾客开门、搬运包裹、分发薄荷糖。

病毒式营销

9　许多学生是免费电子邮件服务 Hotmail 的忠实粉丝。但世上没有免费的午餐：Hotmail 在每条发送的信息上插入了一个小广告，让每一名用户都成为它的销售人员。该公司在成立的第一年就有 500 万订户，而且还在呈指数级增长。**病毒式营销**指的是让访问者把网站上的信息转发给他们的朋友，以便让更多消费者意识到产品的策略——通常是通过创建有趣的或纯粹怪异的在线内容来实现的。为了推广一种“永远不会在电视上讨论”的剃须刀的用途，飞利浦推出一个 Norelco 网站，名为 shaveeverywhere.com。在网站上的广告中，一个身穿浴袍的男性在解释怎样在某些地方使用剃须刀（嗯，不是在你的头上）。该网站用水果和蔬菜的图片来指代男性的身体部位。

社交网络和群体力量

10　在你今天读到这段话之前，你可能已经在脸书上花了不少时间。在**社交网络**上，会员可以发布自己的信息，并且与其他有相似兴趣和观点的人联系，这很可能是自电视晚餐以来消费者行为方面最大的发展！我们几乎每天都能听到这样的消息：用户可以在社交网站上创建一个主页，上面有照片、个人资料，以及与社交网站上其他人的链接。他们可以浏览朋友、约会对象、活动伙伴或各种联系人的资料，并邀请他们作为“朋友”加入用户的个人社交网络。

11　撇开乐趣不谈，社交网络确实存在着一些实实在在的市场影响。事实上，公平地讲，这项技术革命的各个方面正在从根本上改变许多行业的商业模式——特别是因为它们增强了终端消费者的权威，使其真正成为合作伙伴并塑造市场。这种变化对我们如何创造、分销、推广和消费产品与服务的影响，怎么描述都不为过。

在 threadless.com 网站上，用户可投票决定公司将打印和销售哪些款式的 T 恤

12　从某种意义上说，许多社交网站让他们的会员来做出购买决定。例如，在 threadless.com 网站上，顾客会提前对 T 恤的设计款式进行排名，公司会将胜出的创意产品生产出来。参赛者每周都要将 T 恤的设计款式上传到网站上，大约 700 名参赛者将在这段时间内参赛，竞标该网站将生产的 6 件 T 恤。Threadless.com 的访问者从 0 到 5 的范围内给各款式打分，工作人员会从最受欢迎的参赛者中选出获胜者。6 位幸运的艺术家每人会得到 2000 美元的现金和商品。Threadless.com 出售的每一件衬衫都卖光了。这种商业模式使一些“大众”特别喜欢的设计师赚了一笔小钱。一对芝加哥的艺术家卖出了价值 1600 万美元的 T 恤。

阅后评测

检验你的理解

__b__ 1. 这篇精选文章主要讲述

a. 博客。　　b. 营销。

c. 在线游戏。　　d. 社交网络。

b 2. 这篇精选文章的主要观点是

a. 传统的营销技术已经过时，在当今世界已无立足之地。

b. 营销人员正在使用网络技术和其他非常规技术，以吸引消费者帮助他们销售产品。

c. 在线社交网络社区对人们的生活、工作和娱乐方式有着重要的影响。

d. 消费者在做出购买决定时依赖许多不同的因素。

a 3. 使用非常规地点和密集的口口相传来推广产品的促销策略被称为

a. 游击营销。

b. 虚拟消费社区。

c. 饱和广告运动。

d. 植入式广告。

b 4. 病毒式营销指的是（ ）的策略。

a. 穿着引人注目的服装来宣布一个新品牌或新服务

b. 让网站的访问者把网站上的信息转发给他们的朋友

c. 派出街头队伍在市中心张贴海报和传单

d. 招募青少年在学校做产品宣传

a 5. 作者主要用（ ）来支持他的观点

a. 例子

b. 统计数据

c. 个人经历

d. 原因

批判地思考

d 6. 在第 1 段中，作者对比了

a. 电视和互联网。

b. 社交网络的类型。

c. 客户决定的类型。

d. 新旧营销方式。

b 7. 根据这篇文章的观点，以下关于消费社区的所有陈述不正确的是

a. 消费群体通常围绕着对一种产品的共同喜爱而形成。

b. 消费社区是由营销某一产品的特定公司赞助的。

c. 那些浏览消费社区网站却不参与的人被称为“潜水者”。

d. 消费社区的成员保持匿名，因为他们只在网络空间里相互交流。

a 8. 这篇文章的语气是

a. 提供有用信息的。

b. 批评的。

c. 说理的。

d. 冷淡的。

c 9. 本文引用的照片是哪种策略的一个例子？

a. 游击营销。

b. 病毒式营销。

c. 群体力量。

d. 品牌大使。

计分卡

结束时间：______时______分______秒

开始时间：______时______分______秒

阅读时间：______时______分______秒

每分钟字数（WPM）计分：__________

理解计分：从第 1 题至第 9 题

正确的数目：______ $\times \frac{10}{9} =$ ______%

评估你的阅读策略

1. 你会怎么评价你对这篇阅读文章的理解？（圈出来）

   很好　　好　　一般　　差

2. 你认为你的阅读策略有效吗？

   有效　　无效

3. 假设你还要去阅读同一个来源的另一篇文章，根据你对本文的经验，你会怎样调整你的阅读策略（如果需要调整的话）？

   ____

   ____

阅读理解

1. 什么是“虚拟消费社区”？人们如何进入其中？

   它是一群人在网上互动，分享他们对某一特定物品（或“消费活动”）的热情和知识。人们通常会首先浏览某个关于产品信息的站点，接下来可能成为虚拟社区的积极参与者。

2. 对于以下每一种类型的营销策略，在本文中确定至少一种与该策略相关的产品或服务。

   a. 游击营销

   Def Jam 等嘻哈唱片公司、塞恩、美国电话电报公司的本地服务、凯悦酒店。

   b. 病毒式营销

   飞利浦的 Norelco 剃须刀。

   c. 社交网络

   Threadless.com 网站的 T 恤。

3. 根据这篇阅读精选文章，蔓延恐慌乐队是怎么做到如此成功的？

   这支乐队建立了一个虚拟的粉丝社区，招募他们来帮助推广乐队，以换取免费的门票和后台通行证。

4. 作为一种营销策略，街头乐队是何时及以什么方式开始兴起的？

   在 20 世纪 70 年代中期，先锋 DJ 们通过在镇上到处张贴涂鸦风格的传单来宣传他们的乐队。

批判地思考

5. 宝洁公司是怎么寻找其 Tremor 成员的？

宝洁想要那些有社会关系的孩子，他们会在青少年朋友的广泛圈子里支持、推广、“谈论”产品，以换取廉价的奖励。

6. 为什么作者说技术革命的各个方面正在从根本上改变商业模式？

消费者被这些技术授权“成为合作伙伴并塑造市场”，这改变了产品和服务的创造、分销、推广和消费方式。

7. 作者说“天下没有免费的午餐”(第 9 段）是什么意思？

他指的是 Hotmail 的做法，即在其“免费”电子邮件服务发送的每一条信息上都插入广告，因此每个使用该服务的人实际上都成了推广产品的销售员。

多想一想

1. 这篇文章提到了在电视节目、电影和互联网上的植入式广告。在你看来，植入式广告作为一种营销策略，效果如何？描述你观察到的植入式广告的实例，并讨论植入式广告怎样影响你的消费行为。

2. 你是否属于哪一个虚拟消费社区？描述你在虚拟社区的经历，并讨论成为其中一员的好处。

3. 你是否考虑过做品牌大使或参与其他游击营销活动？为什么不？你参加过病毒式营销活动吗？这和其他游击营销有什么不同？

第5章
模式：观点之间的关系

这张照片展示了一家商店里的鞋子，按大小、款式等陈列。你能想象，如果所有的鞋子都随意地混在一起，会让购物者多么混乱吗？商店和市场把商品归类在一起，是为了方便顾客。同样，为了方便读者，作者也会把他们的观点按照有组织的次序来排列，使之清晰易懂。本章将向你展示作者用来组织他们观点的基本模式。

如何识别改进回忆的模式

以下哪个电话号码更容易被记住？

① 876–5432
② 792–6538

以下哪组指示更容易被记住？

① 经过两个信号灯后，向左转。再过两个信号灯，然后向右拐。接下来，再过两个信号灯，然后左转。

② 过了两条街后，向左转。过了三条街之后，向右拐。接下来，再过一条街，然后右转。

如果你忘记了你的购物清单，下面哪个清单更容易被记住？

① 油漆、刷子、除漆剂、防尘布
② 牛奶、除臭剂、指甲、梳子

在每个例子中，你可能会选择第一个选项，因为它更容易记住。现在，让我们考虑一下为什么第一个选项比另一个更容易被记住。第一个选项都有一个模式，叙述的内容以某种方式联系在一起，这样就有可能把它们记住。

列表 A 和列表 B 都包含五个事实。哪个列表更容易学习？

列表 A

1. 芝士汉堡比汉堡更加富含卡路里。
2. 圣诞仙人掌一年开一次花。
3. 许多草药有药用价值。
4. 很多少数民族居住在多伦多。
5. 小说是按作者的字母顺序排列的。

列表 B

1. 有效的广告具备几个特征。
2. 广告必须是独一无二的。
3. 广告必须是可信的。
4. 广告必须给人们留下持久的印象。
5. 广告必须证实其主张。

你很可能选择列表 B。列表 A 中的事实之间没有联系，而列表 B 中的事实是有联系的。第一句话是概括性的陈述，剩下的每一句都介绍了有效广告的具体特征。综合来看，它们符合一种模式。

一个段落的细节，一篇文章中的段落，一个短篇故事中的事件，或教科书中的一些小节，通常都符合某种模式。你如果能识别这种模式，就会发现自己更容易记住内容。你将能够记住一个统一的整体，而不是独立的信息片段。

六种常见的组织模式

最常见的组织模式是时间顺序、定义、分类、比较—对比、因果和枚举。为了帮助你观察这些模式，我为每个模式提供了一个**模式图**。这些模式图是组织学习和复习信息的有用方法，特别是对视觉型学习者而言。假如你是一位应用型学习者，你可能发现，模式图能让抽象的概念变得更具体。正如你将在“混合模式”一节中看到的那样，模式有时会重叠。

支持技术　创建组织模式

许多思维模式，如时间顺序、流程和因果关系，都可以采用视觉化的方式描述。用视觉化的图表组织观点是一个有效的学习策略，它还可以帮助你起草文案、计划等。大多数文字处理程序都包含一些有助于你直观地组织观点的工具。在你的“插入”菜单中，可以找到“图表”“自动形状”或“组织图表”。

时间顺序或流程

最明显的模式之一是时间顺序，也称为事件顺序或时间顺序及流程。在这种模式中，观点是按照它们在时间上发生的顺序呈现的。首先发生的事件出现在第一个段落中，第二个事件出现在第一个事件之后，以此类推。你可以将这种模式描绘成下面的图：

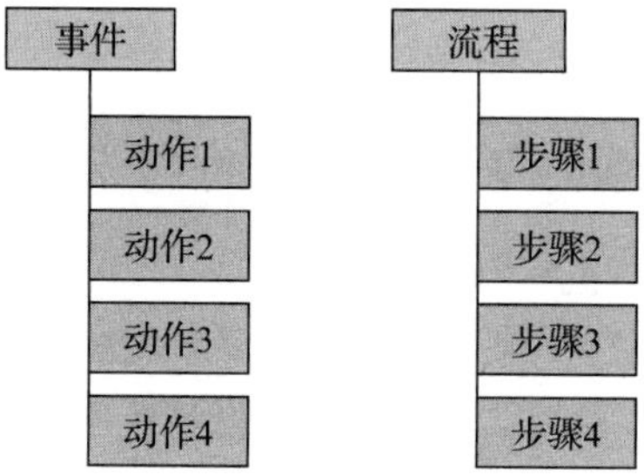

提高灵活性秘诀

知道什么时候必须按照正确的顺序执行流程中的步骤通常很有帮助。例如，在一份食谱中，你是往面粉里加水，还是把面粉倒进水里，通常没有关系。但是，如果你是一名急救医生，需要为他人提供生命支持，那么你的活动次序极其重要。你在阅读时要问问自己，某个流程是否必须按照特定的顺序来完成才更有效。

时间顺序经常被用来报道时事。

> 美国是一个民族、宗教和种族多元化的社会。在1790年进行第一次人口普查时，占美国人口大部分的是欧洲白人新教徒、黑人奴隶和美洲印第安人。在19世纪40年代和50年代，又有来自爱尔兰和德国的天主教移民加入其中。19世纪70年代，受铁路建设工程的吸引，中国人移民到美国。在1900年左右，大多数移民来自东欧、中欧和南欧，这些国家有着众多的种族、语言和宗教团体。今天，大多数移民来自亚洲和拉丁美洲。

这段摘录可以通过使用时间线来绘图：

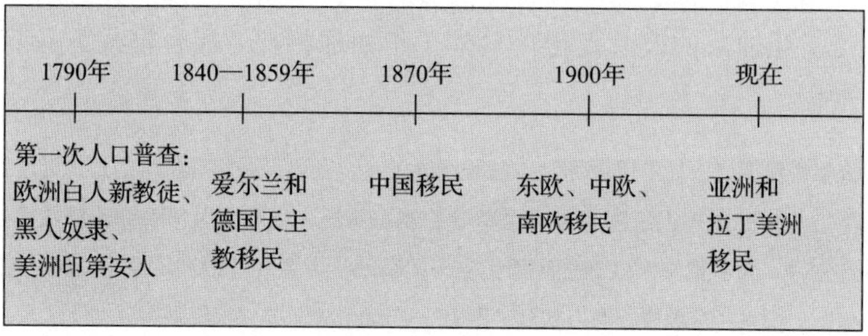

整个段落和章节，甚至整本书，都可以用时间顺序来组织。

描述如何做某事最清晰的方法之一是遵循它们将要被完成的顺序或步骤。这就是写作者经常使用时间顺序来描述某个流程中的步骤或概述某种方法或程序的原因。下文节选自一篇视觉艺术著作，描述了蚀刻的流程。

蚀刻的过程是从准备一块带保护层的金属板开始的，也就是一块覆盖着铜或锌的耐酸材料保护层的金属板。然后，版画家用尖头工具很容易地画画，将金属露出来。最后，将平板浸入酸中。酸“咬”进金属板，在那里，画作暴露出金属的地方会形成一个个沟槽，根据酸的强度和金属板在酸浴中的时间长短，沟槽的深度各有不同。

按时间顺序组织的材料会使用一些过渡词或短语来将各个事件或步骤联系起来。

时间顺序或流程中的过渡词及短语

在中世纪……

最后一步……

在《人权法案》颁布之前……

12月7日……

最后的步骤……

其他的过渡词或短语是：

首先、其次、接下来、一……就、之后、然后、最后、与此同时、在……期间、在……时候、到那时、在……之前

小试身手　使用时间顺序

注：按照时间顺序，把下列句子按照正确的顺序排列。从主题句开始，每句话用1到4编号。

A.

__2__ 10月22日，肯尼迪总统揭露了这一情况。

__1__ 1962年秋天，苏联开始在古巴建立导弹基地，这些武器可以轻而易举地打击美国。

__3__ 六天后，美国建立了一道海上屏障，以阻止更多的军事装备运送，肯尼迪和苏联领导人赫鲁晓夫解决了危机。

__4__ 11月2日，总统向美国人保证，古巴导弹危机已经结束。

B.

__3__ 明朝（1368—1644），长城的建造完成。

__2__ 公元前210年，这些部分被统一为第一个主要部分。

__1__ 中国长城的最早部分建于公元前4世纪。

__4__ 今天，两个主要的游客中心为游客提供了参观这一人造奇迹的途径。

提高效率的秘诀

许多教科书通过使用黑体或斜体来表示关键术语，帮助读者提高阅读效率。定义通常出现在关键术语出现的句子中。有时，这些关键的术语和定义也重复出现在边栏处，使得学生在考试前能够高效地复习。

定义

每个学科都有自己的专业词汇。入门教科书的主要目的之一是向学生介绍这种新语言。因此，定义是大多数入门级文本中常用的模式。

假设你要为不熟悉“喜剧演员”这个术语的人下定义。首先你可能会说，喜剧演员是一个负责搞笑的艺人。然后你可以把喜剧演员和其他类型的艺人区分开来，如喜剧演员是讲笑话和逗别人笑的艺人。最后，你可能借助举例子的方法提到几位著名喜剧演员的名字。尽管你也许非正式地提出了这个词的定义，它也应当遵循标准的、经典的模式。定义的第一部分告诉你，这个术语属于什么类别或群体（艺人）。第二部分告诉你，是什么将这个术语与同一类或类别中的其他术语区分开来。第三部分包括进一步的解释、特点、示例或应用。

这里有两个额外的例子：

术语	一般类别	区别特征
Stress（压力）	生理反应	对感知到的威胁的反应
Mutant（突变体）	有机体	携带的基因发生了变化

你可以将定义模式像下面这样绘图：

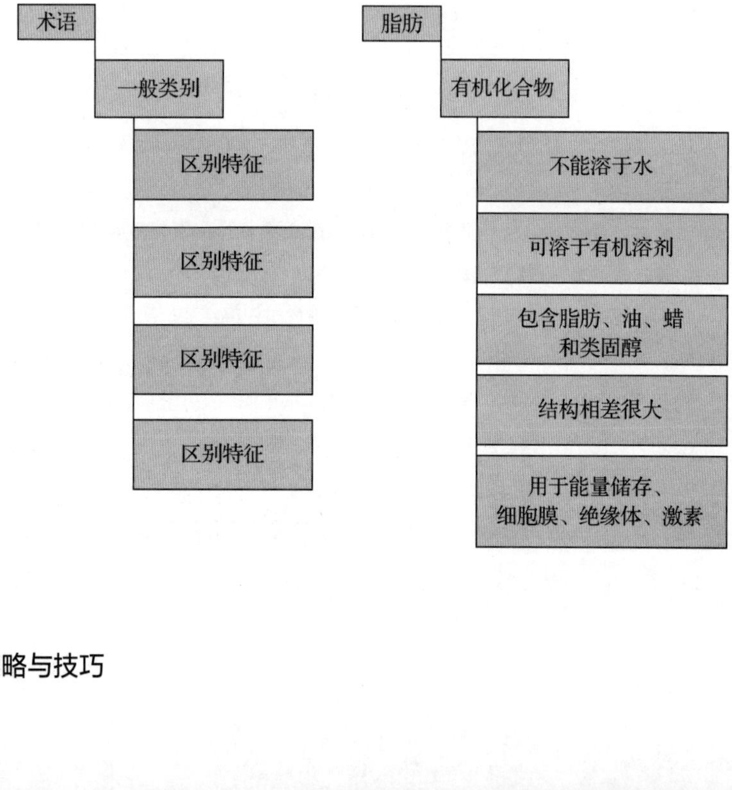

在下面的摘录中，作者定义了脂肪：

> 脂肪是一组不同的富含能量的有机化合物，其主要特征是不溶于水。然而，它们可溶解在各种有机溶剂中，如乙醚、氯仿和苯。它们包含脂肪、油、蜡和类固醇。它们的结构差别很大，被用作能量储存分子（尤其是在动物体内）、细胞膜的组成部分、神经系统的绝缘体和激素——仅举几例。下面我们将重点讨论两种主要的脂肪。

在这一段中，脂肪的一般分类是“有机化合物”。它们的特点是不溶于水，但溶于有机溶剂。这一段的其余部分举出例子，并且解释了它们的结构与用法。

定义模式的过渡词或短语

裙带关系是……

古典条件反射指的是……

加速度可以定义为……

移情的意思是……

其他的过渡词或短语是：

由……组成、……是一个……的术语、涉及、被称为、具有……的特征、也就是说、在……时候发生、在……时候存在、是那些……、必需、对应、字面上的意思是……

小试身手　分析定义模式

注：阅读下面的摘录文章，回答之后的问题。

林农轮作

美洲、非洲、东南亚及印度尼西亚偏远的热带低地和丘陵地区的原住民实行一种被称为**林农轮作**的农业制度。从本质上讲，这是一种土地轮作制度。农民们使用砍刀或其他带刃的工具，从一小块土地上砍下矮树丛，然后把树干周围的树皮完全割掉，杀死树木。在枯死的植物干枯后，农民们点燃它，以清理土地。这些清理技术使林农轮作被称为“刀耕火种”式农业。随后，农民们用挖土棍或锄头在空地上种植各种作物，有美洲印第安人种植的玉米、豆类、香蕉和木薯，也有东南亚山地部落种植的山药和不灌溉的水稻。不同的作物通常种植在同一块空地上，这种做法被称为**中耕**。这使得更高、更强壮的作物能够为更低、更脆弱的作物遮挡热带暴雨，并揭示了许多个世纪以来不断变换的庄稼人所获得的丰富知识和经验。在收获季节之前，农民对植物的照料相对较少，也不施肥。农民们在同样的空地上重复种植和收获的周期，可能要 4 ～ 5 年，直到土壤失去大部分肥力。然后这些地区被遗弃，农民们准备新的空地来取代它们。废弃的土地要闲置 10 ～ 20 年，然后再进行开垦和耕种。林农轮作是**自给农业**的一种形式，即主要为家庭和当地社区而不是市场生产粮食。

1. 用你自己的话，为段落中的三个术语分别写一个定义（见黑体字）。

   林农轮作是农民烧荒并种植多种作物的一种耕作制度。中耕是在同一地区种几种作物的做法。自给农业是一种为即时消费而非销售而种植粮食的过程。

2. 对于每一个定义，请按照文中给出的一般类别和不同的特征进行识别。

   类别：制度

   特征：烧荒并种植农作物

   类别：做法

   特征：将几种农作物种在一起

   类别：过程

   特征：为即时消费而种植粮食

3. 给文章中使用的过渡词添加下划线。

分类

如果让你描述网站的类型，你可能提到信息型、商业型、个人型，诸如此类。将一个广泛的主题划分为主要类别，你就在应用一种称为分类的模式。

这种模式在许多学科和领域中得到了广泛应用。例如，心理学文本可能通过将人类的需求分为两类来解释：主要的和次要的。在化学产业中，各种化合物可能根据共同的特征进行分组和讨论，比如氢或氧的存在。分类模式根据共同的或共有的特征将主题分成若干部分。

你可以像下面这样，将分类模式视觉化：

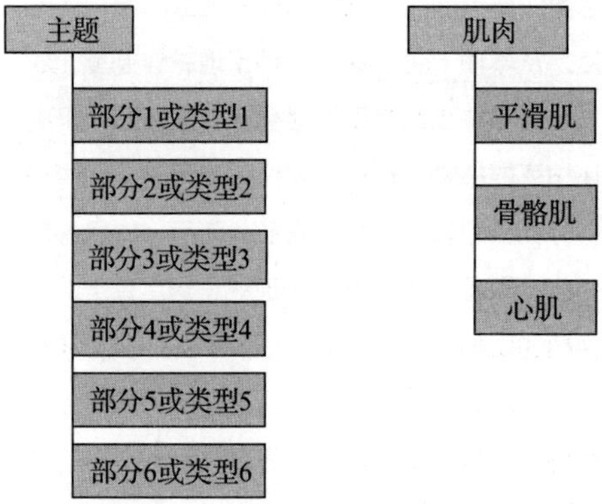

阅读下面这个段落，观察作者是如何将肌肉分类的：

人体的肌肉类型

> 根据肌肉的结构和激活它们的神经，人体肌肉可以分为三组。平滑肌存在于许多内部结构中，如消化道壁，一些血管周围，以及某些内部器官中。心肌位于心脏的壁内。这两者都是无意识的，因为它们在没有意识控制的情况下运作。这样你就不必彻夜不眠，让你的心脏继续跳动。有一些有趣的证据表明，在一定程度上，“非自愿”反应可以被自愿控制……骨骼肌是随意肌。

这个段落将肌肉分为三类：平滑肌、心肌和骨骼肌。分类的依据是肌肉的结构和激活它们的神经。

> **分类模式的过渡词或短语**
>
> 骨头有几种类型……
>
> S 型公司由……组成
>
> 另一种记忆是……
>
> 社会可以分为……
>
> **其他的过渡词 / 短语是：**
>
> 包含、一种类型、第二个类别、另一组、几个种类、各种、分类、类别

比较—对比

通常，作者会通过展示某个物体或观点与某个熟悉的物体或观点的相似之处或不同之处来解释前者，特别是当它对读者来说是陌生的时候。另一些时候，作者的目的可能是展示两个观点、地点、物体或人是如何相似或不同的。在上述情况下，作者通常使用一种叫作比较—对比的模式。这种模式强调两个或多个项目之间的相似或不同之处。它有几种变体：一个段落可能只关注相似点，也可能只关注不同点，或两者都关注。比较模式可以采用图表来显示。

> **提高灵活性秘诀**
>
> 虽然顺序、定义和分类模式主要是描述性的，但比较—对比模式通常表明阅读更具分析性，因此更有可能需要得到密切关注并且放慢阅读速度。

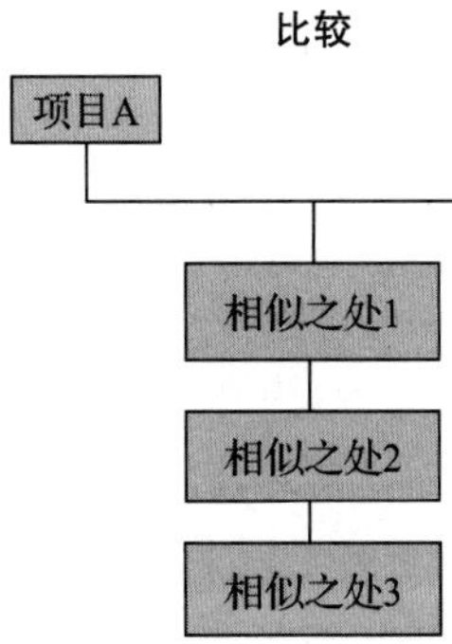

对于那些侧重于不同之处的阅读材料，你可以使用类似下面这样的图：

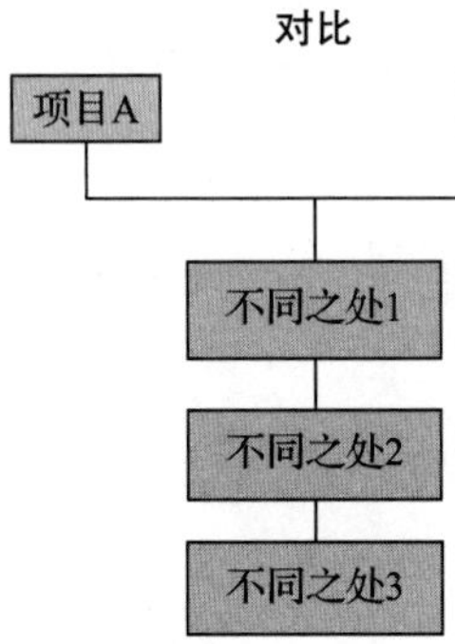

以下段落对比了两种咨询团体：理事会和委员会。

> 理事会和委员会是在许多不同类型的社会中成立的咨询团体。我们简要地提到了沙万特人、德顿人和卡什盖人之间的理事会。他们在公共场合聚会，通常由非正式任命的长者组成。委员会不同于理事会，他们是私下开会。此外，理事会是典型的简单政治组织，而委员会更具国家的特点。但这两种团体可以并且经常共存于同一政治组织中。在这种情况下，理事会高于委员会，委员会的任务和权力由理事会授予。
>
> 理事会往往是寻求共识的机构，而委员会更有可能通过投票达成协议（尽管两种机构都可以通过两种方式达成决策）。寻求共识是典型的小社会团体，其成员有频繁的个人互动。一旦某个理事会或委员会的成员增加到50个以上，就不再可能通过协商一致做出决策。投票是典型的大型团体决策方式，其成员在日常生活中彼此不太见面，他们的主要效忠对象不是其他团体成员，而是理事会或委员会以外的人（可能多达数百万人）。事实上，成员们可能代表这些外部人士，就像美国国会一样。

这段文章的模式可以用下图来表现。

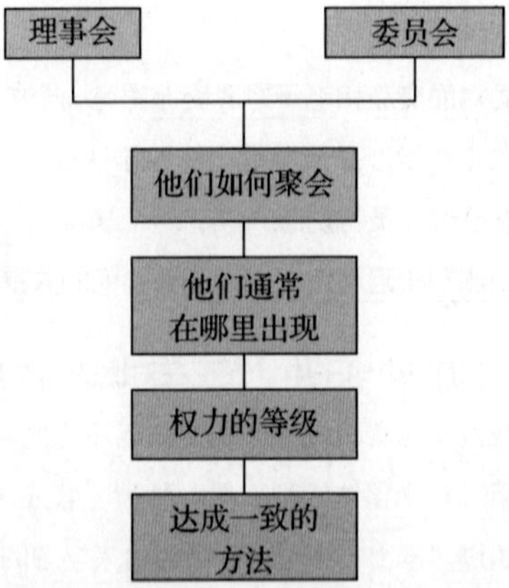

如要寻找两者的相同点和不同点，首先要确定是什么与什么进行比较或对比，接下来确定是否存在相似点、不同点，或两者兼而有之。通常情况下，题目、标题或主题句会表达所讨论的项目或观点之间的基本关系。如果主题句是这样表述的：“区分失忆症和遗忘是很重要的”，就表明这段话主要关注的是两者的区别。而“经济发展的两个兼容建议”这样的标题强调了相似之处。最后，确定比较—对比到底是作者的中心目的，还是仅仅作为支持主要观点的一种手段。

比较—对比的过渡词或短语

比较	对比
福克纳和威廉姆斯两人都……	与主要小组不同的是，次要小组……
共同的价值观、行为准则及伦理道德	在……上，动力与需求是不同的

其他的过渡词或短语是

比较	以同样的方式、比较之下、为进行比较、类似地、同样、相应地、同样地、也、像
对比	相反、与之相反、尽管、即使、同样地、不过、另一方面、与……截然相反、然而

小试身手　分析比较模式

注：下面每个句子中，在正在比较的两个项的下面画线。

1. 人类是由许多复杂系统组成的复杂有机体。然而，人类与灵长类动物如大猩猩和新世界猴有一些共同的特征。

2. 教育专业的学生需要了解人的行为，以便成为有洞察力的教师。社会学和心理学课程将提供坚实的基础，因为这两门学科都研究人们在特定情况下的行为。
3. 面对面交流和电子方式交流都有一个共同的目标——信息的传递。
4. 微生物学涉及范围很广的科学课题。其中免疫学和病毒学是研究传染病的医学研究人员特别感兴趣的两个学科。
5. 阻燃剂和阻燃织物都为穿着它们的人提供一定程度的保护。

小试身手　分析对比模式

注：下面每个句子中，在正在对比的两个项的下面画线。

1. 教育工作者教授阅读的方法各不相同。一种方法是全语言，它对读写能力应用了一个整体模型。另一种被一些人认为过时的方法是自然读音法，孩子们通过“读出”字母或字母组合来学习阅读。
2. 许多人误用了性和性别这两个常用术语。性是指男性和女性这两种主要的分类，人类和大多数生物都是根据其生殖功能来划分的。性别通常是指社会和文化差异，而不是生理差异。
3. 悬疑小说有很多种类型。最温和的是舒适的书，这些书通常以一个乡村为背景，包含了一群吸引人的古怪人物。最黑暗的是黑色电影，通常以精神变态者和黑社会犯罪分子为主角。
4. 大多数科学家相信达尔文进化论。然而，科学界有些人同情神创论的观点，并希望将这两种理论融合在一起。
5. 许多演员认为舞台表演比电影表演需要更多的整体技巧。在电影制作中，演员可能会犯一个又一个错误，知道场景会反复拍摄，直到合适为止，而舞台表演需要更多的注意力和准备，因为不可能重拍。

原因—结果

因果模式描述或讨论由另一个事件或行动引起的事件或行动。因果模式描述了四种可能的关系：

1. **单一原因—单一结果。**一个原因造成一个结果。

示例：忽略一个关键命令将导致计算机程序失败。

2. **单一原因—多个结果。**一个事件产生了几个结果。

示例：通货膨胀的影响包括实际收入减少、价格上涨和利率上升。

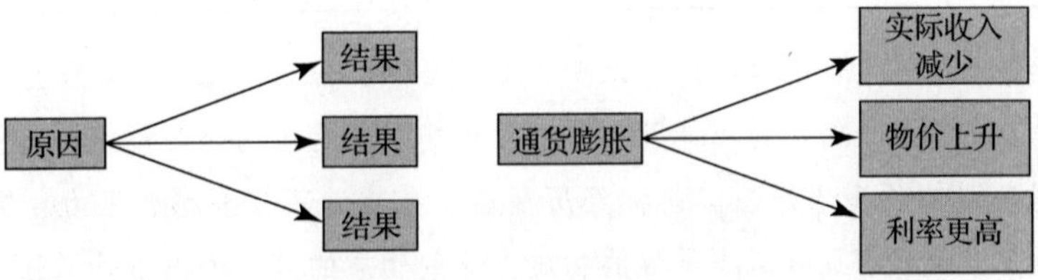

3. **多个原因—单一结果**。几个事件共同作用，产生单一的结果。

示例：按时上课，认真阅读作业，做好课堂笔记，这些都会让你在考试中取得好成绩。

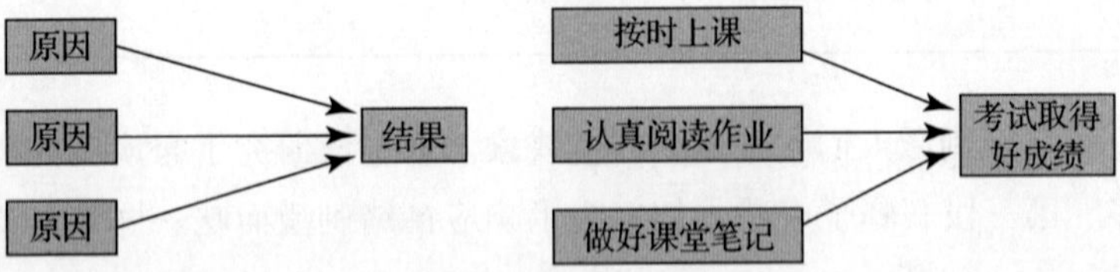

4. **多个原因—多个结果**。几个事件共同作用，产生多个结果。

示例：因为你错过了公共汽车，没有坐别人的便车，你错过了第一节课，也没有在图书馆停下来。

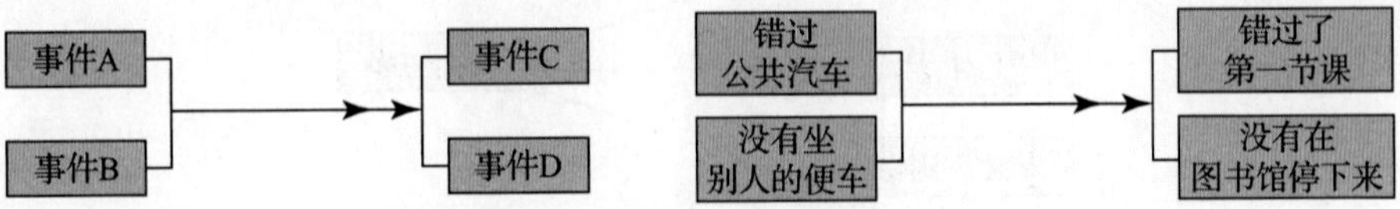

阅读以下节选内容，确定它例证了哪种类型的因果关系。

肥胖的外部因素

外部线索理论认为，环境线索促使我们吃东西。这意味着，我们不是依赖内在的身体饥饿线索，而是对视觉、颜色、食物的可获得性或一天中我们确定的吃饭时间做出反应。更复杂的是，食物是全天候供应的——在家里，在工作单位，在餐馆和杂货店（一些餐馆甚至送货上门）。

其他可能影响人们对食物态度的因素是单个家庭对食物的看法。有些家庭是“以食物为中心”的，意味着往往在吃饭时吃得过多，吃得很快，零食也吃得过多，即使不饿也吃，或只要是盘子里的东西都吃光。不知不觉中，家人们可能作为相互依赖者参与了暴饮暴食的练习，并且使得一个人的饮食习惯失控。孩子们吃得过多，可能是模仿父母吃得过多。在给定的时间间隔内，肥胖儿童往往比非肥胖儿童吃得多，而且咀嚼食物的力度也更小。一些父母宣扬“光盘行动”，他们赞扬孩子吃光盘子里所有的食物，以表示感谢有足够的食物可以吃。

有些人吃东西是为了应对压力、无聊、不安全感、焦虑、孤独，或作为做好事的奖励。用食物来安慰孩子的父母可能开创了一种影响孩子终生的行为模式。有些人把食物作为对心理刺激的不适当反应。当你经历痛苦、焦虑、不安全感、压力、觉醒或兴奋时，大脑会产生缓解疼痛和减少觉醒的物质。这些物质的另一个作用是增强食欲，减少活动。在某些情况下，进食可能是对所有这些刺激的一种适当反应，但是利用这些刺激来暴饮暴食的人，会制造一系列与他暴饮暴食相关的全新的情绪问题。他们可能陷入一个恶性循环——抑郁导致暴饮暴食，反之亦然。

第一段讨论了可能刺激人们吃东西的环境线索。第二段研究了家人对食物的理解可能怎样导致吃得过多。第三段解释了有些人如何为了响应情绪刺激而吃。这篇文章的组织模式可以用图表示如下。

肥胖中的外部因素

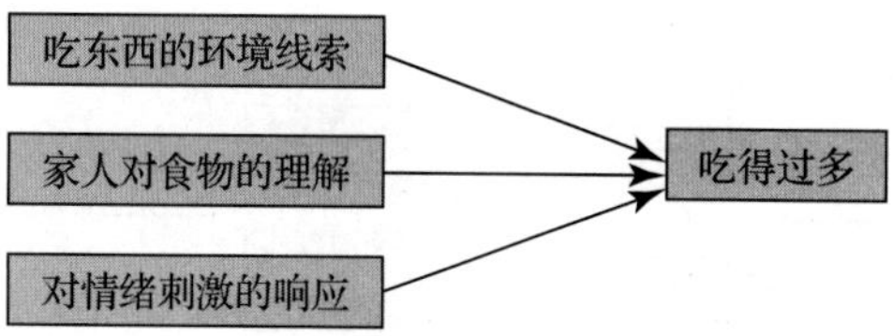

当阅读材料按因果关系组织时，要密切关注主题句。它通常在整个段落中详细陈述因果关系。你读这段话的时候，要找到具体的原因和具体的结果，确定原因和结果之间的联系：为什么某个特定的事件或行动会发生呢？结果呢？

原因—结果过渡词或短语

过度紧张导致……

拿破仑在滑铁卢战败，因此……

利率的提高致使……

仇恨滋生……

另一些过渡词或短语是：

因此、这样、出于这个原因、由于、导致、制造、产生、源于、因为、所以、缘于、于是

小试身手　辨别原因和结果

注：在下面的每一段中，圈出原因并在结果下面画线。

1. 研究表明，精神疾病的致病原因多种多样，但这些原因尚未被完全了解。一些精神障碍是由于疾病或受伤造成的大脑的物理变化。大脑中的化学物质失衡可能会导致其他精神疾病。环境条件也会影响一个人的精神状态。这些情况包括不愉快的童年经历和严重的情绪压力。
2. 许多地区的失业率很高。不幸的是，广泛的失业影响的不仅仅是家庭收入水平，还导致家庭关系紧张甚至家庭暴力频率上升。事实上，一些社区的所有犯罪都在增加。丧失自尊和希望是失业对个人造成的伤害。
3. 政府领导人需要更认真地审视我们的暴力犯罪率上升的真正原因。他们将会发现，原因之一是人们生活在贫困中，拼命地努力生存。再加上猖獗的吸毒行为，导致出现团伙暴力活动。此外，预算的削减减少了警力，并取消了旨在保障社区安全的特别警察项目。
4. 地球总是以这样或那样的方式运动。当有火山活动时，就会发生地震。此外，地壳板块沿着断层移动会使我们脚下的地面震动。大多数地震无法被人感觉到，但可以通过位于全球地震中心的敏感设备进行测量。

枚举或简单列举

枚举模式是对信息的列举。命名或列出的项目的顺序并不重要。

列举模式可以采用以下方式进行图示。

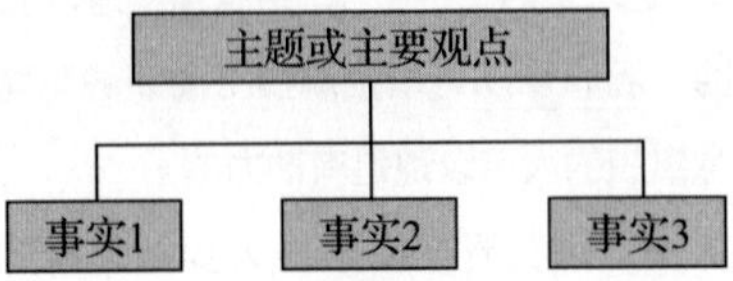

> 社交网络有几个重要功能。首先，许多决定和偏好受到朋友、家人和同事的影响。网络也是信息和建议的主要来源，无论是寻找住所的移民，找暑期工作的学生，还是搜索好的日托中心的家长。网络也可以为个人提供陪伴。

这个关于社交网络的段落可以这样来画图：

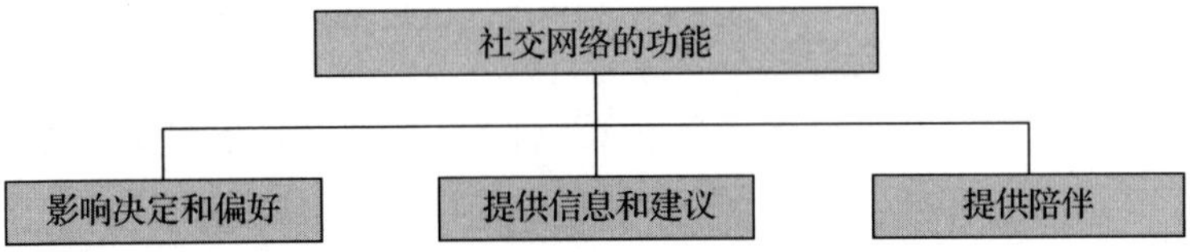

枚举模式的过渡词或短语

……的几个特征是……

家庭的一个特点是……

政府服务于下列功能……

枚举模式的其他过渡词或短语是：

首先、第二、第三、最后、数字（1.2.3.)、字母（a.b.c.)、另一、还、也、最后

小试身手　识别枚举

注：下面每一段都列出了信息。圈出主题，并在列举的每一项下添加下划线。

1. 听众喜欢采用个人风格而不是非个人风格交流的演讲者，喜欢和他们交谈而不是对着他们说话。有几种方法可以培养个人风格。首先，使用人称代词，如“我”“他”“她”和“你”，这将建立起与听众之间的桥梁。使用人称代词比使用非人称表达更好，比如“让人们相信的一件事……”此外，试着通过提问让听众参与进来。当你直接向听众提问时，他们会觉得自己是公众演讲体验的一部分。你还应当试着与你的听众建立一种直接的联系。你可以用很多方法来做到这一点，比如使用个人例子、赞美听众，或提到你们之间的共同之处。
2. 在工作环境中，动机可以通过四个指标来评估。第一，敬业度反映了每个员工对工作的精力、热情和努力程度。如果你“就是不感兴趣”，很可能无法发挥出最好的水平。第二，满意度表明员工对工作经验和公司对待他们的方式有多么满意。第三，奉献精神意味着员工对公司及其使命的支持程度。第四，离职意向可以预测员工离职的可能性。一个积极投入、满意、忠诚、无意离职的人可以说是有动力的。
3. 初任老师在开学的第一天要做大量的准备工作。创造一个有利于学习的课堂氛围是这种准备的最重要因素之一。新老师应该首先查阅有关课堂环境的资源，比如书和文章。毕竟，其他老师已经创造了美妙的空间！然后，测量并画出你的教室，这样就可以开始制订真正的计划了。只要你把想法写在纸上了，就要将它们付诸行动。在开学前几周安排好你的教室，以防需要调整。最后，也是最重要的一点，一旦学生到来，你就要对变化保持开放的心态。你可能会发现，当房间里挤满人的时候，你的设计表现会不一样！

混合模式

许多文章包含结合了一种或多种组织模式的部分和段落。例如，在列出一个新研发的计算机程序的特征时，作者可以将它与

现有的类似程序进行比较，以便解释它。在描述某个事件或流程时，作者也可以包含事件发生的原因，或解释为什么某一流程中的步骤必须按照规定的顺序执行。

阅读以下关于跟踪的段落，并确定使用的两种模式。

> 跟踪在不同的州有不同的定义。一个典型的定义是“故意、恶意、反复尾随和骚扰他人”。然而，三个州包含“埋伏等待”，三个州包含“监视”。许多州要求有一种行为模式，有些州还要求受害者对自己的安全有一种“合理的”害怕。得克萨斯州要求在通知执法官员之后，受害者继续被跟踪。由国家司法研究所提出的跟踪的示范定义如下：“针对特定人的行为过程，包括反复的视觉接触或身体上的接近，非自愿的交流，或口头、书面或暗示的威胁，或导致理性的人恐惧的一系列组合。”根据这一定义，一项对8000名男性和8000名女性进行的全国性调查估计，每12名美国女性和45名美国男性中就有一人被跟踪过。

在这个段落中，作者定义了跟踪这个术语。然而，正如段落的主题句（第一句）所述的那样，他也考虑到了“跟踪行为在不同州有着不同的定义”。具体来说，作者比较了包括得克萨斯州在内的各州在定义中的要求，并且引用了美国国家司法研究所的一个示范定义。因此，在段落中使用了两种模式，即定义和比较—对比。

当阅读采用混合模式写作的材料时，可专注于其中的一个模式，并用它来指导你的阅读。在可能的情况下，选择最主要或最明显的模式。然而，无论你选择哪种模式，它都有助于组织作者的思想，使读者更容易回忆起来。

因为在混合模式中明显不止一种模式，因此你也可以预料，过渡词或短语也将混合或组合使用。

学习风格秘诀

如果你倾向于是一位……	那么，通过以下方法识别思维模式：
空间型学习者	为文章中的观点画一张图表。
语言型学习者	列出文章的提纲。

小试身手　分析模式

注：阅读下列摘录并回答之后的问题。

宗教的特征

宗教往往具有六个共同的特征。

所有的宗教都有某种历史，通常以神圣的故事或神话的形式讲述，作为其人民的实践和信仰的基础。在日常生活中，我们倾向于用“神话”这个词来表示不真实的故事。然而，在宗教研究中，“神话”并没有负面含义——它只是指一个解释世界的故事。你可能熟悉《圣经》或希腊罗马神话中的创世神话，它们解释了世界是如何形成的。宗教倾向于依靠神话以叙事的方式来教育和解释这个世界——一个告诉我们曾经在哪里的故事，这样一来，我们就可以猜测我们将要去哪里。

宗教往往还发展教义。所谓教义，是指一套指导人们理解或行动的原则。

宗教的第三个重要方面是它独特的仪式，帮助人们定义传统的生活。佛教徒也许会定期在佛像前摆放水果，而道士可能会在祠堂前烧香或练习太极来丰富自己的内心世界。学者们对仪式进行了广泛的研究，展示了仪式如何在时间和空间上将人们联系在一起，同时也将他们与其精神世界联系在一起。

宗教还依靠共同的经历和情感来支持信仰者，无论是在好时光还是艰难时刻。这些可能包括支持生命中重大事件的仪式——出生、婚礼和死亡，但也包括日常的经历，比如吃饭。以这种方式，情感和经历与宗教实践交织在了一起。你可以想象这是怎么发生的：父母或孩子的死亡是一种痛苦、令人衰弱的经历。几千年来，世界各地的宗教传统帮助了人们理解并应对他们无法控制的力量。

此外，宗教往往是从世界其他地方出发的，这样它们就变得神圣了。这些地方可能是山、建筑物或洞穴。例如，印度教的信徒也许朝拜供奉着多个神和女神的寺庙。同样，印第安人可能会在他们祖父居住的土地上找到精神力量，而一位道教的信徒也许会搬到某座大山里。类似这样的空间，可以是创造出来或经探索发现的，有的朴实无华，有的宏伟壮观。

并不是所有的宗教都有伦理或道德准则，但大多数宗教传统都有适用于个人和社会场合的行为准则。一些传统会自觉地适应不断变化的世界，而另一些则寻求减缓变化的速度，并世世代代保留道德和伦理准则。在许多情况下，信徒认为某种行为准则有庄严的或神圣的来源。然而，另一些人则强调道德规范的人类发展。

1. 这段摘录有哪些明显的模式？你认为哪一种占主导地位？

   枚举或分类模式占主导地位，但这段摘录还包括定义和比较—对比。

2. 在暗示这些模式的过渡词下面画线。
3. 试为这段摘录画一张图。
4. 用你的话解释一下宗教的六个特征。

   宗教共有六个特征：创世神话、教义、仪式、共同的经历和情感、神圣的空间，以及（通常）一套伦理或道德准则。

小试身手　识别组织模式

注：阅读下面的每个段落，找出主要的组织模式。从以下模式中选择：时间顺序、定义、分类、比较—对比、原因—结果和枚举。

1. 爱利克·埃里克森（Erik Erikson，1902—1994）深受弗洛伊德的影响。然而，因为他修改了弗洛伊德的理论，人们通常称他为“新弗洛伊德主义者”。弗洛伊德强调本我的驱动力；埃里克森主要关注的是更“理性”的自我世界。埃里克森认为，自我发展要经历八个社会心理阶段，这八个阶段包括我们如何应对生活中不断变化的需求。弗洛伊德关注童年；埃里克森提出的心理阶段持续到老年。因此，埃里克森认为，我们要用一生来塑造人格，而不仅仅在童年时期塑造。

模式：比较—对比

2. 国际移民的影响甚至比数字显示的还要大。移民往往受到带有忧虑的欢迎，在许多的接收国，移民已成为一个爆炸性的政治问题。这有几个原因。第一，官方统计数据大大低估了实际数字——无证移民在各地都在增加。第二，移民通常处于生育高峰期。因此，他们在富裕目标国家的总人口增长中扮演着越来越重要的角色。第三，移民定居点一般集中在一个国家的少数几个地方。这常常增加了移民的知名度，增大了其对文化差异的感知。

模式：枚举

3. 印刷术和造纸术都是从中国传入欧洲的。9 世纪，中国人开始印刷图画；到了 11 世纪，他们发明了活字印刷术（但很少使用）。印刷术在 15 世纪的欧洲得到发展，首先是为了满足对廉价的宗教圣像和扑克牌的需求，然后是为了用新的欧洲活字印刷插图书。自 15 世纪以来，版画艺术一直与图书插图密切相关。

模式：时间顺序

4. 我们通常将在天空中看到的星星图案称为星座。然而，在天文学中，星座这个术语指的是天空中的一个区域。天空中你指向的任何地方都属于某个星座。熟悉的恒星模式仅仅有助于定位特定的星座。例如，猎户座包括所有熟悉的猎人模式的恒星，以及这些恒星被发现的天空区域。

模式：定义

5. 郊区的发展是对几种社会力量的反应。环绕城市外围的多车道高速公路刺激了城市边缘郊区的发展。现在，郊区居民不必从郊区到中心城市去工作、购物、看医生或看电影了，他们可以沿着郊区的外围地带开车，从这个社区到那个社区，获得同样的服务。另一个因素是工作的分散。更快的交通和通信促使制造业工厂和配送中心从城市中心地带搬迁到城市的外圈，也就是郊区。还有一个因素是城市中心的老龄化。许多城市的中心区域的设施都已经破旧或过时了。停车既昂贵又不方便，建筑物又脏又破。相比之下，郊区的购物中心和工业中心通常有明亮的新设施和充足的停车场。

模式：原因—结果

认知深化　复习模式和过渡词

模式	特点	过渡词
时间顺序	描述事件、流程、程序	首先、其次、随后、在……之前、接下来、一……就、在……之后、然后、最后、与此同时、紧随其后、在……期间、在……时候、直到……、在（日期、年份等）
定义	解释一个单词或短语的意思	是、指的是、可被定义为……、意思是、由……组成、……是一个……的术语、涉及、被称为、具有……的特征、也就是说、在……时候发生、在……时候存在、是那些……、包括、相当于、字面上的意思是……
分类	根据共同特征将主题分成若干部分	归类为、包含、由……组成、几个种类、一种类型、第二个类别、另一组、各种、分类、类别
比较—对比	讨论观点、理论、概念、物体或人之间的相似之处与不同之处	相似之处：两者都、还、同样地、像、同样、也、相像、相应地、以同样的方式……、比较之下、为进行比较、共同地 不同之处：不同于、与……不同、相反、与之相反、另一方面、而是、尽管、即使、虽然、与……截然相反
原因—结果	描述一个或多个事物如何引起另一个事物，或怎样与另一个事物相关	原因：因为、由于、源于、一个原因是、导致、制造、产生、由于、滋生、出于这个原因 结果：结果、因此、一个结果是、所以、这么一来
枚举或简单列举	项的命名或列出的顺序并不重要	下列、几个、一个、另一个、还、也、第一、第二、数字（1.2.）字母（a.b.）

其他有用的组织模式

上一节中介绍的模式是最常见的。前述“认知深化”专栏中的“复习模式和过渡词”简要地回顾了这些模式及其对应的过渡词。然而，作者并不局限于这六种模式。你会在下面“需要了解”的“额外的模式和过渡词”中发现一个或多个模式。下面是对这些额外的模式的简要回顾。

模式	特点	过渡词
陈述与澄清	表示在主题句后面插入解释观点或概念的信息	事实上、换句话说、显然、明显地、很明显
总结	表示将给出一个观点或一篇文章浓缩的回顾	总之、最后、简单地讲、概括起来、总体而言、简而言之、从整体看
概括与示例	提供澄清某个宽泛的、总的陈述的示例	例如、比如、也就是说、为了说明……、如此一来
补充	提供一些例子来阐明宽泛的、一般的陈述	此外、又、还、除此之外、进一步讲
空间顺序或地点	描述物理地点或空间的位置	在……之上、在……之下、在……旁边、紧挨着、在……之前、在……之后、在……之内、在……之外、在……对面、内部、附近

认知深化　额外的模式和过渡词

陈述与澄清

许多作者会先陈述事实，然后对其进行澄清或解释。例如，作者可能在一个段落的开头这样说："对你最好的教育，不一定对别人也最好。"这个段落的其余部分将讨论这一陈述，解释教育需求如何因人而异，而且要以他的才能、技能和目标为基础来进行教育，以这种方式阐明开头这句陈述的含义。与此模式相关的过渡词列举在上面的"认知深化"专栏中。

以下是一个示例段落。注意，作者在第一句话中陈述了一个观点，然后在整个段落的剩余部分进行了解释。也请注意突出显示的过渡短语。

> 贫穷国家的性别比例并没有显示出一致的模式。在一些贫穷国家，男性人数超过女性，但在另一些国家，例如非洲热带地区，女性人数超过男性。事实上，性别比例的变化只能用国家经济和文化因素的结合来解释。在北美、欧洲和日本，女性可能遭受多种歧视，但在获得医疗保健方面，她们一般不会受到歧视。

总结

总结是一种浓缩的陈述，它提供了一个更大的观点或一篇文章的要点。作者通常会总结他们说过的或别人说过的话。例如，在教科书中，作者不会要求你阅读整篇研究报告，而是总结研究的成果。另一些时候，作者可能会以浓缩的形式重复他说过的话，作为强调或澄清的一种方式。与这一模式相关的过渡词列举在"认知深化"专栏"额外的模式和过渡词"

> **提高效率秘诀**
>
> 总结的段落通常位于一篇文章或教科书章节的最后一段。这是一个提醒，告诉你到目前为止你应当学到什么，因此这是一种很好的学习辅助。如果你对总结的某个部分不熟悉，那么在继续读下去之前，要先回到阅读材料中进行澄清。

之中。

以下是作者总结杂志行业变化的一个段落。请注意，他从一个观点转到了另一个观点，却没有对每个观点进行详细的解释。

> 总之，杂志行业正在适应电子多媒体信息和娱乐的新世界，其格式将与我们熟悉的格式截然不同。计算机辅助的出版已经成为杂志行业的标准，其用途已经不局限于制作时事通讯和其他专业出版物。大多数普通杂志已经严重依赖台式电脑，与其他电子设备相互作用，以生产高质量的、充满图像的产品。

概括和示例

示例是解释不熟悉或未知事物的最好方法之一。示例是说明某个概念或观点的具体实例或情况。作者通常会提出一个概括性的陈述或概括，然后通过举例来解释，使其意义清楚。在一本关于社会问题的著作中，你可能会发现这样的概括：员工盗窃电脑的行为正在增加。接下来的内容也许会继续提供一些来自特定公司的例子，在这些公司中，员工将虚假信息插入公司的计算机程序中，然后窃取公司的资金。

在下面关于梦的段落中，作者一般性地陈述了梦的相关信息，然后给出例子来解释他的陈述。

> 不同的文化对梦的重视程度不同，对梦的信仰也不同。例如，许多美国人认为梦是无关紧要的幻想，与日常生活毫无关系。相比之下，其他文化背景的人则把梦看作关于未来、精神世界和做梦者的关键信息来源。这种文化背景可以影响回忆梦的可能性。在许多现代西方文化中，人们很少会在醒来时记得自己做过的梦。然而，南美的帕林廷廷（Parintintin）人通常每天晚上都会做几个梦，而马来西亚的塞诺伊（Senoi）人则会在早上与家人讨论他们的梦。

补充

作者往往会介绍一个观点或做出一句陈述，然后提供关于这个观点或陈述的补充信息。例如，一篇文章可能介绍在家上学的概念，然后提供关于其好处的更深入信息。这种模式通常用于扩展、详述或更详细地讨论某个观点。

在下面这个关于病原体的段落中，作者使用了补充模式。

> 一些病原体“致病生物体”会自然地进化和突变。此外，没有完整地完成抗生素治疗的病人会使得耐药病原体大量繁殖。在动物饲料中使用抗生素，食品加工过程中在水果和蔬菜上喷洒抗生素，都增大了耐药微生物进化和繁殖的机会。而且，有证据表明，破坏地球自然栖息地可能引发新病原体的进化。

空间顺序或位置

空间顺序与空间中的物理位置或地点有关。空间顺序会在那些物理描述十分重要的学科或领域中得到使用。摄影类图书可以使用空间顺序描述相机的各个部分。汽车技术类图书可以使用空间顺序来描述盘式制动器的运行。这里有一个示例的段落，作者在描述血液循环时使用了空间顺序。

> 肺循环引导血液在心脏和肺之间流动。缺氧的、二氧化碳含量高的血液通过身体组织的两条大静脉（腔静脉）返回，进入右心房，然后进入右心室。从那里，它被泵入肺动脉。肺动脉分为两个分支，每个分支通向一个肺叶。在肺部，动脉经历了广泛的分支，形成了巨大的毛细血管网络。气体交换在毛细血管网络中发生，血液变成富氧的，二氧化碳则被排出。富含氧气的血液会通过肺静脉返回心脏。

小试身手　识别模式

注：对于下面的每句陈述，识别明显的模式。从以下模式中选择：陈述与澄清、总结、概括与示例、补充、空间顺序或位置。

1. 空间顺序或位置　短纤维，也就是树突，在细胞体周围分支出来，而单一的长纤维，也就是轴突，从细胞体内延伸出来。
2. 补充　人们面对一种危及生命的疾病时，往往会否认它的存在。此外，家庭成员也可能参与否认。
3. 陈述与澄清　如果我们的刑事司法系统发挥作用，那么再犯率（也就是出狱后返回监狱的人的百分比）应该会下降。换句话讲，一个成功的系统应当能够减少从监狱释放出来的罪犯成为惯犯的数量。

4. 补充　了解毒品的学生往往会更适度地使用它们。此外，他们倾向于帮助教育他人。
5. 总结　总之，可以肯定地说，女性在工作场所取得了很多进步，但在实现完全的薪酬平等之前还有很长的路要走。
6. 总结　我们刚才讨论的污染物都涉及化学物质；我们可以得出结论，它们威胁着我们的环境和福祉。
7. 空间顺序或位置　在鼓式制动器出口的主缸上装一个残余止回阀，可以维持液压系统上的轻微压力。
8. 陈述与澄清　社会学家研究我们怎样融入社会的性别角色，以及我们对男性和女性的期望态度。事实上，性别角色将一些活动和行为区分为明显的男性行为，而将另一些活动和行为区分为明显的女性行为。
9. 概括与示例　病人经常通过外行的转诊网络来讨论他们的医疗问题。例如，癌症患者可能会访问提供信息和支持的互联网讨论组。

使用过渡词来预测观点

在任何一篇文章中，过渡词都有助于读者发现或澄清观点之间的关系。具体来讲，**过渡词**可以帮助你把握句子之间和句子内部的联系。过渡词使你能够预测接下来的段落内容。例如，如果你一直读下去，看到了用于下结论的短语，你就知道作者很快会给出一个总结。如果你遇到“此外”这个词，就知道作者要提供关于当前主题的额外信息。若是你在句子中间遇到了“结果”这个词，你就知道作者将会解释做某事的后果。

批判性思考：分析因果关系

本章讨论的所有组织模式都为批判地思考提供了机会。因果关系可能特别复杂，而且经常产生误导。考虑以下情况：

> 萨拉通过参加三年而不是四年的暑期课程就获得了学士学位。毕业后，她从来没有做过一份超过三个星期的工作。显然，缩短学习期限不是一个好主意。

在这种情况下，作者假设存在一种因果关系：萨拉之所以无法保住工作，是因为她把自己的学业压缩到了三年。但这种假设也许根本就不正确。萨拉无法保住工作的原因很多，或许是因为她经常迟到，或不能与她的同事相处，又或她在一个糟糕的就业市场与许多更有资格的人竞争。

在推理过程中，一个常见的错误是假定两件事在同一时间发生，一件事导致了另一件事。但事实有时候并非如此。假如你离开家，天开始下雨了。是不是你离开家导致下雨的？当然不是。

有些广告鼓励人们推断错误的因果关系。例如，一则广告也许表现某个幸福之家正在吃某一品牌的早餐麦片。这则广告暗示，如果你买了那个牌子的麦片，也会拥有幸福的家庭。我们要经常分析因果关系，努力寻找证据来证明某个事件或行为实际上就是另一个事件或行为的直接原因。

阅读精选

学生如何迷失在网络空间

史蒂芬·R. 诺尔顿（Steven R. Knowlton）

你准备采取哪种阅读策略

注： 记分卡可以让你计算你的阅读速度。为做到这一点，在你开始阅读之前，一定要在记分卡上记下你开始阅读的时间。

通过预习阅读材料来激活你的思维并回答以下问题。

__d__ 1. 在阅读选本时，你最应该注意哪类信息？

a. 每个学生的个人经历。

b. 每一段中的次要的辅助细节。

c. 互联网相对于图书馆研究的优势。

d. 把这篇文章的建议应用到自己学习上的最佳方法。

__b__ 2. 有效地预习这篇文章可能需要一些时间，因为

a. 文章选题的实用价值有限。

b. 文章有很多段落，没有小标题。

c. 文章没有引用任何受过教育的人的话。

d. 文章附带的照片并不能很好地说明文章的内容。

3. 你在网上找到的所有信息都是可靠和准确的吗？你有没有在网上“迷失”过？

1　今年秋天，当威斯康星大学麦迪逊分校政治学专业的学生亚当·帕西克（Adam Pasick）开始着手撰写毕业论文时，他开始的地方是全美 1400 多万大学生越来越熟悉的地方：不是校园图书馆，而是他的电脑终端。

2　他在网上漫游时，发现了期刊文章、摘要、索引和其他有用的信息。但直到他向自己的教授查尔斯·H. 富兰克林（Charles H. Franklin）寻求帮助，才总算找到了主线索。

3　富兰克林博士让帕西克查阅一项关于政治态度的长期研究的数千页原始数据，这些信息对帕西克来说至关重要，因为他在探究家庭结构如何影响政治思维。

4　富兰克林博士说，包含所有这些数据的网站对政治学者来说不是秘密，但学生很难找到。

5　“如果你在网上搜索，几乎不可能搜到，”他说，“普通大学本科生能否搜到，则是另一个问题。”他承认，对于外行来说，要想找到通向这个网站的路径就更难了。“你在网上缺少的东西之一就是图书馆管理员。”

6　正是这样的困难让许多教育工作者忧心忡忡。他们担心，借助互联网，人们可以轻易获得如此多的信息，以至于学生们认为利用互联网做研究容易得多（其实不然）。但是，互联网上的很多信息并不可靠。因此，教育工作者说，学生们撰写的研究论文都是肤浅的，塞满了数据（其中一些还值得怀疑），很少体现他们的思考。传统的搜索引擎很难找到网络上许多最好的资源，或这些资源的要价十分高昂，而高昂的价格常常由大学承担，大学每年需支付访问数据的费用。

7　21 岁的帕西克来自密歇根州安娜堡。他承认，如果单靠自己的话，他永远也找不到这个网站，更不用说那些数据了。

8　“所有的搜索引擎都是如此不精确，”帕西克说，“每当我试图搜索一些精确的数据时，尽管我有理由肯定它们的确存在，但都会遇到麻烦。”

9　新泽西州理工学院的哲学教授大卫·B. 罗森伯格（David B. Rothenberg）说，自从学生们开始使用网络进行研究以来，他们的论文质量就下降了。

10　他说：“有些奇怪的参考文献并不能很好地联系在一起。给人一种没有多少智慧的感觉。学生们是在编制索引，但没有思考问题。”

11　马里兰洛约拉大学大众传播学教授埃利奥特·金（Elliot King）说，提高学生研究质量的一种方法是坚持让学生更深入地做研究。金教授是在线搜索教材《在线学生》(*The Online Student*) 的作者。

12　他说：“因为信息唾手可得，学生们很快就停止了学习。”他补充说，例如，如果一篇研究论文应当有 15 个资料来源，那么教授应该坚持让学生找到 50 个来源，然后从中选择最好的 15 个。金博士在自己的课堂上布置研究论文的作业时，坚持让学生把他们没有使用过的所有资料连同他们最终选定的资料一同提交。

13　宾夕法尼亚州立大学学术计算中心的首席研究程序员杰拉尔德·M. 桑托罗（Gerald M.

Santoro）说，根据网络信息撰写的学生论文，和网络信息本身一样混乱不堪。

14 他说，人们常常以为互联网是一个图书馆，不过，鉴于可用的搜索引擎的局限性，这个“图书馆”的编目很差。但是，他更喜欢另一个类比。

15 桑托罗博士解释道：“事实上，它就像一个书店。”网站的存在是因为有人希望它们存在，而不是因为任何独立的裁判官认为它们值得被纳入。

16 威廉·米勒博士（William Miller）是佛罗里达大西洋大学图书馆的馆长，也是刚刚卸任的大学与研究图书馆协会主席。他警告说，建立免费的网站，往往是“因为有的人别有用心，或某家公司想要吹嘘自己的产品”。他还说，很多网站的创建者没有及时更新内容，因此网上的许多信息可能会过时。

17 “对于一般人来说，若想知道本周末飞往芝加哥最便宜的航班是哪个，或想知道巴西的天气如何，那么网络是很好的选择。”米勒博士说。但他补充说，其中的很多材料对学者根本没用。

18 然而，尽管网络有其局限性，像金博士这样的教育者仍然认为它是一种“突破图书馆局限性的方法”。

19 一些最有价值的信息来自政府和大学建立的主页。金博士说，有这么一个例子：一名学生进行了一项研究，试图找到公共广播公司削减融资的信息，学院图书馆里的相关图书很少，而且已经过时，但在他的帮助下，这名学生找到了有关公共广播预算的国会听证会的全文。

20 “这位学生的文章不再依赖图书或杂志，”金博士说，“而是获得了图书和杂志引以为据的原始数据。”

21 在网上，学生还可以找到最流行的学术期刊的电子版，这是教师和高年级学生从事研究的支柱。许多大学图书馆现在都订阅了几百种期刊的电子版。然而，米勒博士警告说，尽管这可能是小型文理学院图书馆期刊数量的1/10，但与大型研究型大学订购的期刊数量相比，这只是很小的一部分。大型研究型大学订购的期刊可能超过10万份。他补充道，目前的趋势显然是学术期刊的电子版，但大多数期刊仍不是在线的，而且往往价格昂贵。例如，在线订阅费每年可达数千美元。

22 米勒博士说，这一天肯定会到来，到时候，大部分的学术期刊都在网上。“但你需要从一个已经购买了电子订阅服务的机构那里要么获取一个信用卡号码，要么获取密码。如果缺少其中之一，你就进不去。”他说。

23 当帕西克向富兰克林博士寻求帮助时，这位教授的专长只是成功的必要因素之一。另一个必备因素是威斯康星大学的网站。该大学作为450家研究机构之一，每年为这个网站的访问权支付高达一万美元的费用。

24 有的教育工作者说，即使在一个拥有充分网络资源的机构，也有一些形式的帮助是网络永远无法提供的。

25 桑托罗博士将学术研究描述为一个三步的过程：找到相关信息，评估信息质量，然后使用这些信息。他说：“要么试图总结某件事，要么发现某件事，要么证明某件事，要么争论某件事。”他解释道，即使是最理想的情况，互联网也只是像一个图书馆，只能提供数据。

26　他说，在研究过程中，“互联网主要只对第一步有用，对第二步也有一些用处。到了第三步，它就一点用也没有了。”

阅后评测

检验你的理解

__c__ 1. 根据这篇阅读材料，网络对下面哪种人是有用的？

a. 学者。　　b. 教授。

c. 大学生。　　d. 普通市民。

__a__ 2. 对于下面哪一项，互联网的用处最小？

a. 集中信息来阐述一个观点。　　b. 查找与主题相关的信息。

c. 确定信息来源的可靠性。　　d. 克服你的大学图书馆的限制。

__c__ 3. 亚当·帕西克是在什么时候找到他需要的信息的？

a. 他第一次上网时。　　b. 在图书馆管理员的指引下。

c. 当他向教授求助时。　　d. 当他决定使用纸质期刊而不是互联网时。

__a__ 4. 从教授的角度来看，在网络上进行研究的缺点是

a. 学生们可用的信息太多了，以致没有彻底研究某个问题。

b. 学生们经常从互联网上剽窃他人的研究成果。

c. 学生们无法区分网上可靠的信息和不可靠的信息。

d. 当学生们需要使用图书馆的纸质资源时，会变得不习惯。

__d__ 5. 学生可以预期，借助（　　），可能在某个网页上找到对撰写研究论文最没有价值的信息。

a. 学术出版物　　b. 教育机构或基金会

c. 联邦政府的某个机构　　d. 一个有斧头要磨或有东西要卖的人

批判地思考

__d__ 6. 你启动一个研究项目时，首先应当

a. 选择最有效的搜索引擎。　　b. 浏览网页以获取有用的信息。

c. 直接进入首页。　　d. 向图书馆的管理员寻求帮助。

__d__ 7. 在线订阅的问题在于它们确实存在以下问题：

a. 浪费，因为这些期刊也有纸质版。　　b. 并不是可靠的信息来源。

c. 太难，难以在网站上寻找。　　d. 对许多大学来说太昂贵。

__b__ 8. 以下哪种形式的帮助是网络在未来可能永远不会提供的？

a. 各种各样的搜索引擎。　　b. 筛选信息的可靠性。

c. 广泛的学术期刊。 d. 一种有效的搜索信息的方法。

__c__ 9. 在一篇主要的研究论文中包括互联网和纸质资源的最好理由是

a. 使之具有多样性，这正是它所需要的。 b. 节省研究的时间。

c. 撰写更加详尽的论文。 d. 使之增加乐趣。

__b__ 10. 以下所有的文字都可以作为本文插图的说明文字，除了

a. 互联网更像一个书店而不是图书馆。

b. 网络极大地提高了学生研究论文的质量。

c. 许多对大学生有用的网站在网络搜索中找不到。

d. 最有价值的网站通常是由大学或政府建立的。

计分卡

结束时间：______时______分______秒

开始时间：______时______分______秒

阅读时间：______时______分______秒

每分钟字数（WPM）计分：__________

理解计分：从第 1 题至第 10 题

正确的数目：______×10 = ______%

评估你的阅读策略

1. 你会怎么评价你对这篇阅读文章的理解？（圈出来）

很好　好　一般　差

2. 你认为你的阅读策略有效吗？

有效　无效

3. 假设你要去阅读另一篇《纽约时报》的长篇文章。根据你对本文的经验，你会怎样调整你的阅读策略（如果需要调整的话）？

____

____

阅读理解

1. 亚当·帕西克最终是怎么在互联网上找到他需要的信息的？

他向他的教授寻求帮助，教授引导他去了一个学生们很难找到的网站。

2. 学生在互联网上做研究的主要问题是什么？

很多信息是不可靠的，学生们开始认为研究比实际要容易得多；学生错误地过早停止他们的研究，导致研究不够深入。

3. 一位教授抱怨说，因为“信息唾手可得，学生们在开展研究的时候会停止得太快”。这位教授是如何解决这个问题的？

他要求学生们在确定论文的最佳来源之前，先要查看大量的资料来源，并且在论文中提交他们审查过的所有来源，包括那些没有采用的。

4. 这篇文章讨论了在线订阅学术期刊的问题。根据阅读材料，为什么大多数期刊在许多大学都无法在线获得？

订阅在线期刊非常昂贵，只有规模很大的研究型大学才能负担得起广泛的选择。此外，大多数学术期刊还没有电子版。

批判地思考

5. 学生应该完全依赖互联网来做学术研究吗？为什么或为什么不？

由于许多信息的不可靠性，大多数搜索引擎的不精确性，以及学术期刊在互联网上有限的可用性，学生们在进行研究时，除了引用互联网的资料，还要依靠他们大学图书馆的资源。

6. 学生如何判断互联网上的信息是否可靠？

要确定是谁建立了这个网站，为什么要建立它，以及它是什么时候更新的。如果你无法轻松地找出这些事实，就要怀疑这些信息的可靠性。域名以“.edu”或“.gov”结尾的网站更值得信任。

7. 解释一下桑托罗博士说的“互联网更像书店而不是图书馆”是什么意思。

图书馆有一种搜索机制，名叫卡片目录，它比大多数互联网搜索引擎都好用。此外，图书馆中包含的信息源的选择，完全基于它们的信息价值。互联网包括信息源（以网站为形式），不是单为其信息价值而包含，而是因为它包含了某个人的利益，就好比在一家书店：图书的存在主要是为了出售和个人盈利，而不是向公众提供信息。

8. 人们在电脑前工作的照片给人留下了什么印象？

它创造了使用互联网的正面印象。

9. 你同意作者关于开始研究项目的最佳地点的建议吗？为什么？

答案会因人而异。

多想一想

1. 在阅读中，桑托罗博士指出，学生做学术研究的原因之一是“证明某事或争论某事”，他继续指出，互联网对此“一点用都没有”。你是否同意桑托罗博士的观点？证明你的答案。

2. 阅读材料表明，在许多方面，互联网对学术研究没有多大用处。有没有比网络更好的选择？它们是什么？

3. 你将如何进行一个关于“无家可归的解决方案”的研究项目？你会使用互联网吗？你将如何开始这个项目？你可能使用什么搜索引擎来找到你需要的信息？你在什么情况下可能会使用这个库？出于什么具体原因？

第6章

阅读教科书、短文、文章和技术材料

本章讨论如何阅读教科书、文章、短文和技术材料。通过学习它们的各个部分并了解其组织方式，你将能够更有效地阅读它们。你甚至能有些空余时间来进行消遣式的、趣味的阅读。

将教科书作为学习工具

教科书可能看起来很长，没有“人情味”，但它们实际上是精心制作的系统教学工具。它们的设计是为了配合讲师的授课，为你提供可靠而准确的信息，并且帮助你练习技能。

为什么要购买和学习教科书

你知不知道下面这些关于教科书的事实？

- **大多数教科书的作者是大学教师。**他们每天与学生打交道，了解学生的需要。
- **和你的老师一样，教科书是你所学学科最好的信息来源。**
- **教科书的平均价格只有每周 7 美元。**只需花上一张电影票的价钱，你就能获得一个完整的学习系统，通常还包括一个配套的网站和其他学习材料。
- **教科书在职业生涯中是很有价值的参考工具。**例如，许多护理专业的学生保留了教科书，并且他们在开始职业生涯后会经常查阅。

教科书是对你的教育和未来的一项投资。教科书是你的盟友，是学习的搭档。

充分利用教科书的组织方式

你是否在一家不熟悉的超市迷了路？最后你是怎么找到你需要的东西的？最有可能的是，你在货架上寻找每个区域的产品类型。沿着货架走一走，你肯定会发现，相似的商品被放在了一起。例如，所有的谷物在同一个地方，所有的肉类在另一个地方，以此类推。

当开始阅读教科书的章节时，你也很容易感到迷茫或害怕。它看起来像是一大堆不相关的事实、观点和数字的集合，需要你去记忆。实际上，教科书的一个章节，很像一家超市。它也有标志，用来确定每个小节的位置。这些标志是将章节划分为主题的**主标题**。在每个标题下面，相似的观点被放在一起，就像在超市过道里相似的商品集中在一起那样。在大多数情况下，每个标题的下面都有好几个段落。

有时，标题又被进一步划分为**副标题**（副标题通常比主标题字体小，或缩进，或采用不同的颜色）。通过使用主标题和副标题，章节将主要观点分解成若干重要的部分，再将这些部分分解成更小的部分，这样你就可以一步一步地学习。

典型的教科书章节可能采用下图所示的组织方式。注意，这个图表显示一个章节分为七个主标题，而第一个主标题又分为三个副标题。一本书的主标题和副标题的数量以及每一章节下的段落数量会因章节的不同而各异。

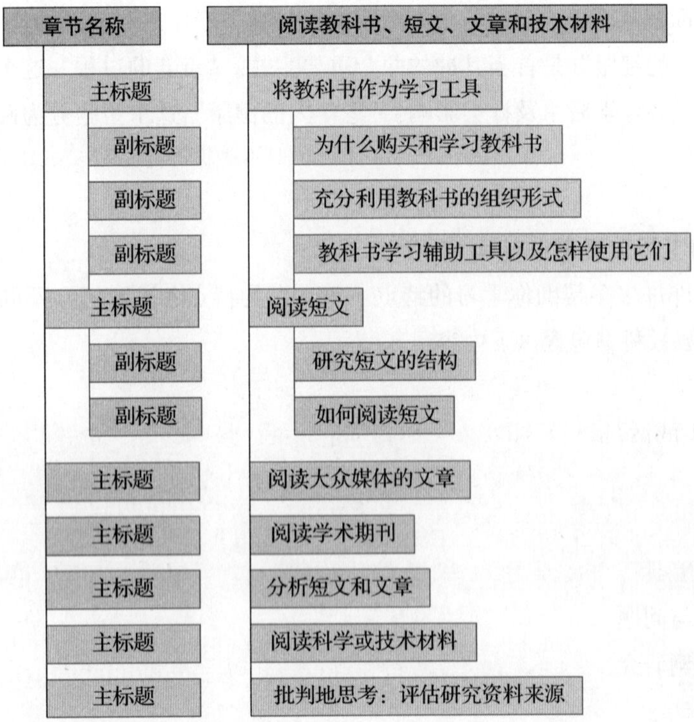

一旦你知道了某一章是如何组织的，你就可以运用这一知识来指导你的阅读。熟悉了组织方式，你还能理解各观点之间是怎样联系的。

请看一本社会学教科书的某一章节的部分主标题和副标题。

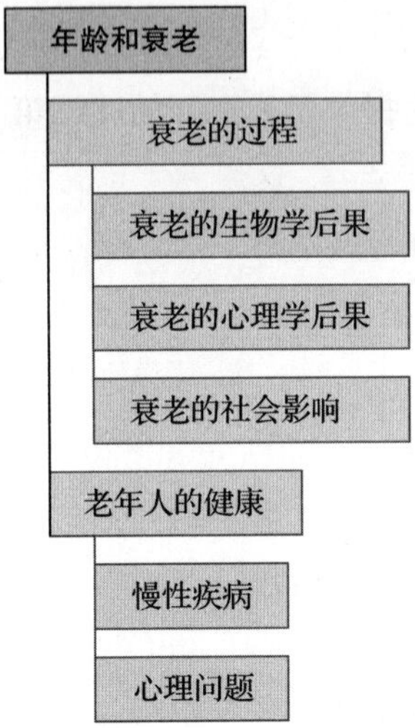

章节名称和标题共同组成了这一章的简要大纲。在关于年龄和衰老的这一章中，“衰老的过程”和“老年人的健康”是首当其冲的两个重要主题。“衰老的过程”这个主题分为三个部分：生物学后果、心理学后果及社会影响。“老年人的健康”这个主题分为两个部分：慢性疾病和心理问题。

教科书学习辅助工具以及怎样使用它们

教科书包含许许多多帮助你学习的特点。每本书的特点各不相同，不同学科的特点也各不相同，但大多数教科书包含以下内容：

- 前言
- “写给学生的话”
- 目录
- 开篇章节
- 印刷辅助工具
- 章节练习与问题
- 专栏与案例研究
- 单词表
- 章节总结
- 术语表
- 索引

前言

前言是作者对课本的介绍。它提供了你在开始阅读第 1 章之前应当了解的信息。它可能包括下列信息：

- 作者为什么写这本书，为谁写这本书
- 课本是怎么组织的
- 课本的目的
- 参考文献和咨询的权威机构
- 强调的重点
- 包含的学习辅助工具以及如何使用它们
- 课本的特点
- 自最近一次更新以来包含的新材料

写给学生的话

有些教科书包含一个名为“写给学生的话”的小节。这个小节是专门为读者而写的，包含了关于课本的实用信息。例如，它可以解释教科书的特点和如何使用它们，或为学习和研究课文提供建议。通常，“写给教师的话”部分在“写给学生的话”之前或之后，包含了对讲师有用的信息。

目录

目录位于课本的开头，是内容提纲。它列举了书中包含的重要主题和子主题。浏览目录会使你从总体上概览教科书的内容，知晓它的总体组织模式。

在开始阅读章节之前，请参考目录。虽然章节是一本书的单独部分，但要了解它们是如何结合在一起，成为整本书（即教科书本身）的一部分的。

在准备考试时，目录是十分有用的学习辅助工具。为了复习要考试或测验的材料，不妨回顾考试或测验所涉及章节的目录表。这样的回顾，会让你了解哪些主题你已经熟悉，哪些主题你还没有学习。

开篇章节

教科书的第1章是最重要的一章，值得密切关注。在这一章里，作者会为接下来的内容做铺垫。更重要的是，它定义了学科，解释了基本原则，并介绍了将在整本书中使用的术语。一般来说，你可以在第1章中找到20～50个引入的和定义的新词。这些词可以说是这门课的语言。要想在任何一个新的学科领域取得成功，你必须会读和会说它的语言。

印刷辅助工具

教科书包含各种**印刷辅助工具**（排版或印刷的类型），使人们很容易挑选出需要学习和记住的重要内容。其中包括：

1. **不同类型的字体。斜体字**和**黑体字**通常用来引起对特定字词或短语的注意。新术语通常用斜体字或黑体字印在定义它们的句子中。

2. **枚举。枚举**是指对某一段落中的事实或观点添加编号或字母。它被用来强调重要的观点，使它们易于寻找。

3. **列举。项目符号列表**和**编号列表**是以列表的形式表达重要信息（项目符号看起来是这样的：·）。这些列表通常是缩进的，这使得你在阅读和复习本章时很容易找到它们。

章节练习与问题

练习与问题归为几类。

1. **涵盖了对本章内容的复习问题**。

- 区分商标和品牌名称。

2. **涉及解释内容的讨论性问题**。这些通常是课堂上或与其他学生讨论的出发点。

- 你认为仿制产品的未来是怎样的?

3. **要求你将知识应用到你周围的世界或现实生活中的应用问题**。

- 你会如何着手为一种新型软饮料命名呢?

4. **要求你对某个主题深入思考的批判性思考的问题**。这些问题需要密切关注，经常在考试中出现。

- 广告对社会有什么好处? 它对社会有什么坏处?

5. **通常是数学性质的习题**。解答习题是任何数学、科学或技术课程中最重要的部分之一。下面是一个示例的习题:

- 一台微波炉，如果零售商进价花了 325 美元，加价 35% 售出，请计算微波炉的销售价格。

专栏与案例研究

许多教科书包含从课文内容出发的插入的专栏或案例研究。它们通常包含有趣的信息或扩展的示例来说明课文中的概念。专栏有时是作者认为重要的东西。

案例研究通常涉及一个人过去的生活或特定公司的商业实践。这些是教科书概念在现实世界中的宝贵应用。

单词表

教科书通常每一章都设有新术语列表。这个列表可能出现在每章的开头或结尾。

章节总结

在大多数教科书中，每一章的结尾都有一个章节总结，回顾了本章节的要点。虽然这种总结有时是段落形式的，但更常见的格式是编号列表。如果你很难从这一章中提取出要点，总结是一个很好的资源。

术语表

术语表是一个迷你词典，通常可在书的末尾找到，它按字母顺序列出了书中使用的重要词汇。由于术语表是教科书的一部分，所以它比词典使用起来更快更方便。它不像词典那样列出某个单词所有的常见意义，而只是列出其在课本中使用的意义。

索引

索引是书中所有主题的字母顺序列表。它不仅包括关键术语，还包含主题、作者的名字，以及课文或阅读材料的标题。

阅读短文

短文是作者对某一主题的个人观点。它们往往是主观的，因为经常强调作者的个人感受。这并不意味着短文不真实或不准确。短文只是提供一种介绍信息的个人方法。

了解文章是怎么组织的，并且识别不同类型的文章，有助于更高效地阅读它们。

研究短文的结构

短文是一种简短的写作，它检视某个单一的主题，并专注于该主题的单一观点。它们可能出现在各种类型的选集、报纸和杂志上。短文遵循一种标准的组织结构，包含以下部分：

- 标题
- 引言
- 中心思想句
- 正文，包含支持的信息
- 总结或结论

短文的结构类似于段落的结构。和段落一样，短文也有主题。它还探讨了关于主题的单一观点；在短文中，这称为**中心思想句**。和段落一样，短文提供了观点和细节来支持中心思想句。然而，与段落不同的是，短文涉及更广泛的主题，它探索的观点往往更复杂。你可以将一篇短文的结构用视觉化方式表示如下：

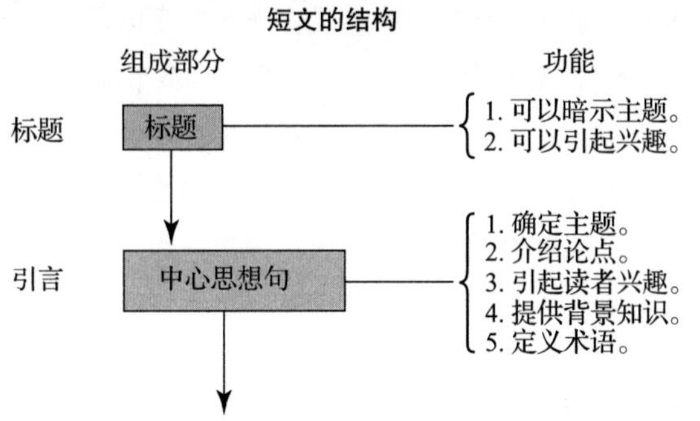

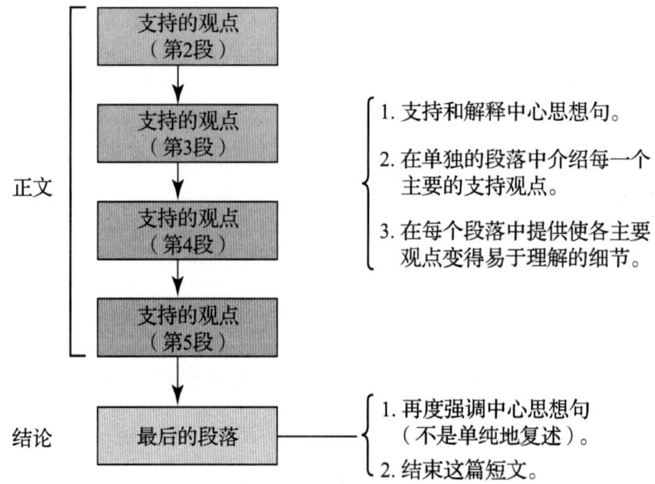

注意：短文没有固定的段落数。这种模式显示了六个段落，但是在实际的短文中，这个数字会有很大的变化。

下面让我们以一篇题为《识破说谎者》的短文为例，更详细地考察一下短文中这些部分的作用。这篇短文最初出现在一篇名为《坡的死去的女儿》（*Poe's Deadly Daughters*）的博客之中。

标题——**识破说谎者**

作者——桑德拉·帕沙尔（Sandra Parshall）

引言：引起读者兴趣的问题

1　你觉得你很擅长发现别人撒谎吗？抱歉，但我敢打赌你没你想的那么精明。

关于成功识破说谎者的背景信息

2　研究人员发现，大多数人的成功率都很低，即使是在实验室环境中，他们原本就知道研究对象中有些人在撒谎。如果我们特别警惕，也许会识破一半的谎言——这意味着我们无法识破另外的一半。警察并不比我们好多少，尽管他们会随着经验积累而进步。总能识破谎言的超级警察在现实中确实存在，比如电视剧《海军罪案调查处》中虚构的特工吉布斯，但这种人极其罕见，心理学家们还没有确定他们是如何识破谎言的。由于侦探识破谎言的能力对破案至关重要，一些科学家正在想办法把这一技能传授给警察。

中心思想句

3 《科学美国人心智》（*Scientific American Mind*）杂志的9/10月刊发表了英国朴次茅斯大学的社会心理学家阿尔德特·弗瑞（Aldert Vrij）的研究，他的研究基于人类大脑无法同时沿着多条路径思考这一事实。撒谎比简单地说真话要求更高，所以如果审讯者让嫌疑人的大脑一次处理太多的东西，嫌疑人很可能在兜售假故事时出错。

关于弗瑞的研究的细节

4 这里有一个前提：说谎者必定会担心他的故事的一致性和可信度（这意味着要压制所有关于真相的想法，这样它们才不会无意中溜出来），他还必须通过控制自己的表情和身体动作，以便“看起来诚实”。而且，说谎者一直在窥视警察对他所说的话的反应。所有这些都使人疲惫，如果审讯者再加一点压力，就足以让说谎者栽倒。

解释为什么说谎很复杂

正文

5 弗瑞和他的同事们发现了一些有用的策略来施加额外的压力。

识破说谎者的策略

- 首先，忽视满头大汗和紧张不安的信号。即使是一个诚实的人，在警察的严密监视下也会紧张。
- 一种使说谎者栽倒的方法是让他从头到尾倒叙自己的故事。即使不需要倒叙虚假的故事，单是设计一个虚假的故事并且保持它的正确性，就已经够困难了。在实验室的测试中，这大大增加了识破说谎者的可能性。
- 审问者还可以通过坚持让嫌犯保持与其进行眼神交流来吓唬他。说谎者如果直视对方的眼睛，就很难集中精力讲述故事。
- 让嫌疑人画出他们描述的东西，也可以揭露说谎者。他们画的图片显示的细节比讲真话的人少，而且图片往往与口头描述不一致。

结论

6 这些简单的技巧在实验室中被证明非常有效，应当可以帮助警察在现实世界中更高效地工作。最重要的是，它们足够简单，即使那些并不具备特别探员吉布斯的特殊智力的警察也能使用。

最后对这些策略的有效性进行评论

标题

标题通常暗示短文的主题，目的是抓住读者的兴趣。有些标题具有很强的描述性，能准确地说明短文的内容。例如，“识破说谎者”这个标题就表明了短文的主题。其他的标题则没有那么直接的信息。

有些短文既有标题又有副标题。在其中，副标题可以更直接地暗示主题。在一篇题为“公民权还是奴隶制”的文章中，标题主要是为了抓住你的兴趣，而不是直接宣布主题。副标题“学校是如何把志愿者从志愿活动中排除的”，让你更清楚这篇文章的主题。

小试身手　分析标题

注： 预测下列标题后的短文会讨论些什么。

1. 动物权利：对还是错

   示例答案：动物是否应当具有像人类一样的权利

2. 枪支、暴力和公共政策

   枪支与暴力之间的关系以及怎样执行我们的枪支法案

3. 能量的代价：生活在核时代

   拥有核武器如何会对我们的生活产生负面影响，或核能的缺点

4. 戏剧的本质和意义

   什么是戏剧，为什么它很重要

5. 非公民权——愤怒的文化规则

   我们的文化如何允许我们表达愤怒，或在不同的文化中，什么是可以接受和不可接受的愤怒表达方式

引言

引言通常有 1 ～ 2 段，为短文设定了场景，并且将主题置于一个框架或上下文之中。引言可以

- 推出短文的中心思想句
- 提供背景信息（例如，解释电视成瘾问题）
- 定义技术的或不熟悉的（例如，定义瘾性）
- 建立你的兴趣（举一个电视成瘾的极端例子）

注意在《识破说谎者》的头两段里，这些目标是如何实现的。

小试身手　分析引言

注： 请阅读下面这篇由西敏 · L. 加芬克尔（Simson L. Garfinkel）写的题为《留意你的浏览器》的短文。它们提供了什么类型的信息？

留意你的浏览器
避开网络广告商警惕的目光

摘自《技术评论》(*Technology Review*)

引言

1 我们大多数人依赖免费的网络服务，从谷歌到脸书，但是除非你小心谨慎，否则使用它们是要付出代价的，这代价就是你的隐私。维持这些网站运营的网络广告商会追踪你在网上做什么，以提供有针对性的、吸引注意力的广告。你的网络浏览器固然显示了你惊人的数据，但广告商热衷于发现更多。

2 联邦贸易委员会（Federal Trade Commission，FTC）提议的一份新的报告草案建议建立一种“请勿追踪”（Do Not Track）机制，让互联网用户只需点击一个按钮，就可以选择是否允许广告商追踪他们。虽然这将提供比目前更好的隐私控制，但联邦贸易委员会建议的方法是不够的，因为追踪技术交织在我们最受欢迎的网站和移动服务之中。如果没有追踪，这些隐私控制根本就不会起作用。

正文

3 很少有人意识到，许多网络广告是利用从多个来源收集、组合和交叉引用的大量个人数据来定制的——这种方法被称为“行为广告”。广告客户会找到你住在哪里、在哪里工作、买什么东西、看什么电视节目等信息，然后据此对广告进行优化。

4 行为广告在发挥作用。微软亚洲研究院（Microsoft Research Asia）的一项研究发现，用户点击目标广告的可能性是非目标广告的7倍。网络广告倡议组织（一个促进自我监管的贸易组织）委托进行的一项研究显示，定向广告从统计数据中获得的收入要高得多——平均每千次点击4.12美元，而常规广告每千次点击仅为1.98美元。 统计数据

5 虽然许多人原则上只是反对不受限制的追踪，但其中确实存在风险。如果没有安全措施，有的人可能利用追踪技术窃取身份或进入电脑。广告商正在建立的大型数据库可能会被无良的雇主或政府滥用。

6 在过去15年里，美国采用了一种特殊方式保护消费者隐私。各公司发布详细的“隐私政策”，解释它们收集了哪些信息以及打算用这些信息做什么。消费者可以选择是否参与。

7　联邦贸易委员会的报告称，这种模式已经不再奏效（如果曾经奏效的话）。联邦贸易委员会主席乔恩·莱布尼兹（Jon Leibowitz）表示："许多公司没有披露它们的做法。"而且，即使公司确实披露了这些信息，它们也会用冗长的、令人费解的隐私政策和用户协议来披露，而消费者根本不会阅读这些内容，更不用说理解了。

来自权威的引用

8　联邦贸易委员会正试图控制这一点。例如，它建议，企业只在有合法业务的需要时才收集信息，并要求它们在不再需要时销毁这些信息。它也希望各公司能够更好地向消费者解释它们的政策。

9　当然，真正的选择需要的不仅仅是明确的信息——它需要选项。目前，这意味着激活现代网络浏览器内置的"私人浏览"模式（阻止网站访问缓存文件），或使用浏览器插件自动屏蔽广告和某些追踪技术。

正文

解释

10　但并没有哪条规则禁止广告商规避私人浏览模式，而许多广告商正在这么做。联邦贸易委员会针对这个问题的解决方案是"请勿追踪"，这一方案大致模仿了该机构广受欢迎的"谢绝来电"（Do Not Call）名单。然而，该机构设想的不是一个希望不被追踪的消费者的集中列表，而是一个可以向网络广告商发送匿名请求的浏览器设置。如果行为定向广告真的对消费者有益，大多数人会关闭该功能。不然网站只能习惯每1000个广告的收入为1.98美元了。

正文

11 浏览器制造商已经开始为其软件构建追踪控制。谷歌最近在Chrome浏览器上发布了一个名为“保留我的退出选项”的附加功能，微软也在IE9上发布了一个名为“追踪保护”的类似功能。当有人不想被追踪时，这些功能会告诉网站，但这仍然取决于公司是否遵守这一要求。而且，不出所料的是，广告行业强烈反对跟踪限制，尤其是在浏览器默认启用这些限制的情况下。

12 “请勿追踪”的真正问题在于，它源于对网络广告的早期理解——广告被分发给新闻网站、搜索引擎和其他不一定需要知道你是谁的平台。现在很多流行的网站都无法使用，除非你让它们追踪你。

举例

13 以脸书为例：该网站看到了广告收入的爆炸式增长，正是因为它非常详尽地追踪用户的兴趣。你不可能在关闭追踪功能后还继续使用这个网站。多亏了“脸书互连”，你可以用你的脸书账号登录其他网站，还有“喜欢”按钮，可以将外部页面的链接发送回你的个人资料列表。如今，脸书可以通过网络追踪你；或更准确地说，你告诉脸书你在哪里。

14 智能手机将加速这一趋势。许多手机已经根据你的全球定位系统的定位来投放广告。未来的广告可能取决于你安装的应用软件，你打电话给谁，甚至你的地址簿内容。

15 有一种方法可以解决这个难题，那就是：制定简单可执行的政策，限制公司对消费者数据的保留和使用。这些功能可以由政府指定，也可以内置到浏览器中，由用户定制。例如，你可以让谷歌永远存档你的搜索，六个月后再让它们匿名。或者你可以告诉脸书无限期地保留你的帖子，但用于广告目的的帖子只能使用一年。

结论

16 不幸的是，任何形式的改革都将面临既得利益集团的强烈反对。但是，如果政府想要保护我们免受侵犯隐私的广告的侵害，它需要的不仅仅是“请勿追踪”。

中心思想句

短文的中心思想句是它的主要观点。短文中的其他所有观点和段落都支持这一观点。一旦你确定了短文的中心思想，你就发现了它的意义的关键所在。中心思想通常用一句话陈述，这句话出现在引言的段落中，通常跟在背景信息和吸引注意力的东西后面。在标题为《识破说谎者》的范文中，短文的中心思想在第 2 段的结尾。有时，作者会首先提出证据来支持中心思想，然后在短文的结尾陈述。这种结构在议论文中最为常见。

你也许还发现，有时作者会暗示而不是直接陈述中心思想——通过支撑段落来揭示。当你找不到清晰的中心思想时，问自己这个问题："作者的主要观点是什么？"你的回答就是隐含的中心思想句。

这里有几个示例的中心思想句。

> 由于吸烟对健康的负面影响，人们再次将吸烟视为一种越轨行为。
> 职业选择受到许多因素的影响，包括技能和能力、态度及生活目标。
> 全年制学校将为孩子们提供更好更合适的教育。

提高效率秘诀

短文中心思想句的支持分为两类：基于个人经历（逸事、故事）的主观支持以及基于事实和数据的客观支持。

正文

短文的正文包含解释或支持中心思想句的句子和段落。这种支持可能采用以下形式：

- 例子
- 描述
- 事实
- 统计数据
- 原因
- 逸事（例证某个观点的故事）
- 个人经历与观察
- 引用权威人士和专家的参考意见
- 比较
- 研究
- 解释

大多数作者使用各种类型的支持信息。在前述《识破说谎者》的短文中，作者在支持段落中使用了几种类型的信息。请注意作者是如何在第 2 段中给出一个超级警察的例子，并在第 4 段中介绍说谎是复杂的行为的原因。第 5 段给出了事实和描述。

结论

短文的结尾要有一个简短的结论，而不是总结（总结是对短文中提出的重要观点的回顾。把总结想象成一个段落式的提纲。信息在总结中出现的顺序，反映了它在短文中出现的顺序）。结论是对短文主题的最后陈述。结论不像总结那样能回顾内容。相反，结论通常回顾但并不重复中心思想句。它也可以为进一步的思考指明方向，或引入新的视角来看待刚刚说过的话。《识破说谎者》最后以结论结尾，对提出策略的有效性做出了评论。

提高灵活性秘诀

有些文章会探讨一个问题的两面，并且让读者根据给出的事实和例子形成自己的观点。这样的文章需要仔细阅读和批判性地思考。

如何阅读短文

短文通常从特定作者的视角介绍了关于某一特定主题的信息。在阅读短文时，可采用下列的指南。

认知深化　怎样阅读短文

1. **只要有可能，树立作者的权威**。为了相信作者提供了准确、可靠的信息，请确保他对该主题了解或有经验。
2. **注意作者提供的背景资料**。特别是当你不熟悉某一主题时，必须填补你的知识空白。如果提供的背景信息不够充分，请参考其他来源，获取所需信息。
3. **确定作者的中心思想**。准确地确定作者呈现的关于主题的信息。用你自己的话来测试你的理解力。
4. **识别组织模式**。根据作者的目的，他可以选择特定的模式，如下所示。

如果作者的目的是……使用的模式是	
追溯历史或事件的顺序	时间顺序
解释某件事情如何运行	时间顺序
通过描述主题的类型或部分来解释主题	分类
解释事情发生的原因	原因一结果
解释某物是什么	定义
强调某两个或多个事物之间的相似之处和不同之处	比较一对比

5. **密切关注新的术语**。在读到的时候做标记或画下划线。如果有些术语没有定义，你不能从上下文确定它们的意思，一定要查阅它们。
6. **在阅读的时候突出显示**。标记中心思想句和每一个主要的支持细节。
7. **对短文列提纲、细图或进行总结**。为确保回想起信息以及测试你对短文的理解，运用某种写作的形式。（参见第 7 章）

阅读大众媒体报道

报道可以是一个故事、描述或告知。报道与短文的不同之处在于，它们通常更客观。写报道时，作者会扮演记者的角色。他会避免表达个人感情或观点，而是集中精力直接陈述事实。

主要出现在杂志和报纸上的文章采用与大多数散文不同的风格与格式。当大众媒体的文章研究某个主题并关注它的某个方面时，它们往往比大多数论文和学术期刊的文章更松散，或采用更加非正式的结构。标题通常引人注目，而且是描述性的。导论部分可能展开得不太充分，或不使用正式段落的结论。

报纸和杂志上最常见的两种通俗文章是硬新闻报道和特写文章。它们基本上都有着相同的形式，包括开头，称为故事的主线；故事本身，称为故事的正文或发展；有时以正式的结论作为结尾。

提高灵活性秘诀

一般来说，通俗报刊上的文章比学术材料更好读。受欢迎的报刊文章通常包含图形（如照片），使页面翻得更快。

硬新闻报道

直接报道严肃的新闻被称为硬新闻报道。它们是关于冲突、死亡和破坏的故事，也是在政府、政治、科学、医学、商业和经济中有分量的项目。这类报道可以用两种方式中的一种来组织。

倒金字塔结构

报纸上报道的传统结构，无论是印刷的还是在线的，都被称为倒金字塔结构，因为报道是从一般信息转到更具体信息的。它包括以下部分：

- **题目**。硬新闻故事中使用的题目或标题是关于报道内容的简明而直接的信息。它们通常用积极的语言表达，有点像电报信息，如“总统威胁否决预算”或“人们认为危害健康的减肥药”。阅读标题通常足以帮你决定是否要读这篇报道。
- **日期，新闻的出处和来源，以及署名**。这些内容跟在标题后面，就在总结导语之前。除了本地新闻报道，所有新闻报道都会出现日期，而且通常只给出报道来源；有时还会写出具体日期。新闻的出处和来源也可能出现在导语和补充注明之前。它们给出了报道来源的通讯社或报纸的名称，如“美联社”或《华盛顿邮报》。署名是指报道的作者的名字，有时也包括在标题和导语之间。

- **总结导语**。这个开篇的段落包含了故事中最重要信息的总结。它类似于一篇报道的中心思想句和学术文章的摘要。单独阅读这个总结导语，可以为你提供从这篇报道中需要知道的所有信息，并且帮助你确定是否需要进一步阅读，以获得你想要的信息。
- **正文或发展**。支持性的事实在这里按重要性或兴趣的降序排列予以介绍。最重要的细节最先介绍，其次是重要性或兴趣次之的细节，以此类推，直到那些最容易被忽略的事实，它们会被置于故事的结尾。如果导语那一段没有包含你需要的信息，这种组织方式就会使你很容易找到它。由于倒金字塔结构不包含结论，所以在预习时没有必要跳过报道的结尾。

动作故事

硬新闻报道的第二种常见形式是动作故事。它包含了倒金字塔的所有部分，只是有一些变化。它也用电报标题开头，后面可以是署名、新闻的出处和来源，以及日期。它的开头段也是总结导语的形式。然而，它的正文是按照事件发生的时间顺序，而不是按照重要性或兴趣的顺序来呈现事件的。此外，这种格式还包括一个结论，结论中包含了与正文所用时间顺序不符的附加信息。

小试身手　分析硬新闻报道

注：在报纸或杂志上找到一条重要的新闻。确定其使用哪种格式，倒金字塔还是动作故事，然后标注文章的各个部分。

新闻特写

大众传媒文章的第二种类型是新闻特写。新闻特写在报纸和杂志上都可以找到，无论是印刷的还是在线的，往往比普通的硬新闻报道更长且深入。它常常涉及更大的问题和主题。基于篇幅的原因，这种类型的文章需要与硬新闻报道有不同的结构。

- **特写的导语**。新闻特写的导语通常不概括内容。相反，它是为了激发你对正在呈现的主题的兴趣。它以有趣的逸事开始，呈现特写的一些亮点，或提供一个你稍后会了解更多东西的例子。由于特写导语的主要目的是引起读者的兴趣，因此在阅读整篇文章时，你也许可以快速地浏览特写导语。
- **核心段落**。解释了文章的性质和范围。根据文章的长度，核心段落可以是一个段落，也可以是几个段落。阅读新闻特写时，请仔细阅读本节内容。它将为文章的组织和内容提供线索，帮助你把握文章的要点。

- **正文或发展**。新闻特写的详细信息就在这个部分中显示。与纯粹的新闻故事不同，新闻特写可以采用多种方式来组织。每个段落或部分可用不同的思维模式来阐释其观点，就像说明文一样。在阅读新闻特写的这个部分时，要做好标记，添加注释，筛选主要和次要的观点。
- **结论**。新闻特写通常以结论结尾，就像正式文章的结论一样，对文章的主题做最后的陈述。结论并不是总结所提供的信息，而是回顾核心段落，介绍查看信息的新方法，或提出进一步思考的方向。

阅读学术期刊

学术期刊是由专业协会或学院和大学出版社出版的，报告某一特定学科的发展和研究的出版物。例如，在心理学领域，学术期刊包括《美国心理学杂志》（*American Journal of Psychology*）、《变态心理学杂志》（*Journal of Abnormal Psychology*）和《心理学公报》（*Psychological Bulletin*）。发表在学术期刊上的文章往往经过了同行评审。也就是说，在文章发表之前，该领域的其他专业人士会阅读文章，并且确认它是正统的、准确的和值得的。

> **提高灵活性秘诀**
>
> 获取学术期刊上某篇文章的摘要信息的最佳地点是文章开头的摘要。摘要以清晰、简洁的语言展示了一项研究的成果。

当研究某个主题或撰写研究论文时，你需要阅读学术期刊上的文章。有些教授每学期都会发布一份阅读清单，学术文章是其中的一项。另一些教授则通过发布文章并将它们的副本保存在图书馆来补充课本作业。许多学术文章的作者，特别是那些撰写研究报告的作者，都遵循类似的格式。尽管不同的期刊使用不同的标题来组织它们的文章，或者不标记所有部分的标题，但一般的期刊文章的格式通常包括以下部分：

- **摘要**。摘要是对文章及其发现的简要总结，有时也被称为“总结”。它通常出现在文章开头的标题和作者名之后。通过阅读摘要，你可以掌握文章的概况，在做研究时，确定研究内容或报告是否包含你需要的信息。
- **相关研究的总结**。许多研究文章开篇就总结做过的关于这个主题的研究。在这个部分，作者将引用其他研究并简要报告他们的发现。这一总结会让你了解最新的研究，并且向你解释作者的研究为什么是必要的和适当的。在一些期刊中，这样的理由可能出现在“问题陈述”这个小节之中。

- **研究的描述**。这个部分也可能称为“方法”，在这里，作者会描述他的研究或解释他的观点。对于实验研究，你可以预料到，作者将介绍研究的设计，包括研究目的、涉及的人口的描述、样本大小、研究方法以及运用的统计测试。
- **结果**。在这个部分中介绍研究的成果。
- **含义、讨论和结论**。在这里，作者会解释研究的成果是什么意思，并且引出可能的含义和结论。
- **进一步研究**。一些作者基于他们的发现，在文章的结尾提出了需要进一步解释正在研究的问题或问题的额外研究。

认知深化　如何阅读学术期刊

1. **一定要理解作者的意图**。确定为什么要进行这项研究。
2. **在阅读的时候突出显示**。
3. **使用索引卡片**。如果你正在阅读大量的文章，为每一篇准备一张 4×6 的索引卡。写一份关于目的和调查结果的简要总结。
4. **使用引号**。如果你想直接引用文章中的内容，一定要把你直接从文章中复制的所有信息放在引号中。如果没有这样做，你可能会在无意中涉嫌剽窃。剽窃，就是把别人的想法当成自己的，会受到严格的学术和法律惩罚。

分析短文和文章

短文和文章需要进行仔细的分析和评价。虽然教科书通常会提供可靠的、不带偏见的事实信息，但是，短文甚至一些文章往往会表达观点，并代表特定的观点，因此你必须批判性地阅读它们。使用以下问题来指导你的分析。

认知深化　如何分析文章和短文

1. **作者是谁？**检查一下你是否认识这个名字。试着发现作者是否有资格围绕这个主题来撰写文章。
2. **作者的目的是什么？**作者是想要传达信息，说服你，取悦你，还是想表达某个观点？
3. **引言或导语给文章增添了什么？**比如说，你对它感兴趣吗？它是否提供了背景信息？
4. **作者的中心思想是什么？**试着用你自己的话来表达。这么做，你可能会找出偏见或发现一个你以前没有意识到的观点。

5. **作者是否充分支持这个中心思想？**作者是否提供了各种支持信息？例如，一篇完全依赖作者个人经验来支持其中心思想的文章，也许用处有限。
6. **作者是否为所提供的事实和统计数据提供了资料来源、参考文献或引文？**你要能够核实作者提供的信息，如果希望阅读更多关于这个主题的信息，应当转向这些来源。

学习风格秘诀

如果你倾向于是一位……	那么，通过以下方法找到主题句：
创造型学习者	提出"如果……会怎么样"和"那又怎样"的问题，有助于新观点从你的脑海中冒出，也有助于你想出看待某个主题的新方法。
务实型学习者	在页边空白处做笔记，记录你的想法、反应和印象。

阅读科学或技术材料

如果你学习的课程是科学、技术、工程、数据处理或与健康相关的领域，你就是在使用专门类型的教科书。在这一节中，你将理解使用科学或技术教科书与其他课本的不同。你还将学习阅读技术材料的几种具体方法。高效地阅读技术材料的关键是要认识到它与其他类型材料的区别。一定要调整你的阅读和学习方法来适应这些差异。

下面的每一篇文章都描述了地震以及这些破坏性事件是否可以预测。阅读它们，找出它们的不同之处。

第 1 篇

地震、人类活动和板块构造

由人类活动引起的地震在美国、日本和加拿大的几个地方都有记录。其原因是向深井中注入液体，以处理废物、二次采油或利用水库供水。这些地震大多是轻微的。最大、最广为人知的是在科罗拉多州丹佛市附近的落基山兵工厂注入液体。1967 年，在一系列较小的地震之后，又发生了一次 5.5 级的地震。去年，在科学界确定了注入液体与早先一系列地震之间的联系之后，该地点的液体注入就停止了。

其他的人类活动，甚至是核爆炸，都与地震活动没有联系。核爆炸的能量在地球表面迅速消散。地震是全球构造过程的一部分，通常远远超出人类的影响或控制。地震的震源常常在地下数十至数百英里处。产生地震的规模和力量远远超出我们的日常生活。我们无法预防地震。不过，我们可以通过识别危险，建造更安全的结构，以及提供地震安全教育来显著减轻它们的影响。

科学家从未预测过某次大地震。他们不知道怎么做，也没有预期在可预见的未来将怎么做。然而，基于科学数据，可以计算出未来潜在的地震发生的概率。例如，科学家估计，在未来30年，旧金山湾区发生大地震的概率是67%，南加州发生大地震的概率是60%。

第2篇

地震开始前发出地震警报

实时地震预警正在取得令人兴奋的进展。这是一个古老的想法，你可以把无线电连接到地震仪上，当它感觉到地震时就会发送信息给你。你将有足够的时间做出反应——哪怕只有5秒钟，也足够让一教室的孩子钻到桌子底下，或让你保存正在处理的文件。有了30秒的预警，人们就可以把消防车从车库里开出来，启动医院的应急电源，进行快速的电脑备份，并且以许多其他方式做好准备。

你有没有注意到，第1篇文章只提供了精确的、事实性的信息，解释是直截了当的，没有废话，它使用了具体的科学术语，如“全球构造过程”。它还假定读者了解里氏震级（5.5级），这是衡量地震严重程度的科学尺度。由于语言的原因，第1篇文章没有考虑解释或表达意见。这篇文章的目的是清楚地告诉读者关于人类活动引起的地震和利用统计学来预测地震的可能性。

第2篇文章的写法完全不同：它提供的事实更少，例子更多。像“令人兴奋的进展”和“有用的”这样的词，揭示了作者对这个主题的态度。这篇文章能帮助你想象预警如何帮助人们为应对地震做准备。相比之下，第1篇文章更侧重于通过更安全的建筑技术和危险识别来为应对地震做长期准备。

第1篇文章是科学或技术写作的例子。它非常精确、准确和真实。本节将讨论科学或技术材料的特点，并给出阅读这类文章的建议。

事实密度

科学和技术写作是高度真实、密集和简明的。大量信息被紧密地压缩在一个相对较小的页面空间里。与许多其他写作形式相比，技术类写作似乎复杂而困难。以下是一些处理密集书面材料的建议。

1. **与其他教科书内容相比，阅读技术材料要更慢、更仔细**。需花更多的时间在技术阅读作业上，而不是其他作业上。

2. **把某些部分重读几遍**。有时，快速阅读某个章节，仅仅为了了解它所包含的主要观点，是很有用的。然后再仔细读一遍，把所有解释重要观点的事实组合在一起。

3. **保留一个记录重要信息的笔记本**。因为技术类图书十分强调事实，因此突出显示也许不是有效的方法。相反，用笔记本记录你需要记住的信息，用你自己的话来记录这些信息，是检验你是否真的理解了的一种有益方式，并且会提高你的记忆力。图 6–1 展示了一个护理系学生的笔记摘录。请注意，它包含了定义、图表及细节。

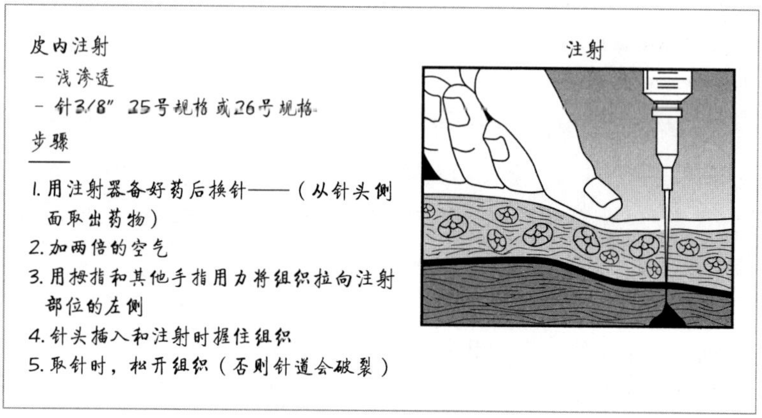

图 6–1　笔记本页面的示例

缩写和符号系统

许多科学或技术领域会广泛使用一组缩写和符号（标志和符号）。下面是一些例子：

领域	符号	含义
化学	C	碳
	O	氧
生物学	♂	与……杂交的雄性生物
天文学	D	直径
	Δ	距离

高效阅读科学与技术资料，要尽快学习缩写和表示法。你将节省时间，并且避免了为查找某个特定的符号而中断你的阅读。在你的笔记本上列出你要学习的符号。尽可能在笔记中使用这些符号——经常使用是学习它们的关键。

提高灵活性秘诀

请注意科学文本中的缩略语和符号与教科书使用的缩略语和符号之间的重要区别。科学符号是科学研究的重要组成部分。你必须准确地使用这些符号，而不能像在阅读材料时那样自己编写符号和缩写。

插图

大多数科学或技术图书包含许多的图形、表格。插图使你能够直观地观察将要解释的观点或流程，使之更容易理解。

1. **在课文段落和插图之间来回切换**。插图的目的是增进对文本的理解。你也许不得不在阅读文本时停下来几次，以便参考某个插图。你还可能需要多次重读部分解释。
2. **仔细地研究每一个插图**。注意它的标题或说明文字，它们会告诉你插图展示了什么。然后看看每个部分，看它们是如何联系在一起的。注意任何的缩写、符号、箭头或标签。
3. **通过绘制和标记你自己的插图，测试你对插图的理解**。然后，将你画的图与课文中的图进行比较。如果你遗漏了什么，继续绘图和检查，直到完全正确。在笔记本上画一幅最终的图，并把它用于复习和学习。

认知深化　如何从插图中学习

例子和例题

技术图书包括大量的例子和例题。在处理例子和例题时，请使用以下建议。

1. **比你平常阅读其他的教科书时更加注意例子**。通常，技术图书中的例子或例题可以帮你理解规则、原则、理论或公式的实际使用情况。通常喜欢实验、避免规则和例子的创造型学习者可能会发现，例题简化了复杂的过程。想想例子，把纸上的观点与这些观点在日常中的应用联系起来。

2. **一定要做一些例题**。为确保你理解，要了解例题的每个步骤完成了什么，为什么要这样做。对于特别困难的例题，在笔记本上写下如何一步步解答这类问题的清单。在一章结束时或老师布置了其他习题时，请以例题作为指导或样板。

3. **把章末的问题作为自我测试**。当你解答每一个习题时，记下你不知道的、必须查阅的规则和公式。另外请注意这些类型的习题：如果不回头看一下例题，就无法解答出来。对这类习题，你需要进一步练习。

批判性思考：评估研究的资料来源

你在进行研究时，会阅读各种各样的文章和短文，以及其他的原始材料。你在准备写作论文时，并非遇到的所有资源都同样值得或合适。因此，至关重要的是批判性地评估你所有的资源。为了评估你的参考资料来源，你可以这么做：

1. **核实你的资料来源的版权日期**。确保你使用的是当前的资料。对于许多任务，例如探索有争议的问题或科学及医学进展，只有最新的资料才是有用的。

2. **一定要使用权威的信息来源**。材料应该由一位相关领域公认的专家或从业人士撰写。

3. **选择提供最完整和具体（基于事实）的资料来源**。

4. **尽可能选择对某一事件或经历的第一手报道，而不是第二或第三手的报道**。换句话说，最可靠的信息通常来自最接近事件或争议的人。

5. **避免使用带有偏见的信息来源，要警惕那些包含个人观点和反应的来源**。

6. **尤其要警惕你在互联网上找到的资料，很多都是推测性的，基于观点或八卦（比如博客），事实上可能是错误的**。

支持技术　在线阅读文章和短文

在线阅读文章时，许多文章来自数据库。大多数情况下你读的是 PDF 文件，它是文章最初出版时的扫描版本。

假如你正在阅读报纸或杂志网站上的文章，试着把注意力集中在文章上，忽略广告或其他分散注意力的东西。此外，要注意边栏或专栏，其中包括可以查看的补充材料。例如，在一则关于地震的新闻报道中，也许有一张你可以查看的小地图或一个图片库。然而，网站提供的交互性越多，偏离轨道和失去重点的概率就越大。

阅读精选

分心：新的新闻世界和关注的命运

玛吉·杰克逊（Maggie Jackson）

你准备采取哪种阅读策略

注：记分卡可以让你计算你的阅读速度。为做到这一点，在你开始阅读之前，一定要在记分卡上记下你开始阅读的时间。

通过预习阅读材料来激活你的思维并回答以下问题。

1. “认知深化”专栏建议你预习每个标题下面的第一句话、标题，以及第一段和最后一段。这样的预习对这篇文章足够吗？为什么不？如果不够，你将如何调整你的预习方法？答案会因人而异。

2. 根据你对阅读材料的预习，你认为你应该以多快的速度阅读这篇精选材料？圈出并解释你的答案。

很慢　　慢　　中等速度　　快　　很快

3. 你在看新闻或读报刊的时候会同时处理多项任务吗？一般来说，你认为多任务处理将对你投入每一项任务的注意力产生多大影响？

1　去年夏天，我坐在一辆在底特律的高速公路上飞驰的汽车里。这时，我注意到一辆汽车从我们身边疾驰而过，司机在方向盘旁边支着一本杂志。也许最令人惊讶的是，我是我们小组中唯一对这种“一心多用”还能超速驾驶的壮举感到惊讶的人。

2　今天，我们很少对任何事情给予充分的关注。我们的注意力是分散的，不管在交谈、吃饭、工作、照看孩子，还是在消费新闻时。一个全新的超级移动、以网络为中心和分散关注的世界，已经从根本上改变了新闻消费的环境，也改变了新闻采集的环境。注意力是深度学习、批判性思维和创造力的基石。而且，所有这些技能都是我们需要培养和提高的，而不是削弱的——在新闻制造的两侧，都比以往任何时候更需要培养和提高这些技能。我担心，随着我们在文化上越来越缺乏关注，我们作为一个国家能否培养出信息灵通的公民和信息丰富的媒体。

3　我们很容易首先指出，不断加剧的数据泛滥是我们注意力分散的罪魁祸首。超过 1 亿个博客和类似数量的网站，更不用说出版 180 万本图书，所有这些，产生了如此海量的信息，正如丹尼尔·布尔斯廷（Daniel Boorstin）评论的那样，数据开始超越意义的创造。“我们是信息的俘虏，”文化历史学家沃尔特·王（Walter Ong）写道，“因为不间断的信息可能会造成信息混乱，事实上，已经造成了这种混乱，而且很明显，将来也会这样。”

4　然而，在当今这个信息丰富的世界里，意义的创造不仅仅是一个我们需要与之斗争多少的问题，更重要的是，我们如何处理每天 24 小时的不间断新闻推送，这就是今天的生活。想想那位底特律的司机：他在哪里消费媒体？他在这项任务上分配了多少注意力？

5　越来越多的美国人，不管他们在做什么，都在忙个不停。每年只有 14% 的美国人搬家，但在过去 20 年里，我们每年行车的里程数

却增加了 80%。汽车成了移动的窝，能量棒和其他便携式食物的流行，与“边走边看手机”相关的伤害的增加，都证明了我们的集体多动症。当我们无情地拎着手提食物和便携设备匆匆度日时，我们的一只耳朵或一只眼睛却在关注着多个信息流。

注意力碎片化

6　作为一个术语，“多任务处理”并没有完全正确地描述我们分散注意力的所有方式。分散的注意力，有时仅仅是生活在一个高度中介化的世界的结果。在 8 ～ 18 岁的青少年中，有一半以上的家庭大部分时间都开着电视，这种环境会导致注意力不集中，亲子互动减少。在公共场所，从电梯到出租车，屏幕上充斥着闪烁的文字和图像，越来越难以避免。尽管我在机场上上下下进行了侦察，但在等待飞行时，我通常不得不屈服于无法逃避的电视噪声。微软公司前高管琳达・斯通（Linda Stone）认为，我们的环境是“持续的部分关注”。调入调出是一种生活方式。

7　但当我们从一项任务或一个人跳转到另一项任务或另一个人时，也会出现注意力分散的情况，最著名的例子就是加州通勤列车的致命相撞事故，显然是因为掌舵的铁路工程师在发短信。我们对多任务处理的推崇，在一定程度上可以追溯到颇具影响力的效率专家弗雷德里克・W. 泰勒（Frederick W. Taylor)，他提出，如果把工厂的工作分解成可以互换的部件，就能提高效率。同样，我们生活在一个似乎相信我们能够随意塑造时间的时代。我们忽视了古老的日照和季节的节奏，努力超越我们的生理局限。如今，我们试图通过同时做两件或两件以上的事情来打破机械化时间的束缚。多任务处理诞生于后时钟时代。

8　加州大学欧文分校信息学教授、“中断科学”领域的领军人物格洛丽亚・马克（Gloria Mark）表示，这种现象在工作上产生了“工作碎片化”。在对多个行业的研究中，她和其他研究人员发现，上班族平均每 3 分钟就会更换任务。一封电子邮件、一条即时消息、一个电话，同事提出的问题或新的想法，都会打断你。一旦你被打断了，需要近 25 分钟才能恢复到做原来任务的状态中。在一半的时间里，人们会自己打断自己。

9　风险是明显的。“如果不断地被打断，频繁地从一个想法跳到另一个想法，你就很难深入思考任何事情。”马克曾这样对我说，“你怎么能全身心投入其中呢？”

10　在我们这个快速、分散焦点的时代，我们是否能够处理、过滤和反思每天困扰着我们的信息海啸？我们看似在听，却真的在听吗？如果这仍是我们的工作、学习和报告的方式，那么我们有没有可能共同培养出一种新形式的无知？这种无知，不是源于像过去那种信息的缺乏，而是源于没有能力或不愿意从充斥我们世界的数据中做一些提炼和锻造知识的艰难工作。

11　我看到一些令人担忧的迹象，表明我们分心的环境削弱了深入思考的能力。家庭与工作协会的数据显示，近 1/3 的员工太忙或被打扰，以致常常觉得没有时间反思自己所做的工作。华盛顿大学教授戴维・M. 列维（David M. Levy）甚至举办了一场由麦克阿瑟基金会资助的高层会议，名为“没有时间思考”（No Time to Think)，这很能说明问题。研究表明，尽管年轻一代精通高科技，但他们往往难以评估和评价从网络上获取的信息。例如，一项新的全国信息素养考试（即教育考试服务中心的“iSkills”评估考试）发现，只有一半的大学生能够判断网站的客观性，只有大约超过 1/3 的大学生能够正确地缩小过度广泛的在线搜索范围。

资料来源：摘自哈佛大学尼曼新闻基金会 2008 年冬天的《尼曼报告》。

相关文章

“没有时间留给不情愿的转变者了”

吉姆·肯尼迪（Jim Kennedy）

12　根据美联社最近委托进行的一项针对 18 ～ 34 岁人群的小规模但深入的研究，新闻消费的情况并不比这好。研究者追踪了这 18 名被试者好几天，他们几乎总在一心多用，“稳定地消费着短小的新闻”。尽管他们渴望不只是消费那些每天都在轰击他们的、简短且经常重复的标题和更新的新闻，但他们的新闻消费往往“肤浅而飘忽不定”。研究人员观察到，被试者“似乎因信息超载和不满意的新闻体验而变得虚弱”。此外，“当被新闻压垮时，被试者表现出被动接受新闻的倾向，而不是主动寻求新闻”。

13　这是一幅令人不安的画面：多任务处理的消费者不安地在头条上“吃零食”，停留在新闻的表面，无法将信息转化为知识。

14　是消费者懒惰吗？是媒体的责任吗？还是谷歌让我们变得愚蠢，就像《大西洋月刊》最近的封面故事所问的那样？寻找单一的罪魁祸首，一个明确的驱动因素，未免过于简单。相反，在一些有影响力的工具（这些工具是社会变革的温床）的帮助下，我们在几代人的时间里建立了一种珍视一时风潮、碎片化工作和寻找即时答案的文化。就在今天，晨报在头版刊登了一篇文章，内容是关于“在一个缺乏耐心的新时代”，人们努力制造快速启动计算机。一位技术高管解释说，“让人们等上几分钟”来启动电脑是荒谬的。结果，教室里第一个举手的是超级商人，他连坐都坐不住了，更别说听——这些都是美国社会成功的标志。

15　当然，新闻行业一直都是迅速、快捷的，受到多任务的推动。记者们在最令人分心的环境中工作，然而他们却能及时利用储备的注意力在最后期限前完成工作。不过，也许今天我们需要考虑的是可以在多大程度上缩小编辑的注意力广度，因为我们越来越重视“4D”新闻收集、推特风格的报道，以及来自公民博主的新闻推送，这些人的影响力远远超过了任何来之不易的新闻技术知识。危险地依赖谷歌上的新闻来理解自身世界的人，不仅仅是新闻消费者。

16　到最后，我们的新世界不但加快了我们的生活节奏，也减少了新闻报道。最重要的是，我们当前的环境削弱了三种技能——专注、意识和计划 / 判断。这三种技能构成了至关重要的人类注意力。当我们分散注意力，抑制意识，削弱推断观点的能力时，我们就削弱了我们批判性思考的能力、深入学习的能力或创造的能力。我们是否有能力创造一个注意力不足的经济或媒体，或在一种分心的文化中建立健康的社会？绝对不能。

阅后评测

检验你的理解

__b__ 1. 这篇阅读精选主要讲述

a. 技术能够多好地使我们一心多用。　　b. 我们能够多好地关注我们收到的信息。

c. 媒体能够多好地造就我们的知识与见解。　　d. 我们能够多好地适应新的信息源头。

__d__ 2. 根据杰克逊的说法，美国的“集体多动症”可从以下哪一项来证明？

a. 低头发短信造成的伤害越来越多。　　b. 便携食品和小玩意儿的普及。

c. 我们将汽车当成一个移动的家。　　d. 上述所有。

__c__ 3. 有位效率专家说过，如果把工作分解成几个部分，工厂的工作速度就会加快。这位效率专家是：

a. 丹尼尔·布尔斯廷。　　b. 沃尔特·王。

c. 弗雷德里克·泰勒。　　d. 格洛里亚·马克。

__a__ 4. “分散注意力”这一术语用来描述

a. 我们的注意力被分散的许多方式。　　b. 在公众场合对电视机屏幕的使用。

c. 印刷信息和在线信息的区别。　　d. 工作和娱乐的冲突。

__d__ 5. 第 11 段的主要观点是

a. 许多工人不能反思他们的工作，因为他们太忙了。

b. 麦克阿瑟基金会资助了一个名为“没有时间思考”的会议。

c. 只有一半的大学生能够判断一个网站的客观性。

d. 太多的分心可能会损害我们深入思考的能力。

批判地思考

__d__ 6. 作者们的主要目的是

a. 描述改进人们多任务处理的方法。　　b. 批评媒体制造了一种分心的气氛。

c. 讨论工作场所效率研究的结果。　　d. 探究多任务处理和分心的原因及影响。

__c__ 7. 作者们对这个主题的态度可以用哪一项来描述？

a. 怀旧的。　　b. 正式的。

c. 担心的。　　d. 逗乐的。

__d__ 8. 作者们用什么论据支持他们的观点？

a. 个人经历与观察。　　b. 统计数据与事实。

c. 专家意见。　　d. 以上全部。

__a__ 9. 这篇阅读精选文章最好可被描述为：

a. 一篇特写文章。 b. 一篇学术期刊文章。

c. 一份摘要。 d. 一个行动故事。

c 10. 文章中的插图是作为一个（ ）的例子。

a. 一位面对截稿日期的记者 b. 一位高效工作的员工

c. 一个典型的一心多用的人 d. 一个正在决定使用哪台设备的人

计分卡

结束时间：______时______分______秒

开始时间：______时______分______秒

阅读时间：______时______分______秒

每分钟字数（WPM）计分：________

理解计分：从第 1 题至第 10 题

正确的数目：______×10 = ______%

评估你的阅读策略

1. 你会怎么评价你对这篇阅读文章的理解？（圈出来）

很好 好 一般 差

2. 你认为你的阅读策略有效吗？

有效 无效

3. 假设你要去读另一篇来自同一来源的阅读精选文章（即另一份来自尼曼基金会的报告）。根据你对这篇阅读文章的经验，你会怎样调整你的阅读策略（如果需要调整的话）？

____

____

阅读理解

1. 杰克逊声称注意力是哪三项重要技能的“基石”？

深度学习、批判性思考及创造力。

2. 哪些问题与电视播放时间最长的家庭有关？

注意力不集中，亲子互动减少。

3. 根据研究，工人在中断手头的任务后，需要多长时间才能再沉浸其中？

近 25 分钟。

4. 作者是如何总结这篇文章的？

通过引用一些研究来说明自己的担忧，这些研究表明，年轻一代在评估和评价网络上的信息方面存在困难。肯尼迪警告多任务处理的危险。批判性思考。

5. 为什么杰克逊在本文开篇就描述了一个在高速公路上开车经过的人？

她在说明人们是怎么以令人吃惊或危险的方式同时处理多项任务的。她指出，没有人真的对这个人的行为感到惊讶，意味着这是司空见惯的。

6. 为什么杰克逊说“多任务处理”一词“并没有完全正确地描述我们分散注意力的所有方式”（第 6 段）？

我们的注意力分散不仅是因为多任务处理，这也是生活在一个充斥着媒体和电视的世界的结果。

7. 作者认为，是我们获取大量信息的途径更重要，还是我们处理过量信息的方式更重要？

我们处理已知信息的方式。

8. 还有哪些图片可以伴随阅读材料来有效地说明多任务处理问题？

人们边走边发短信的照片，机场登机口的电视屏幕，办公室工作人员一心多用的照片。

多想一想

1. 想想你在一天之中怎样处理多重任务。你一次性完成每一项任务的效率如何？你认为在将来你会更经常或更少地同时处理多项任务吗？

2. 根据 iSskills 评估测试，只有一半的大学生能够判断一个网站的客观性，只有 30% 的大学生能够正确地缩小过度广泛的在线搜索范围。讨论这些发现，特别是你自己的经验和观察。

3. 你通常是如何“消费”新闻的？你更喜欢哪种新闻来源？解释为什么。

4. 重读第 10 段，深入思考作者在该段中提出的问题。

第7章

阅读和评估视觉化图表

这张示意图出现在一本大学健康教科书关于营养的一章中。你觉得为什么其中会包含它？它比建议学生多吃蔬菜的一两句话更有效吗？

今天的教科书包含了大量的图表，以及其他类型的视觉化图表——地图、数据图表、照片和信息图。为了有效地阅读教科书，一定要注意视觉化图表并从中学习。本章的目的是培养你阅读和解释视觉化图表的技能，将帮助你提高教科书阅读技能以及解读各种视觉化材料的能力。

为什么使用视觉化图表

视觉化图表通常包含在教科书、资料和课堂讲座中，主要起到两个作用：① 澄清复杂的信息；② 帮助你解释信息。视觉化图表在提高你的阅读和学习效率方面有着诸多重要的作用。

视觉化图表整合信息

大多数视觉图形都用浓缩的、比书面材料更容易理解的形式来显示信息。试一下这个实验。请看图 7-1，想象一下用句子和段落的形式展示它所表达的信息。

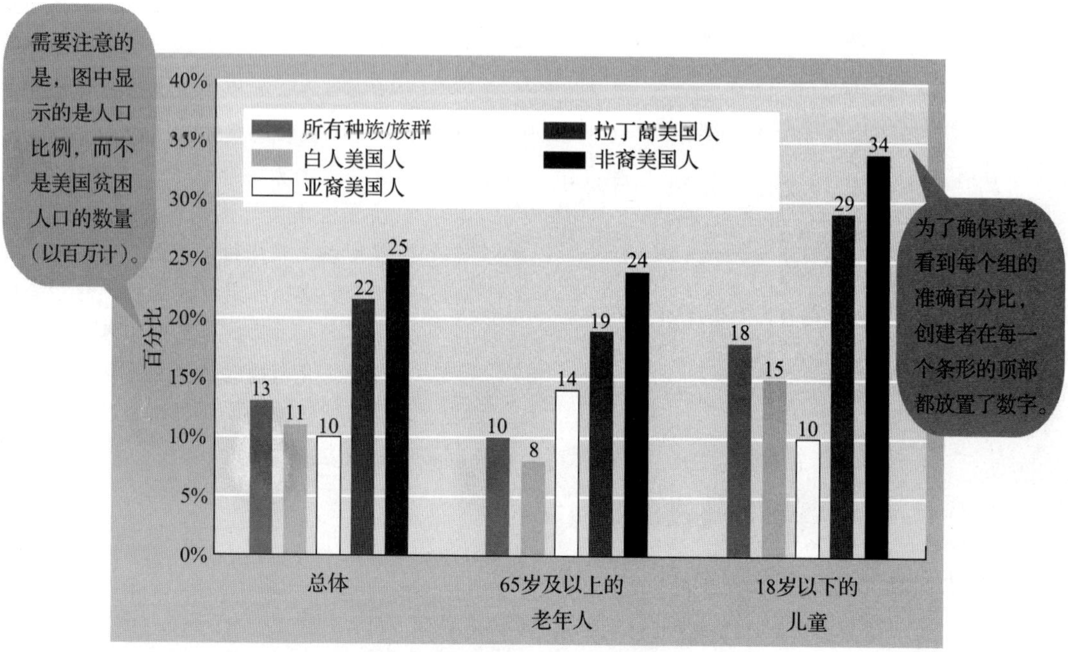

图 7-1　美国按年龄和种族划分的贫困状况

用句子和段落来表述图中的信息，可能会这样开头：

> 所有种族的总体贫困率为 13%。对于美国白人来说，这个比例是 11%；对于亚裔美国人来说，这个比例是 10%；拉丁裔的比率为 22%；而非裔美国人的比例是 25%。对于

> 65 岁及以上的老年人来说，总体贫困率为 10%。对于老年的美国白人来说，这个比例是 8%；对于老年的亚裔美国人来说，这个比例是 14%。老年的拉丁裔美国人的这一比例为 19%，而老年的非裔美国人的这一比例为 24%。

你或许觉得这段文字读起来十分乏味。当然，阅读它比研究图 7-1 要花费更多的时间。此外，图形更简洁地展示了相同的信息，并且是以一种清楚地显示各个信息之间关系的形式。

视觉化图表解释和阐述内容

在人体解剖学课程中，想象一下在没有图形帮助的情况下尝试理解消化系统。一些图形，特别是绘图、示意图和流程图（在本章后面会讲到），会通过显示不同部分之间的关系来解释一个不熟悉的和复杂的对象或过程。

视觉化图表使信息清晰突出

与图 7-1 所示的图表相比，还有什么能够更清晰突出地说明拉丁裔和非裔美国人面临的贫困水平差异？

视觉化图表展示趋势、模型和变化

图形可以很容易地看出差异和变化。这使得趋势和模式变得更加清晰和明显。例如，在图 7-1 中，你可以清楚地看到，拉丁裔和非裔美国儿童比其他种族 / 民族儿童更贫困。

阅读和解释视觉化图表的策略

因为图表能够阐明、总结或强调重要的事实、概念与趋势，因此你需要对它们进行深入研究。以下是一些阅读图表的建议。

认知深化　如何阅读视觉化图表

1. **读标题或说明文字和图例。**标题会告诉你图表描述的是什么情况或关系。图例是可能伴随视觉化图表的解释性标题。图例也可以用来表明特定的颜色、线条或图的意思。
2. **确定图表是如何组织的。**如果你看到的是表格，注意每一栏的标题。对于图形，注意横轴（图底部的从左到右的线）和纵轴（图左侧从上至下的线）上标注的文字。

3. **确定视觉化图表说明了哪些变量（数量或类别）**。识别正在比较的信息或正在显示的关系。注意使用的任何符号和缩写词。
4. **确定测量的尺度或单位**。注意变量是如何测量的。例如，图表显示的支出是美元、千美元还是百万美元？
5. **识别图表所要显示的趋势、模式或关系**。下面几个小节将更详细地讨论这个步骤。
6. **阅读所有脚注，并识别图表的出处**。印在图表底部的脚注说明了数据是如何收集的，解释了某些数字或标题的意思，或描述了使用的统计程序。识别图表的出处有助于评估数据的可靠性。
7. **做简短的总结笔记**。在页边空白处，对视觉化图表所强调的主要趋势或模式做一个简短的注释。写作会使你头脑中的想法具体化，笔记会在你复习的时候十分有用。

提高灵活性秘诀

图表通常包含大量的信息和许多种颜色。它们可能多到让人无从下手，感到不知所措。一定要先阅读标题和说明文字，了解图表的目的。然后，每次着重关注一个元素（颜色、变量、线条），以便更好地理解图表的细节。

综合文本与视觉化图表

在教科书和参考资料中，大多数视觉化图表都不是孤立的；它们有相应的印刷文本，可以介绍、解释、总结或分析视觉化图表。一定要同时考虑两者，以理解它们的完整含义。下面是一些综合文本和视觉化图表的指导方针。

认知深化　如何将文本与视觉化图表综合起来

1. 预习时注意章节材料中包含的视觉化图表的类型和数量。
2. 当作者引导你去看的时候，你就去看。作者通过“参见图 17-2”或用“表 12-7 显示了”这样的短语来告诉你，他们什么时候想让你查看视觉化图表。
3. 使用前面列举的步骤，阅读视觉化图表。
4. 在文本和视觉化图表之间来回翻看。当你研究视觉化图表时，根据作者提供的视觉化图表的解释，参考需要的文本。这种技巧在使用插图和图表时特别有效，因为这些插图和图表往往能显示特定术语或部件的含义或功能。
5. 确定作者为什么要添加视觉化图表。问这些问题：
   - 我应当从这个视觉化图表中学到些什么？
   - 它为什么出现在这里？
   - 视觉化图表中包含了什么新的信息？
   - 在哪些主题上，视觉化图表提供了更多的细节或进一步的解释？

如果你倾向于是一位……	那么，你可以通过以下方法学习视觉化图表：
空间型学习者	不看视觉化图表，并且在脑海中想象，以便学习它包含的内容。
语言型学习者	写下一些概括视觉化图表所显示的内容的句子。

学习风格秘诀

视觉化图表的类型

教科书中使用了许多类型的视觉化图表。除了描述某种类型的关系或说明特定的观点，每种类型还旨在实现特定目的。通过阅读视觉化图表，你可以查看其中包含的信息。通过解释视觉化图表，你可以更仔细地查看信息并确定趋势、模式或重要观点。

照片

照片之所以包含在文本中，通常出于如下一系列的原因：

- **为了介绍一个新观点。**
- **为了提高读者的兴趣或帮助读者想象某个事件、概念或某种感觉。**
- **作为某一概念的例子。**比如，生物学教科书中的照片可能用来说明各物种之间的变化。
- **为了建立情感反应或提供观点。**例如，营养不良的孩子的照片可以帮助读者形象地了解贫困状况并同情受害者。

了解照片时，请阅读说明文字。它可能为照片的重要性或含义提供线索。例如，如果图 7–2 中的照片没有说明文字，那么我们可能弄不清楚这张来自心理学教科书的照片是用于何目的。这些说明文字可以帮助你了解同伴群体的形成方式和原因，以及这些组员如何行动。

提高效率秘诀

在教科书中，照片有两种用途。它们要么包含帮助你更好地理解概念的内容，要么是用来“修饰性地”使页面看起来更吸引人的。在阅读和研究照片时，先确定哪些照片能深入解释主题，哪些纯粹是装饰。

小试身手　解释照片

研究图 7–2 中的照片，回答下列问题。

1. 这张照片想说明什么？

   这张照片展示了一种常见的“内群”——极度狂热的体育迷。

2. 有什么是语言描述不能做到的呢？

   这张照片引人注目，引人入胜。它强调一种极端的方式，即“内群”的成员表现出他们对“内群”的忠诚。

图 7-2　示例的照片和说明文字

注：“内群”是指人们认同并且具有归属感的群体。相反，“外群”是指人们不认同的群体，认为他们不如自己的群体。体育迷提供了内群和外群行为的极好例子。你是否有最喜欢的运动队并对其感到忠诚，因此产生了一种归属感？

地图

地图有两种类型：位置地图和专题地图。

位置地图显示了物理对象的确切位置：国家、城市、河流、山脉等。你将在历史、天文、地理、考古和人类学等学科的教科书中找到这些地图。要阅读这种类型的地图，请专注于各个项相对于其他项的位置。例如，在天文学教科书中提及我们的太阳系地图时，请专注于行星之间的相对位置，行星相对于太阳及其卫星的位置，等等。

专题地图提供关于特定地区或区域的统计或事实信息。例如，美国的彩色地图可以用来显示每个州的平均收入水平。非洲地图可以用编码来代表每个国家的政府形式。

阅读专题地图时，请寻找趋势或模式。例如，当研究显示平均收入水平的美国地图时，你应该寻找区域集群或模式。北方或南方的收入更高吗？人们的收入在人口稠密的州（例如纽约和加利福尼亚州）更高，还是在人口较少的州（例如蒙大拿州或爱达荷州）更高？阅读显示政府类型的非洲地图时，你应当寻找最常见和最不常见的形式，并且努力发现区域相似之处。例如，北部或东部非洲国家是否有类似的政府形式？

表格

表格以紧凑有序的顺序显示事实、图形、统计数字和其他数据，以供参考和澄清。表中的信息按行与列进行分类或组织，这样可以方便地比较数据。表 7-1 是来自一本社会学教科书的表格，显示了美国家庭中电视机数量的数据。看一眼这张表格，你就能容易地看出 1950—2008 年美国电视拥有率的增长。

在电视机出现的早期，哪些家庭最有可能拥有电视机？

列举三个可能的原因，说明为什么至少拥有一台电视机的美国家庭的比例达不到 100%。

一个家庭怎么可能拥有 2.8 台电视机？

表 7-1　表格示例：美国家庭的电视机情况

年份 / 年	家庭中的电视机数量 / 百万台	拥有电视机的家庭所占百分比 /%	每个家庭拥有的电视机的数量 / 台
1950	3.9	9.0	1.01
1960	45.8	87.1	1.13
1970	81.0	94.9	1.39
1980	128.0	97.9	1.68
1990	193.0	98.2	2.00
2000	245.0	98.2	2.40
2003	260.0	98.2	2.40
2004	268.0	98.2	2.5
2005	287.0	98.2	2.6
2008	301.0	98.2	2.8

认知深化　如何阅读表格

阅读表格时，请执行以下步骤：

1. **确定数据的分类或划分方式。仔细查看纵列的标题。**
2. **进行比较并寻找趋势。**
3. **得出结论。**

小试身手　解释表格

根据表 7-1，回答下列问题。

1. 美国家庭拥有电视机的比例在哪个时期保持不变？

   1990—2008 年

2. 哪一年美国家庭的电视机数量首次超过 3 亿台？

   2008 年

3. 美国家庭电视机数量增长最快的是哪两年？

   1980 年和 1990 年

4. 拥有电视机的家庭百分比从哪一年起没有改变？

1990 年

5. 哪一年美国家庭的电视机数量首次达到 2.0 台？

1990 年

图形

图形阐明了两组或更多组信息之间的关系。图形通常揭示一种趋势或模式，这种趋势或模式在视觉上很容易识别，但是当我们用列表或段落的形式阐述时，却并不那么明显。图形通常分为四类：条形图、堆叠条形图、线形图和圆形图。

条形图

条形图使用不同长度的条形来比较数量。条形图对于显示随时间发生的变化特别有用，它们通常包含在教科书中以强调差异。图 7-3 显示了世界各个地区的互联网用户的数量。浏览一下该图，你可以快速确定，亚洲是世界上互联网用户最多的洲。但是，你需要更仔细地阅读该图，才能看出全世界互联网用户比例最高的地区是北美（达到 73.9%）。这意味着 73.9% 的北美人口使用互联网，而只有 18.5% 的亚洲人口使用互联网。

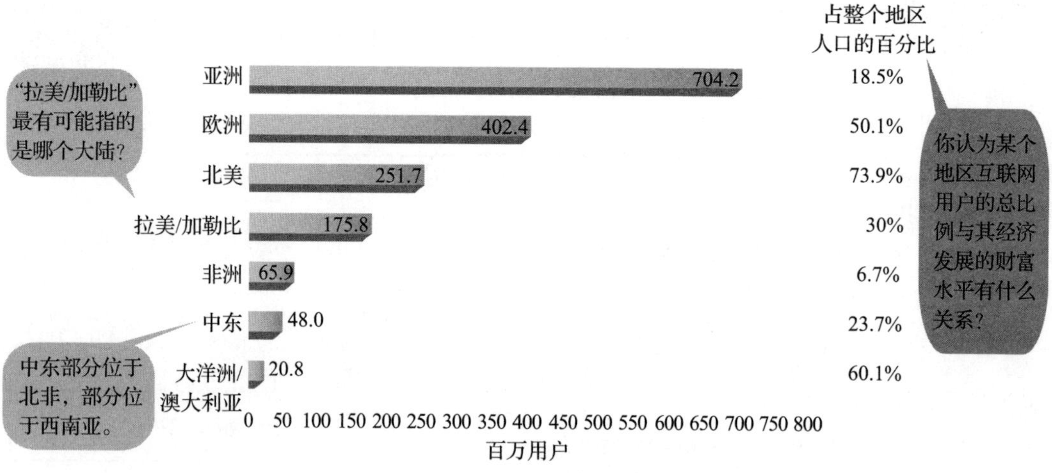

图 7-3　条形图示例：按地理区域划分的全世界互联网用户情况

小试身手　解释条形图

研究图 7-3，回答下列问题。

1. 这张图的目的是什么？

比较世界各地理区域互联网用户的数量和百分比。

2. 为什么非洲使用互联网的居民比例最低?

两个可能的原因是：非洲比较贫困；缺乏基础设施。

3. 哪个地区的人最有可能成为互联网用户：亚洲、中东还是大洋洲 / 澳大利亚?

大洋洲 / 澳大利亚

4. 2009 年，世界上大约有多少人在使用互联网?

接近 17 亿人。

堆叠条形图

在堆叠条形图中，如图 7-4 所示，条形是一个挨着一个放置的，而不是并排放置的。

堆叠条形图通常用于强调整体 / 零件关系。也就是说，它显示了组成整体的部分。由于堆叠条形图的目的是进行大量比较，因此需要加以仔细研究，以确保你“看到”了所有可能的关系。例如，在图 7-4 中，你可以看出，1971 年至 2008 年，进入美国的移民发生了怎样的变化。1971—1980 年，来到美国的移民中，30% 来自拉丁美洲，但到了 2008 年，这一比例已经增到 53%。堆叠条形图中代表的所有其他组在这两个时期的移民数量减少了。

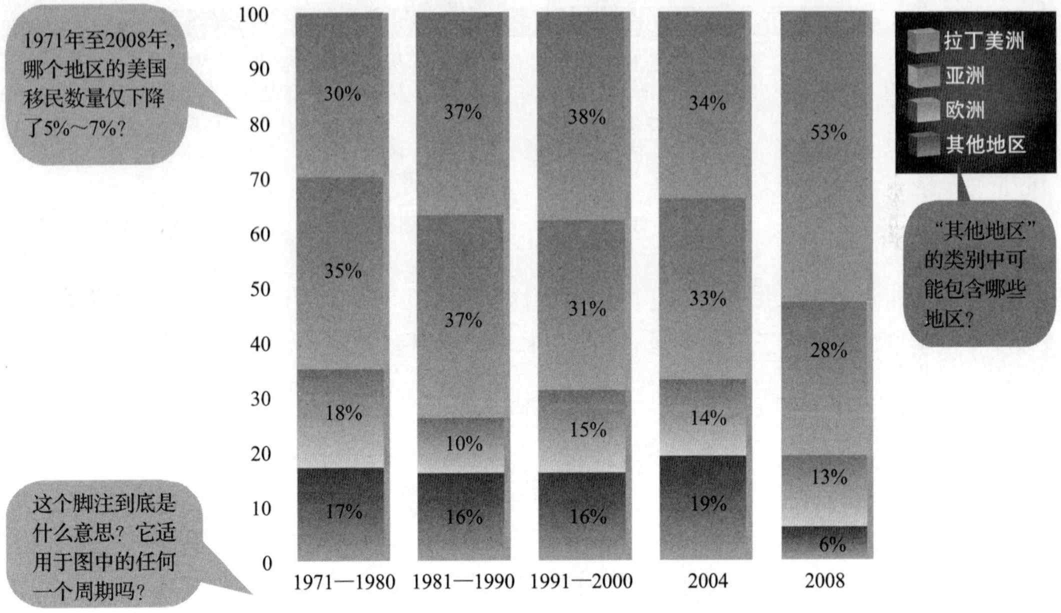

图 7-4 堆叠条形图示例：按出生地区划分的美国移民比例

注：由于四舍五入，百分比加起来可能不等于 100%。

线形图

在**线形图**中，信息沿着纵轴和横轴绘制，每个轴上都有一个或多个变量。从此类图形中很容易看出变量之间的关系。线形图沿着这些轴把各个点连接起来。线形图通常比条形图包含更多的数据点。因此，我们经常用它来展示详细的信息。如果线形图只比较两个变量，那就只有一条线。然而，线形图往往比较多个变量，在这种情况下就包含多条线。图 7-5 中的线形图显示了婚姻满意度（即已婚人士的幸福程度）在长期婚姻过程中的变化情况。

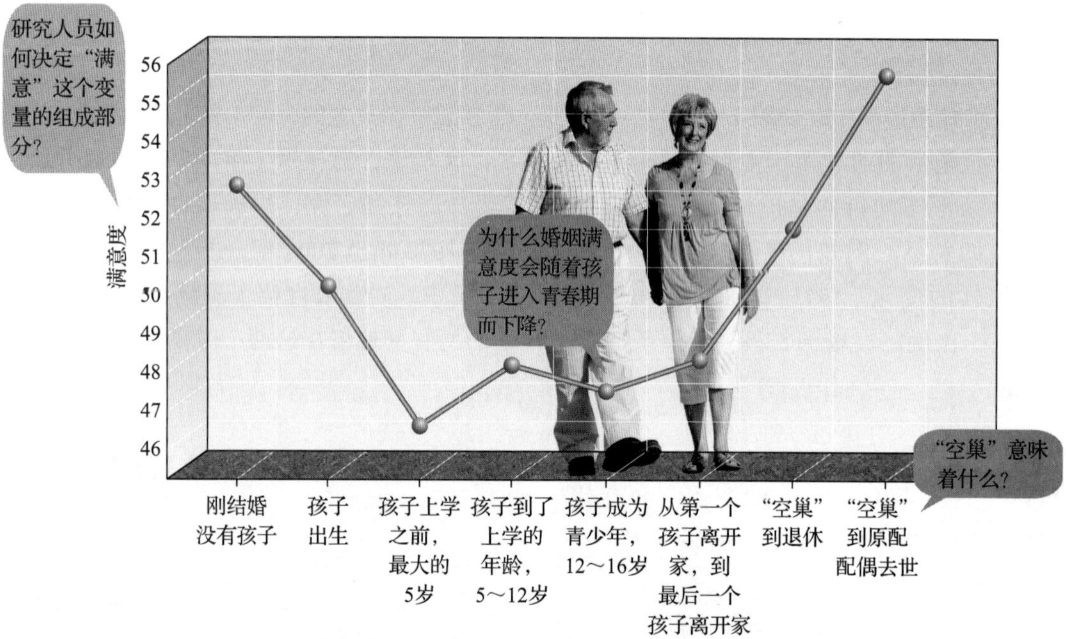

图 7-5　线形图示例：一生中的婚姻满意度

线形图常常用来显示按顺序发生的数据。你可以在图 7-5 中看到这一点，图中显示了一个顺序，从刚结婚没有孩子开始，到“空巢”和原配配偶去世。

小试身手　解释线形图

研究图 7-5，回答下列问题。

1. 为了画这个线形图，作者将婚姻生活分为了多少个阶段？
   8 个。
2. 已婚人士在人生的哪个阶段对自己的婚姻最满意、最幸福？
   从空巢时期到原配配偶去世。
3. 在人生的哪个阶段，已婚人士对自己的婚姻最不满意？
   在他们的孩子不到 5 岁时。

4. 这张图阐释了哪些趋势？

当一对夫妇有了第一个孩子时，婚姻满意度会下降，当他们有 5 岁以下的孩子时，婚姻满意度达到最低点。当孩子进入小学时，满意度上升了一点点，但当孩子进入青春期时，满意度再度下降。从那以后，婚姻的满意度会随着夫妻生活进入各个阶段而不断提高。

圆形图

圆形图也叫饼形图，用来展示部分与整体的关系，或展示某个单位的给定部分是如何被划分或分类的。圆形图通常强调比例或强调各个部分的相对大小或重要性。例如，图 7-6 显示了人们一天的时间是如何分配的。使用以下步骤来阅读圆形图。

认知深化　怎样阅读圆形图

1. **确定圆形图的主题**。被分成了若干部分或若干块的是什么？
2. **注意主题是如何划分的以及块是怎么排列的**。是从大块到小块排列的吗？使用了哪些标签或标题？
3. **注意趋势和模式**。圆形图显示了有关该主题的哪些内容？

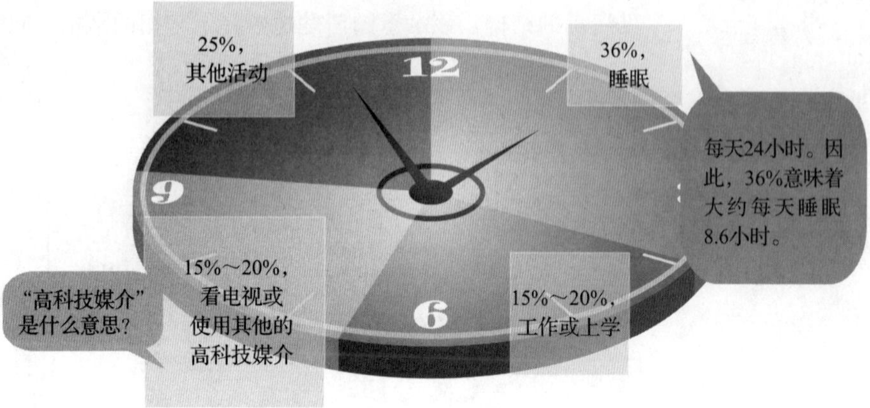

图 7-6　圆形图示例：花在各种不同活动上的平均时间

小试身手　解释圆形图

根据图 7-6，回答下列问题。

1. 人们每天在哪种活动上花的时间最多？

睡眠。

2. 人类每天花在哪两组活动上的时间大致相等？

① 工作或上学；② 看电视或使用其他的高科技媒介。

3. 什么活动可能归入“其他活动”的类别？

可能的答案：锻炼身体、和孩子一同玩耍、发展兴趣爱好、与朋友交往。

示意图

示意图是通过概述组成部分或步骤，或者通过显示物体的组织结构来图解物体、概念或过程的图形。使用接下来列出的步骤，可以有效地阅读示意图。

认知深化　如何阅读示意图

1. **需要在示意图和描述它的文本段落之间来回切换。**
2. **掌握示意图的概述。**研究示意图并阅读相应的文本段落，了解它在阐述什么。特别注意教科书小节的题目和示意图的标题。
3. **多读几遍示意图和文字，注意细节。**检查每个步骤或组成部分，并且了解从一个步骤或组成部分到下一个的进展。
4. **试着在不参考原图的情况下重画示意图，尽可能多地包含细节。**
5. **用你自己的话一步一步地解释示意图，以测试你的理解和回忆的能力。**

提高效率秘诀

许多教科书，尤其是科学教科书，在其网站上都提供了未标记的示意图。这些可以成为有价值的学习辅助工具。你可以下载未标记的示意图并自己给它写标签。这样可以节省很多时间，因为你不必重新绘制整个图了。

图 7-7 所示的示意图来自一本生物教科书，图解了两种常见病毒的结构。该示意图清楚地解释了它们的结构，同时展示了它们的不同之处。

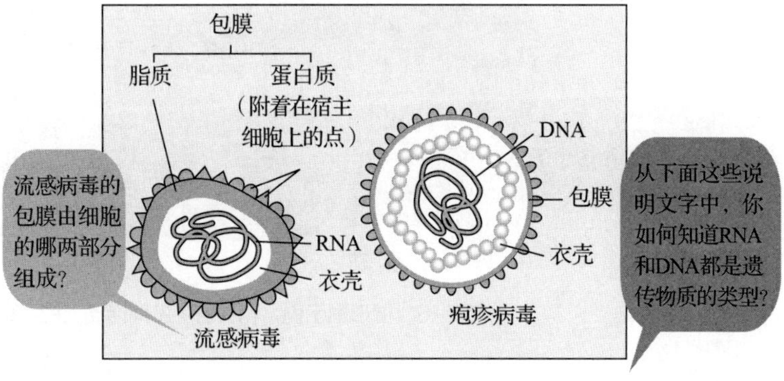

图 7-7　示意图示例：病毒的结构

注：病毒是感染细胞并引起许多人类疾病的极小颗粒。它们的基本结构包括一个由脂质和蛋白质组成的包膜，一个蛋白质衣壳，以及包裹在衣壳内的遗传物质。

阅读示意图，要重点关注其目的。它想说明什么？为什么作者要展示它？研究示意图，先盖住它，试着画出它，并且标记它的各个部分，而不参考文本。这样能够很好地测试你是否真正理解了示意图图解的过程或概念。

小试身手　解释示意图

研究图 7-7，回答下列问题。

1. 这张示意图显示了哪两种病毒？

   流感病毒和疱疹病毒。

2. 识别两种病毒结构的相似之处。

   两者都有包膜，都有蛋白质的衣壳，都包含遗传物质。

3. 每种病毒所包含的遗传物质有何不同？

   流感病毒包含 RNA，而疱疹病毒包含 DNA。

4. 盖住这张图，尝试在不参考文本的情况下绘制每个病毒的结构。比较你画的图和原图。

关系图

大学教科书中常用的关系图有两种：组织结构图和流程图。每一种都旨在显示一种关系，要么是定量关系（即基于数字），要么是因果关系。

组织结构图

组织结构图将一个组织（如公司、医院或大学）划分为各个行政部门、员工职位或权力系统。使用下面的步骤可以有效地阅读组织结构图。

认知深化　如何阅读组织结构图

1. **确定描述的组织。**
2. **研究其组织。**各种方框和箭头代表什么？
3. **确定权限和责任范围。**明确谁负责什么。

图 7-8 描述了在大西洋学院里权力是如何流动的。

流程图

流程图显示一个流程或程序如何运行。线条或箭头用于显示流程中的方向（路线）。不同的形状（方框、圆圈、矩形）中呈现

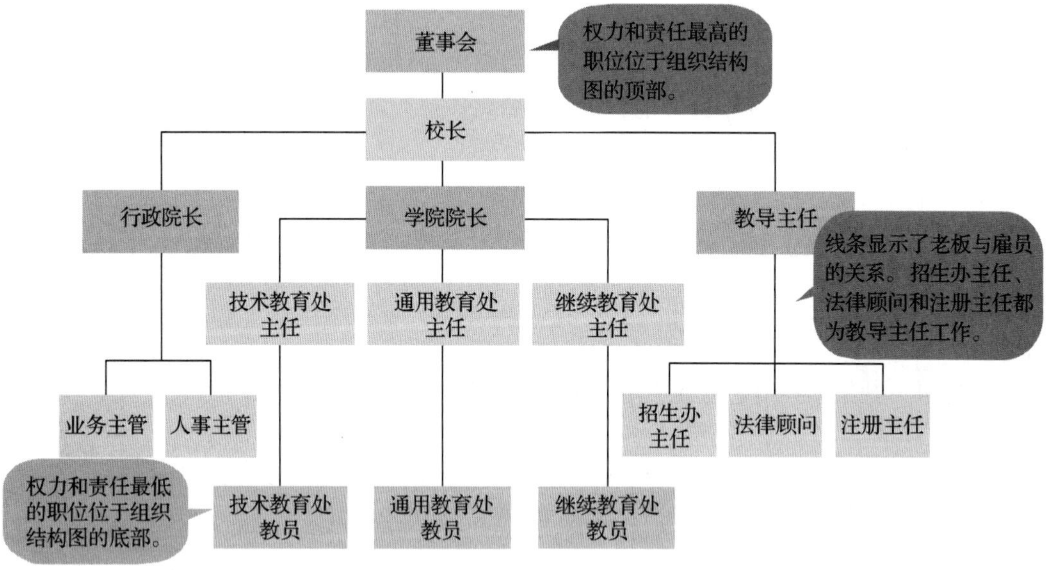

图 7-8 组织结构图示例：大西洋学院的管理层和教职员工

了在每个阶段或步骤中所做的事情。例如，你可以画一张流程图来描述如何申请和获得学生贷款，或怎样确定汽车的电气系统故障。图 7-9 所示的流程图显示了会计部门如何处理发票。

认知深化 如何阅读流程图

1. **确定流程图显示的过程。**
2. **接下来，顺着箭头阅读每个步骤。**从图的顶部或左侧开始。
3. **完成后，用自己的语言描述该流程。**尝试根据记忆来画图，不参考文字内容。将你画的图与原图进行比较，并记下任何你忘记或放错的地方。

信息图

信息图的设计者总在寻找新的、视觉上有趣的方式来呈现信息。近年来，一种被称为信息图的新型视觉辅助工具变得流行起来。虽然定义并不精确，但信息图通常将几种类型的视觉辅助工具合并为一种，通常是将照片与文字、图形或表格合并。

信息图和其他的图不一样，它有时候专门用于代表其自身；它们不一定要重复或总结文本中的内容。请考虑从一本健康教科书中摘录的以下内容：

> 吸烟对每一位吸烟者的健康都有害，对其周围每一个人的健康也有害。香烟每天导致 1000 多人死于癌症、心血管疾病和呼吸系统疾病。此外，吸烟会对你身体的几乎每一个系统的健康产生负面影响。图示概述了吸烟对生理和健康的一些影响。

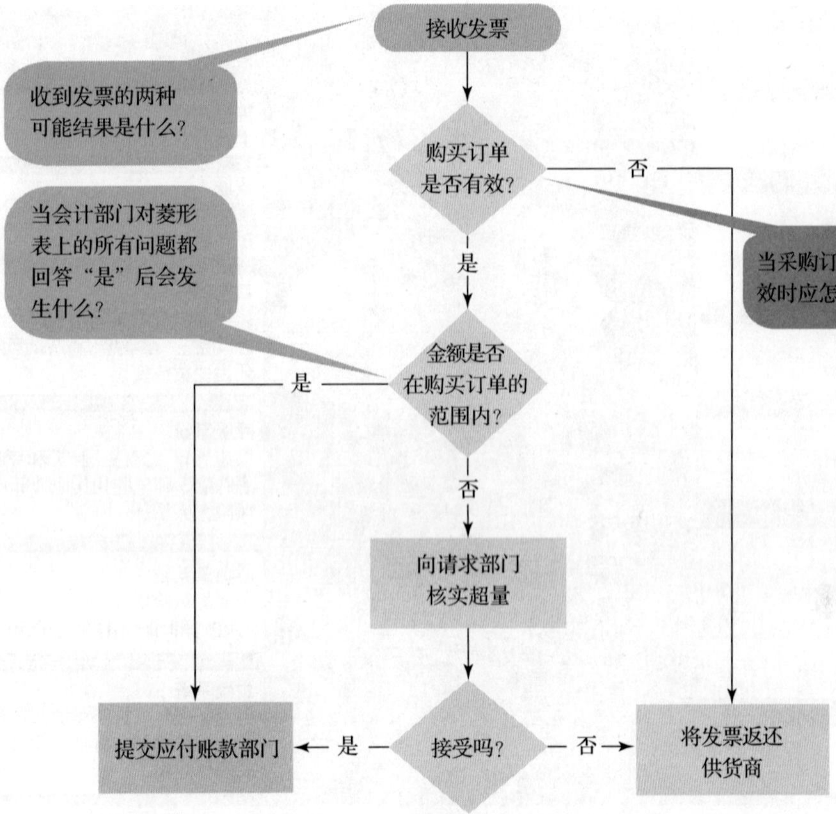

图 7-9　流程图示例：发票处理程序

图 7-10 列出了上面这些文字中没有列出的吸烟的许多影响。要理解这篇材料，你必须仔细阅读并学习信息图，因为这些信息在上面的文字中找不到。使用以下建议，以便有效地阅读信息图。

认知深化　如何阅读信息图

1. **确定主题**。信息图的目的是什么？
2. **辨别你应当如何遵循信息图的“流程”**。你应该从上至下，从左至右，顺时针还是逆时针阅读它？寻找视觉提示，例如箭头或标题，以确定应该从哪里开始。
3. **研究信息图的作者如何选择呈现信息**。也就是说，信息图是如何组织的？它适合任何特定模式吗？
4. **文字和图如何协同工作？**文字和视觉元素之间的对应关系有多近？
5. **完成后，用自己的话描述信息图及其信息**。尝试着根据记忆来绘制它。将你画的图与原图进行比较，并记下任何你忘记或放错地方的东西。

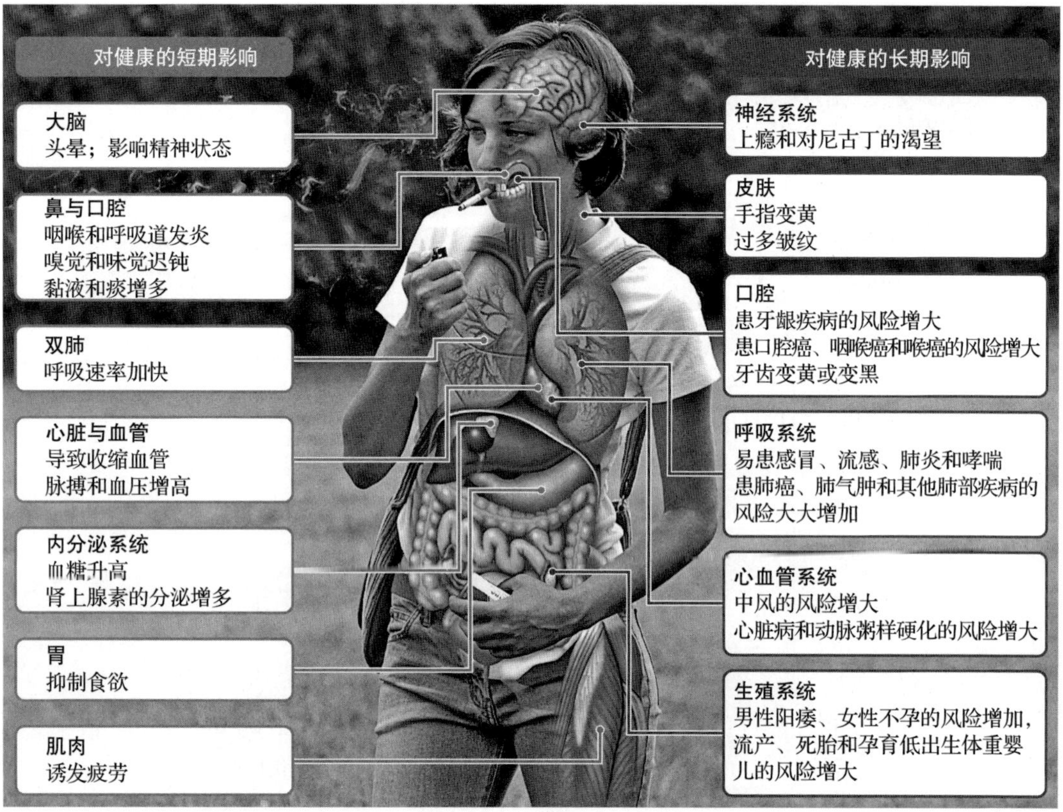

图 7-10　信息图示例：吸烟对身体和健康的影响

小试身手　解释信息图

研究图 7-10，回答下列问题。

1. 这张信息图主要探索哪两个类别？你怎么知道？

   ① 对健康的长期影响；② 对健康的短期影响。该信息图分为左右两部分，每一列的顶部都有一个标题。

2. 你认为作者为什么要在一张女性的照片上展示人体内部的解剖结构？

   来说明吸烟对身体的内部和外部都有影响。

3. 吸烟对孕妇有什么影响？

   不孕的风险增加，流产、死胎和孕育低出生体重婴儿的风险增大。

4. 吸烟者更容易增重还是减重？你如何从信息图中看出？

   更有可能减重，因为吸烟的短期影响是抑制食欲。

5. 吸烟更有可能让你看起来年轻还是比实际年龄老？你如何从信息图中看出？

   这张信息图显示，皮肤产生过多皱纹是吸烟的长期影响之一；更多的皱纹会让你看起来更老。

漫画

漫画是教科书及其他阅读材料中包含的一种视觉化材料，可以快速地阐明观点，或只是通过给主题增添一点幽默来使读者对正在阅读的主题感到轻松。漫画通常没有标题或图例，而且课文中往往没有对漫画的参考。

漫画可以使抽象的思想和概念具体而真实。密切关注漫画，特别是如果你是一个以视觉为导向的学习者的话。它们可以作为回忆线索，触发你对相关材料的记忆，帮助你轻松地回忆线索。

图 7-11 中展示的漫画出现在美国历史教科书的一章，标题为《新千年的全球民族》。它出现在讨论互联网使用增长的内容之中。漫画有效地指出，你不可能始终确定，正在网上和你进行交流的对象是什么人。

"放心，在网上，没有人知道你是一只狗。"

图 7-11 漫画示例

小试身手 选择合适的视觉化图表

指出哪种类型的视觉化图表在呈现下列每组信息时最有用。

1. 洪水对中西部城镇的影响

   照片

2. 市场占有率排名前五的软饮料品牌

   圆形图 / 饼形图

3. 德国、法国、日本和美国从 2005 年到 2010 年的人均年收入变化

   表格、线形图

4. 各个年龄段的自杀率

   条形图、表格

5. 美国最适合居住的 20 个地方，以及当地的居民平均收入、住房成本、学校质量、税收水平、犯罪率、文化和娱乐活动的可获性

   表格

6. 2010 年和 2011 年用于个人支出、国防、债务利息、州和地方政府拨款及其他所有支出的政府支出

   条形图、堆叠条形图

7. 太阳能汽车的基本部件

   示意图

8. 描述酸雨如何影响环境

示意图、流程图、信息图

9. 世界各地地震和火山活动的主要地区

地图

10. 从 2008 年到 2010 年十个类别中每一个的图书销售情况

条形图

批判性思考：考虑视觉化图表

作者在文中添加视觉化图表时，可以选择反映其观点或信仰的照片。考虑以下的节选文章以及与之相伴随的附图和说明文字。

节选文章

酒是美国人标准的娱乐性毒品。美国成年人平均每年喝 25 加仑（约 94.6 升）的酒精饮料——大约 21 加仑（约 79.5 升）啤酒，近 2 加仑（约 7.5 升）葡萄酒，以及近 2 加仑（约 7.5 升）威士忌、伏特加和其他蒸馏酒。啤酒受欢迎到什么地步？美国人喝啤酒的量比喝茶和果汁加起来还多。

酒对健康有害吗？这种饮料既有益，又有害。男性每天喝一到两杯，女性每天喝一杯，可以降低患心脏病、中风、胆结石和糖尿病的风险。然而，超过这个量，酒精就会损伤肝脏，损害心脏，并且增加患乳腺癌的风险。它还增加了出生缺陷的可能性。美国每年死于交通事故的 43 000 人中，有 1/3 是因为酒后驾车。另外，每年有 70 万美国人因酒精问题寻求治疗。

人人都知道“喝酒不开车，开车不喝酒”。这是一辆法拉利在加州新港海滩的残骸。另一辆车的司机因酒后驾车和交通肇事杀人罪被逮捕。

请注意，这篇文章非常注重事实。介绍了美国的酒精消费情况，总结了酒精的利与弊。但也要注意这张照片有多么惨烈。只要看一眼，你就知道这里发生了一场可怕的事故，有人身亡。因此，这张照片的视觉效果，使得文中关于酒精缺点的信息比关于酒精优点的信息更为强烈。如果作者想强调酒精的优点，可能会附上一张与朋友喝酒的照片，并附上说明，强调适量饮酒的积极作用。

小试身手　批判地思考视觉化图表

参考本章中的视觉化图表，回答下面的问题。

1. 图 7-2 描绘了一个“内群”。假设作者想要展示一张“外群”的照片。他们可能会选用哪种类型的照片？
   答案会因人而异。“外群”通常包括那些参加被认为是“不酷”活动的人。
2. 政治家会怎么来利用图 7-4 中的信息？
   一个精明的政治家会看到拉丁裔美国人正在美国人口中占据更大的比例，因而会制定政策和策略来赢得他们的选票。
3. 图 7-6 中的哪一部分清楚说明该图概括了成年人和孩子的日常活动？
   该图包含“工作或上学”这一类别，即成年人工作，孩子上学。

阅读精选

学校走可持续发展道路：绿化大学食品服务

塔利亚·伯曼（Talia Berman）

你准备采取哪种阅读策略

注：计分卡可以让你计算你的阅读速度。为做到这一点，在你开始阅读之前，一定要在计分卡上记下你开始阅读的时间。

通过预习阅读材料来激活你的思维并回答以下问题。

__a__ 1. 根据你的预习，你应当能够在这篇阅读材料中定义的最重要的术语是什么？

a. 陈词滥调。　　b. 志同道合。

c. 可持续性。　　d. 绿色市场。

__d__ 2. 哪些学生最有可能说她可以迅速地阅读这篇文章？

a. 护理学专业的学生。　　b. 育有两个孩子的学生。

c. 在军中服役的女性。　　d. 主动上环保课的女性。

3. 根据你对阅读材料的预习，你认为你应该以多快的速度阅读这篇精选材料？解释你的回答。

很慢　　慢　　中等速度　　快　　很快

____

____

4. 你就读或曾就读的大学有没有绿色食品服务？如果你不知道答案，你怎么才能知道？

1　年轻人往往对成年人每天抛给他们的陈词滥调置若罔闻，比如“你吃什么就是什么”。尽管这个建议很好，但年轻人往往会根据个人经历做出更好的判断。对于有环保意识的年轻人来说，这不仅意味着你吃了什么，还意味着食物来自哪里、如何种植。

2　如今，全国各地的大学生都在要求大学的餐厅提供可持续的食物。从支持校园里的当地农场，到向餐饮服务人员传授使用本地的和可持续的食材烹饪的方法，再到参与提高绿色饮食意识的全国运动，年轻学生已成为更大的变革进程中不可或缺的一部分。在这里，“可持续”一词是指对环境友好的农业实践（即有机的或极少使用杀虫剂）、支持本地小农户和促进健康、多样化的饮食。

3　安娜·拉佩是一名可持续食物专家、作家，也是“小行星研究所”的共同创造人，经常在全美各地的大学发表演讲并推广可持续饮食。她说：“学生们明白了（为什么要推广可持续饮食）。他们最常问我的问题是：‘我们知道我们需要宣传推广可持续食物——但我们能做什么？’”对于这个问题，拉佩通常会举例说明其他学校是怎么做的。

追踪食物的变革

4　可持续发展专家、高等教育可持续发展促进协会副主任朱利安·道特雷蒙特－史密斯表示，他的组织做的一件事是将全国各地学校志同道合的学生联结起来，这样就可以交换意见，相互学习。“我们进行许多的信息共享——如果不共享的话，要做很多重复的工作，信息共享有助于人们了解其他学校所做的事情。”道特雷蒙特－史密斯说。该协会还开展了一个项目，让学生和管理人员追踪和比较他们的做法的可持续性，其中很大一部分致力于可持续饮食。该项目被称为“可持续性追踪、评估和评级系统”（STARS），是一个指导和比较工具，它的存在团结并加强了日益壮大的关注自身环境足迹的大学群体。

5　根据道特雷蒙特－史密斯的说法，90 多所高校参与了新系统的试点项目。“它已经在催化食物的变革。”他说。该项目为制定和维持各种实践提供了佐证，并且包含一个实质性的餐饮服务部分。道特雷蒙特－史密斯说：“大学会因为使用有机和环保的方法而得分。我觉得，STARS 系统的饮食元素在项目中将备受青睐。”

校园进展

6　在个别层面上，许多学校在探索校园可持续餐饮方面取得了巨大成就。据加拉诺说，耶鲁大学和加州大学圣克鲁兹分校等先锋学校正在输出他们的可持续发展模式，以帮助其他学校更接近其绿色目标。其他学校也把门槛定得很高，这样做的另一个好处是让全国各地的学生看到什么是可能的。波特兰州立大学的设施与计划部门的可持续协调员诺埃尔·斯图德表示，该大学是第一个在 2005 年的提案请求（或称为 RFP，即一份邀请供应商从波特兰州立大学招揽业务的文件）中包括本地食品购买报告的食品服务。

7 全国各地的远见者为实现可持续发展目标提供了多种模式。据道特雷蒙特－史密斯说，位于艾奥瓦州费尔菲尔德的马哈里什管理大学提供了全美国第一份百分百有机和素食菜单。随着越来越多的学校加入到可持续发展运动中来，它们正在向这些革新者寻求灵感和真正的建议。在纽约市的哥伦比亚大学，大二学生贝基·戴维斯领导的一小群学生正在努力恢复已不存在的哥伦比亚大学食品可持续性项目。戴维斯表示："我们一直在关注其他商学院的做法，因为它们与很多相同的公司合作，存在着许多相同的问题。"

大食物，大挑战

8 戴维斯和她的许多同行遇到的一个挑战是如何处理与食品分销商的长期合同，比如哥伦比亚大学与北美最大的食品服务分销商西斯科的合同。戴维斯说："当你和这么大的公司合作时，做出改变并不容易。最难的是弄清楚食物是从哪里来的。"戴维斯正在和西斯科公司沟通，帮助改变哥伦比亚大学的菜单。"西斯科会告诉你，这些鸡蛋是本地的，打个比方，产自新泽西，但它们仍然是工业化的标准鸡蛋，而那些整批来的，不是装在盒子里的，绝对不是我们想要的。"她说道，"在我们采取其他行动之前，还有很多工作要做，就是试图弄清楚食物的来源。"在与西斯科、爱玛客和索迪斯集团等国家食品服务公司打交道时，确定供应来源通常更困难。这些公司庞大的仓库和运输基础设施，使得食物可能来自任何地方。

9 "最大的挑战是找到供应商。"拉佩说。根据拉佩的说法，选择一个你支持的食物供应商——比如一个当地的农民——是避免在国家仓库的内部寻找食物来源的一个简单方法。例如，布朗大学与名叫"罗得岛生鲜农场"的当地农民组织合作，在校园开设了一个市场，出售新鲜时令食品。

10 不过，拉佩说，并非所有的大学都有机会接触到当地的农场，在一些州，没有保险的小农场主会出现责任问题。拉佩表示，在这些情况下，与国家食品服务集团谈判可能更有成效。根据诺埃尔·斯图德的说法，索迪斯集团是他们努力扩大当地食品投资组合的"一个伟大的合作伙伴"。如今，戴维斯加入了一个不断发展壮大的社区，该社区赞赏西斯科在食品供应透明度方面的承诺。

气候与合作

11　对于戴维斯来说，与“真正食物挑战”以及纽约市环境委员会等其他项目的沟通，对取得成功至关重要。纽约市环境委员会负责管理纽约市的户外绿色市场。戴维斯说：“我们真的需要他们的建议和帮助，确保学校认真对待我们。”

12　在一些学校，关于可持续发展是什么的相互矛盾的理念可能会让饮食变革变得困难重重。其中一个问题是，有机的和无农药的食物与本地食品的对比，在变化无常的学校中产生了影响。例如，在纽约市的哥伦比亚大学，西斯科食品提供一些有机食品选择，但很少使用本地食材。戴维斯说：“比起有机食品，我们更想关注本地食品，但这真的很难做到。”在加州的学校里，把注意力集中在当地食材上要容易得多，因为当地的农产品供应充足。加拉诺说：“我们确实有着广泛的选择。”

13　对于道特雷蒙特－史密斯的来说，陷入哲学的泥潭并没有抓住问题的关键。“把重点放在有机食品和本地食品上太复杂了，”他说，“我认为这个问题需要整体评估，考虑学生的需求和学校的具体情况。”通常，学校的具体情况取决于它们与大型食品经销商的合同规定。一些学生希望看到这些合同因为条款的限制而终止。2002 年，当加拉诺还在加州大学圣克鲁兹分校时，学生和教职工联手向校方施压，要求终止与索迪斯万豪的合同。校方对此做出了回应，终止了合同，并帮助学生开发了一个内部餐饮服务系统。他们建立了一个合作模式，允许学生、教职工和社区成员参与工作，餐饮服务中的本地和社会责任的食品从零份额发展到 24% 的份额。

14　虽然这个故事很鼓舞人心，但分析人士说，完全终止合同对许多其他学校来说或许是站不住脚的，特别是对那些在可持续食品可能短缺的地方的学校。此外，加拉诺说，向主要粮食分销商施压，让它们以可持续的方式运作，可能是促进变革的有效方式。加拉诺表示：“与经销商和买家交谈或许是最有用的（策略）。”事实上，索迪斯集团最近聘请了一位负责可持续发展的副总裁来解决学生的担忧。他表示：“一旦你与经销商建立了信任和关系，当合同需要续签或重新评估时，你就可以开始做出改变。”此外，加拉诺指出，与食品经销商建立联系有助于促进它们与学校之间的持久关系。“学生倡导组织将在一年内消失。如果你与分销商建立关系，也许能看到持久的变化。”他表示。

阅后评测

检验你的理解

_d_ 1. 这篇阅读精选文章主要关于：

a. 农业实践。　　b. 有机食物市场。

c. 国家食品服务。　　d. 可持续的食物实践。

_a_ 2. STARS 项目的目的是：

a. 允许大学生和管理人员跟踪和比较他们的饮食习惯的可持续性。

b. 将全国食品服务公司与本地的和区域的食品生产商网络联系起来。

c. 向食品服务人员传授如何使用环保方法准备食物。

d. 向全国的消费者、杂货店、餐馆和大学校园推广有机食品。

__d__ 3. 美国第一个100%有机和素食菜单是在（　）的校园提供的。

a. 波特兰州立大学　　b. 加州大学圣克鲁兹分校

c. 耶鲁大学　　d. 马哈里什管理大学

__a__ 4. 根据这篇阅读精选文章，与大型国家食品服务分销商打交道的最大挑战之一是：

a. 确定分销商食品供应的来源。　　b. 说服分销商遵循公平贸易的做法。

c. 与分销商谈判新合同。　　d. 向分销商传达可持续发展的目标。

__d__ 5. 在加州大学圣克鲁兹分校，学生和教职工对学校餐饮服务合同的压力导致了：

a. 终止合同的行政机关。　　b. 学生开发内部餐饮服务系统。

c. 餐饮服务使用更多当地和社会责任食品。　　d. 以上所有。

批判地思考

__c__ 6. 作者对这个主题的态度可以最好地描述为：

a. 幽默。　　b. 正式。

c. 富含信息。　　d. 不赞成。

__b__ 7. 作者在第12段中举出关于哥伦比亚大学的例子是为了表明：

a. 加州的学校对本地食物的承诺更强烈。

b. 使用当地食物的努力可能会受到气候的阻碍。

c. 关注有机食品比食用本地食品更重要。

d. 一些国家食品经销商愿意提供有机食品。

__b__ 8. 在第10段中，作者使用“透明度”一词来指西斯科致力于：

a. 描述其食物是如何准备的。　　b. 揭示其食物来自何处。

c. 讨论其合同的条款。　　d. 只选择本地的、有机的供应商。

__a__ 9. 刊登这篇阅读精选文章的网站的类型可以最好地描述为：

a. 新闻网站。　　b. 倡导网站。

c. 个人网站。　　d. 商业网站。

__b__ 10. 文中第一张图片有什么功能？

a. 它强调可持续发展是一个主要在新英格兰实施的项目。

b. 它概括了大多数人对可持续发展的态度。

c. 这表明，一些食物，如鱼和芦笋，比其他食物更具有可持续性。

d. 它说明了如何种植一个可持续的花园。

计分卡	评估你的阅读策略
结束时间：______时______分______秒 开始时间：______时______分______秒 阅读时间：______时______分______秒 每分钟字数计分：__________ 理解计分：从第 1 题至第 10 题 正确的数目：______×10 = ______%	1. 你会怎么评价你对这篇阅读文章的理解？ 很好　好　一般　差 2. 你认为你的阅读策略有效吗？ 有效　无效 3. 假设再去阅读与之相类似的另一篇阅读精选文章。根据你对这篇阅读文章的经验，你会怎样调整你的阅读策略（如果需要调整的话）？ ____________________ ____________________

阅读理解

11. 可持续这个术语在这篇阅读精选文章中是怎么定义的？

它指的是对环境友好的农业做法（有机的或很少使用杀虫剂），支持当地小农，并促进健康和多样化的饮食。

12. STARS 项目怎么给参与者奖励分数？

它给出了制定和维持各种实践的分类。使用有机和环保方法的大学会得到分数。

13. 选出这篇阅读精选文章引用了的至少 4 所学院和大学。

耶鲁大学、加州大学圣克鲁兹分校、波特兰州立大学、马哈里什管理大学、哥伦比亚大学、布朗大学。

14. 除了终止食品服务合同，还有什么策略可以提高学校的可持续性？

与经销商和买家进行沟通，向经销商施加压力，使其可持续地运营，在合同需要续签或重新评估时做出改变。

批判地思考

15. 作者的目的是什么？

描述可持续的食物实践，以及大学如何从它们的餐饮服务中回应学生对这类实践的需求。

16. 作者提供了什么类型的证据来支持她的中心思想？

她引用了权威和专家的话；她还提供了示例和描述作为支持细节。

17. 为什么一所大学可能选择与国家食品服务组织谈判，而不是向当地农民寻求食物来源？

学院可能无法接触到当地农场，在一些州，没有保险的小农会产生责任问题（第10段）；对一些学校来说，可持续食品可能会短缺（第14段）。

18. 文中第二张照片说明了什么？

它说明了新鲜、时令食品带来的愉悦和满足。

多想一想

答案会因人而异。

1. 描述你自己在可持续食品实践方面的经验。例如，你的学校是否实践可持续发展？你是否尝试在自己的饮食中加入可持续食物？为什么或为什么不？

2. 比较一下这篇阅读精选材料中描述的项目，如STARS（第4段）和加州大学圣克鲁兹分校的内部食品服务（第13段），或查找其他提到的项目（小行星研究所、真正食物挑战、罗得岛生鲜农场）。你认为哪些项目最有可能取得成功？为什么？

3. 有机及无除害剂食物与本地生产的食物，你认为哪个更重要？解释你的答案。

4. 评估这篇阅读精选材料中包含的视觉化图表。还有什么其他类型的视觉化图表可能对这篇阅读材料有用？

批判地阅读

第三部分 3

第 8 章
批判地分析和评估网络资源

“我不知道那是什么。我认为是一种老式的手机。”

研究一下这幅漫画。写一个句子解释漫画家的观点。你怎么知道该写什么？你用什么思维过程来理解漫画家传达的信息？你必须研究漫画中的细节，并配合说明文字，才能发现，漫画家是在评论日新月异的交流形式。

你的思维过程涉及批判性推理。你必须超越漫画中所呈现的信息，并对其进行推理。通过对词语、描述、事实、观点和建议的选择，作者的意思往往比他所说的更多。本章的目的是介绍一些技巧，帮助你理解和评估你所阅读的内容。这些过程需要批判性的阅读和思考能力——对观点进行仔细和深思熟虑的评估，以便对其价值做出判断。

进行推断

假设你上心理学课时迟到了十分钟，你发现教室里空无一人。经过片刻的不解和困惑，你可能想起老师生病了，并决定取消你们的课。或者，你也许想起你的老师上周换了教室，因此你认为她到新教室上课去了。在这种情况下，你用你知道的信息对你不知道的情况进行合理的猜测，这个推理过程被称为**推断**。推断是你在自己观察的或已知的信息与你不知道的情况之间建立的一种逻辑联系。我们所有人在日常生活中都会不自觉地做出许多推断。当你向朋友挥手而他没有向你挥手时，你会推断他没看见你。当你在高速公路上开车时，看到一辆警车在你身后闪烁着警灯，你通常会推断警察想让你靠边停车。

虽然推断是根据现有信息做出的合理猜测，但它们并不总是正确的。例如，虽然你推断那个没有向你挥手的朋友没看到你，但他也可能看到了你，只是对你生气而不理你。推断是你在现有信息和环境下能做出的最佳猜测。

如果你是一名务实型或应用型学习者，你可能倾向专注于手头的事实，而忽略它们的含义。一定要对事实提出疑问、进行质疑并且加以分析。当把这些事实放在一起考虑时，你会发现更多的观点。

小试身手　进行推断

对于下面的每一道题，对描述的情况做出推断。

1. 一个独自坐在酒吧里的女人提议给坐在几个座位之外的男士买一杯酒。

   这位女士对与这位男士见面感兴趣。

2. 一个十几岁的少年朝房子走去时，狗在狂吠。

   少年是这里的陌生人，或狗不友好。

3. 你七岁的弟弟不肯吃饭。厨房橱柜里少了一包饼干。

   你弟弟吃了那包饼干。

4. 一位独自坐在餐厅里的女士紧张地打量着进来的每一个人。她每隔几分钟就看一次表。

   这位女性在等一个人，对方迟到了。

5. 一个好朋友邀请你周二出去吃比萨、喝啤酒。当你周二在她家见她时，她告诉你，你一定把日子搞混了，她约是的明天晚上。

   她改变了主意，或是她弄错了日子。

边阅读边推断

推断是基于作者说了什么，而对他没有说出来的东西进行合理猜测。当作者提出一个观点但没有直接陈述时，你需要做出推断。例如，假设一个作者这样描述一个人物：

> 从镜子里，约翰·贝尔注意到他两鬓的头发已经花白。拿起晨报时，他意识到不戴眼镜他就看不清楚了。他看了看拿着报纸的那只手，发现它皱巴巴的。

从作者提供的信息，你可以推断出这个角色正意识到他在变老。然而，请注意，作者根本没有提到衰老。然而，通过他提供的事实，作者引导你推断人物正在思考衰老问题。

接下来，阅读下面这段对一个事件的描述：

> 在这个阳光明媚的下午，他们的行动经过了精心的组织和排练。他们的工作始于几周前，当时，他们悠闲地驾车穿过一片安静的住宅区。在开车时，他们注意到一些特别的房子似乎是孤立的，里面没有人。在接下来的一周里，他们在不同的时间又几次驱车到那里。最后，他们选中了一间房子，开始认真地工作。通过仔细观察和几次电话，他们了解了住户的工作地点。他们研究了房子，记录了入口和窗户，并预测了平面图。最后，他们准备行动了。那天早上的电话使他们确认了住户在上班。

在这一描述中将会发生什么呢？根据陈述的事实，你可能意识到白天会发生入室盗窃。不过要注意的是，这个段落中并没有提到入室盗窃。相反，使用所提供的信息，你在关于将要发生的事情的已知与未知事实之间建立了逻辑联系。

提高灵活性秘诀

小心不要过早地做出推断，尤其是在阅读一段长文章时。有时，最初的线索可能误导你。沿着线索一路追踪，在有了足够证据支持的情况下才做出推断。

怎样做出推断

以下是对你阅读的内容进行推断的几条一般指导原则：

1. **确保你首先掌握字面上的意思。**对于每个段落，你应当辨别出主题、主要观点、支持细节和组织模式。

认知深化　怎样进行推断

2. **向你自己提问**。为了确保你能做出必要的推断，从文章中获得最充分的信息，问你自己下列问题：

- 作者试图从这些陈述的信息中暗示些什么？
- 所有这些事实和观点全都指向什么？或者似乎在说明什么？
- 作者出于什么目的要包含这些事实与细节？

在回答这些问题时，你必须将各个信息片段累积起来，从而得出推论。做出推断有点像把一个复杂的拼图放在一起，在拼图中，你试着让每一块与其他所有图块都匹配，从而拼成一个可识别的东西。

3. **使用作者提供的线索**。作者对词语的选择常常暗示着他对某一主题的态度。试着注意描述性的词语、充满情感的词语以及带有强烈的正面或负面含义的词语。这里有一个例子，说明词语的选择如何引导你的推断：

> 祖母年轻的时候是一位有着非同寻常魅力的女子，直到生命的最后一天，她都带着一种自然迷人的优雅自信。

突出的短语“有着非同寻常魅力”“自然迷人”“优雅自信”表明作者非常认可祖母。在下面的例子中，请注意突出显示的词语是怎样为这个人制造负面形象的。

> 这个沉默寡言的孩子用带着敌意和轻蔑的目光看着她的老师。当直接和孩子说话时，孩子会以一种冷漠但又小心尊重的方式回应。

在这个句子中，突出显示的词语暗示着这个孩子不友好，而且不喜欢他的老师。

4. **考虑作者的目的**。意识到作者写作的目的常常有助于进行推理。如果作者的目的是说服你购买某种特定的产品，例如在一个广告中，你已经清楚地知道作者希望你做出的推断类型。例如，杂志上的立体声音响广告是这样写的：

> 如果你想在市场上买到真正的环绕立体声音响，预先匹配的立体声系统是一种很好的方法。我们系统中的组件是由音频工程师专门构建的，可以保证高性能和音质。

你可以猜到，作者的目的是鼓励你购买他的预先匹配的立体声系统。

5. **验证你的推断**。一旦你做出推断，核实它是否准确。回头看看陈述的事实，以确保有足够的证据来支持推断。另外，要确定你没有忽略其他同样合理或更合理的推断，这些推断可以从同一组事实中得出。

小试身手 进行推断

阅读下面的文章，然后回答之后的问题。文章中没有直接给出答案；为了回答这些问题，你必须进行推断。

一天早上，我把两个荷包蛋放在查理面前，他从报纸上抬眼看了我一下。

“你表现得真不错，凯茜，”他笑着说，“一位可怕的女士去了医院，一个非常好的凯茜回来了。我想你已经得到了教训，亲爱的，我为你感到骄傲。”

他去上班了，我开始洗碗，试着为自己在查理面前的表现感到兴奋。他的声音听起来像是医院在进行某种驱魔仪式，我沉思着，用指甲把鸡蛋从盘子上刮下来。邪恶被驱逐，善良恢复。那为什么我感觉不到改变？

盘子从我手中滑了出去，摔进了水池里，把薯片溅到了柜台上。我低头看了看杂七杂八的东西，又看了看厨房里乱七八糟的桌子，再看看书房里电视机上的灰尘。我想象着那四张没收拾的床，三间堆满衣服的卧室，客厅里的玩具，查理的躺椅旁边地板上放着昨晚的报纸，我对着那只正在舔碗里牛奶的猫喊道：

“什么教训？我该吸取什么教训？”

我拿起外套和买东西的钱，在卖酒的商店开门的时候等着。

“你找到一个免费赠送的地方了吗？”柜台后面的男人斜眼看着他，“我们好几个星期没见到你了。你去哪了？”

“没有，”我回答说，“我哪儿都没去。”他把我的瓶子给了我，我走出去，心想我得去另一家店买了，那里那些讨厌的家伙可不会那么随便议论我。

1. 凯茜遇到了什么问题？

   酗酒。

2. 凯茜住院的目的是什么？

   复原。

3. 凯茜对家务活有什么感觉？

   厌倦和挫败。

4. 凯茜的丈夫对她的问题持什么态度？他是她问题的一部分吗？如果是，到底是怎么回事？

   他认为她应该吸取教训。他是她问题的一部分。他没有注意到她被家务事搞得不知所措。显然他不帮忙做家务，只会增加她的工作量。

学习风格秘诀

如果你倾向于是一位……	那么，你可以通过以下方法培养批判性阅读技能：
应用型学习者	问这些问题：我能够怎么运用这些信息？它们有些什么价值？
概念型学习者	进行研究，看看怎么将观点整合到一起，寻找观点之间的联系和关系，以及是否存在不一致的地方。

区分事实与意见

一般来说，你可以假设你在大学入门教科书上读到的大部分内容都是事实，尽管有时候作者的意见会悄悄冒出来。通常，教科书作者会讨论一个有争议的问题的两个方面，而不是只阐述其中一个方面。为此，他们引用了多位学者的研究成果。

事实是可以证明属实的陈述。意见是表达那些既非真实也非虚假的感情、态度或信念的陈述。下面是其中的几个例子：

事实

1. 美国成年人平均每周花 25 小时做家务。

2. 美国军费支出在过去 10 年里一直在增长。

意见

1. 到 2030 年，烟草将是非法的，就像目前其他各种毒品是非法的一样。

2. 如果肯尼迪还活着，美国将会朝着不同的方向发展。

事实一旦经过核实或来自一个有信誉的来源，就可以被接受和视为可靠的信息。然而，意见并不是可靠的信息来源，应该予以质疑和仔细评估。读者应该寻找支持观点的证据，并表明其合理性。

有些作者在陈述观点时，会小心地向读者发出信号。注意下面这样的词语：

有人认为

在我看来

很可能……

表面上看来

一种解释是

很明显

据推测

据我所知

这意味着

有可能

阅读下面这篇摘自一本心理学教科书的节选文章，请注意作者是如何通过使用限定词和短语来仔细地区分事实与意见的。

> 一些研究表明，日托会对儿童的发育产生不良影响。例如，研究显示，与那些从未上过日托或很久没上过日托的孩子相比，从婴儿时期就开始接受日托的孩子更具攻击性，更容易分心，不太会体谅同龄人，不那么受欢迎，也更不听话。
>
> 其他的研究发现，日托与适应行为有关。例如，研究人员报告称，参加日托的孩子比待在家里的孩子的社交和语言技能发展更快，尽管没有参加日托的孩子几年后在社会发展方面就会赶上来。去日托的贫困儿童比待在家里的贫困儿童更有可能培养出更好的阅读和数学技能。
>
> 另外一些研究发现，上了日托的孩子和不上日托的孩子并没有什么不同，这使得日托对孩子发育的影响进一步复杂化。对于这些不同的——在某些情况下甚至是矛盾的——研究成果，到底是出于什么原因，我们又能得出什么结论呢？

不过，另一些作者在没有做出区分的情况下就将事实和意见混在一起，涉及富有见地的意见，即专家或权威人士的意见时尤其如此。例如，拉尔夫·纳德代表专家在消费者权益问题上的意见。教科书的作者也经常提供富有见地的意见，就像下面的教科书《美国的政府》中的声明一样。

> 在投票研究的早期，证据很明显：选民很少参与政策投票，更喜欢依靠政党认同或候选人评估来做出决定。

这一陈述的作者审查了现有的证据，并就这些证据表明什么提出了他的专家意见。

小试身手　区分事实与意见

阅读下面的陈述，判断它是事实还是意见。

意见 1. 中产阶级家庭的性别分工将在未来 50 年发生变化。

事实 2. 感染是由人体微生物的作用而引起的疾病。

事实 3. 以收入能力来衡量，美国人的生活水平自 20 世纪 70 年代初以来一直在稳步提高。

意见 4. 工作或没有工作是影响生活方式的主要因素。

意见 5. 增加妇女和其他少数民族的就业机会主要取决于经济的未来。

事实 6. 现在父母和孩子在一起的时间比 30 年前要少。

意见 7. 为了保存，图书馆管理员应该将稀有的、有价值的图书收回。

事实 8. 几个州的高中已经取消了艺术和音乐课程。

意见 9. 大多数人认为梅里韦瑟・刘易斯是自杀的。

意见 10. 勇敢比聪明更重要。

识别概括

概括是根据对一群或一类人的观察或经验而对他们做出的陈述。假设你采访了一些校园里的学生。你问他们为什么上大学，每个人都表示，他是在为将来的职业生涯做准备。从你的采访中，可以得出这样的概括："学生上大学是为今后的就业做准备。"当然，除非你询问了每个大学生，否则你不能绝对地确定这句话正确。这里有更多的概括。有些似乎很合理；另一些你可能不同意。

- 所有大学新生在他们进入校园的第一周都会感到困惑和迷失。
- 大多数父母关心孩子们的幸福。
- 心理学老师对心理学感兴趣。
- 大学生对社会生活比对学术更感兴趣。

当你评估作者用来支持其观点的证据时，要警惕那些被作者当成事实来使用的概括。记住，概括并不是事实，它只是代表作者对一组特定事实的判断。在下面的段落中，我们使用的是概括而不是事实来支持主要观点。

> 婚礼是大部分年轻人仍然珍视的传统。大多数订婚的夫妇都在精心策划他们的婚礼，并且将其视为他们人生中的一个重要时刻。夫妇们也非常关心他们的婚礼是否遵守礼仪规则，一切事情都要"按规矩办"。许多人非常注重婚礼仪式的个性化，包括他们自己的誓言、歌曲和象征。

注意，作者没有使用具体的、特定的信息来展开段落。相反，作者概括了年轻人对自己婚礼的感受。如果作者是一位社会学家，并且研究过人们对婚姻的态度和婚姻习俗，那么他所做的概括可能准确。然而，如果这段话是一位家长写的，并且是基于他与孩子和他们的朋友相处的经验，那么你就没有理由将这些概括当成事实加以接受了，因为它们基于有限的经历。作者的专业知识和他得出这些概括的方法，都会影响你是否愿意接受它们。

当阅读材料包含概括，那就去了解作者的结论与批评、质疑的态度。当一种概括没有事实证明时，就将其当作一种意见。作为事实提出的概括是危险的和有误导性的，它们甚至也许是完全错误的。

小试身手　评估概括

指出下列哪个语句是概括。

1. 美国工人的生产力正在迅速下降。

　概括

2. 政府在社会项目上的支出对国家经济增长有害。

　概括

3. 1964 年，联邦政府正式向贫困宣战。

　不是概括

4. 从事类似工作的男性计算机科学家比女性计算机科学家挣得多。

　概括

5. 居住在美国境内的非法移民正在取代美国工人，并增加了失业率。

　概括

识别语气

说者的语气往往揭示了他的态度，并对整个信息有所贡献。语气在写作中也很明显，也有助于表达它的意思。考虑作者的语气可以帮助你识别情感、态度或观点，即使作者并未直接陈述。

因此，语气是情感的流露。许多人类的情感可以通过语调来传达——不赞成、憎恨、钦佩、厌恶、感激和强迫。表 8-1 列出了常用的描述语气的词汇。

表 8-1　经常用于描写语气的词语

抽象的	谴责的	宽容的	愉快的	开玩笑的
可笑的	居高临下的	正式的	热爱的	恭敬的
愉快的	愤世嫉俗的	挫败的	恶毒的	正义的
愤怒的	沮丧的	温和的	忧郁的	挖苦的
冷漠的	超然的	严肃的	嘲弄的	讽刺的
傲慢的	不同意的	憎恨的	怀旧的	耸人听闻的
自信的	不敬的	幽默的	客观的	严肃的
惊奇不已的	痛苦的	充满激情的	谄媚的	庄严的

（续）

尖刻的	温顺的	怀疑的	乐观的	同情的
刻薄的	热心的	愤愤不平的	愤慨的	悲惨的
庆祝的	兴奋的	间接的	可怜的	不自在的
快乐的	想象的	亲密的	说服的	怀恨的
有趣的	滑稽的	嘲讽的	悲观的	担心的
同情的	轻率的	不相关的		

阅读以下文章，特别注意它创造的感觉。

> 西方世界最讨厌的人是宗教皈依者和改过自新的酒鬼……我确实在十几年前就戒酒了。这并没有让我觉得自己在道德上优于任何人。如果有人问我的话，我想谈谈戒酒，但从一开始，我就决定不说教，不去评判那些喜欢酱汁的人。
>
> 但我必须承认，最近我的感觉开始变了。如今，酗酒和醉鬼让我充满厌恶。我越来越多地看到亲密的朋友——有智慧、机智和有风度的人——沦落为醉醺醺的、流口水的傻瓜。我见过其他朋友毁了他们的婚姻，虐待孩子，毁掉事业。我也到了不得不帮助埋葬一些人的年纪，他们允许酒精将他们带入永恒。

在这方面，作者显然不赞成饮酒。通过对词语的选择——流口水、厌恶——以及对细节的选择，使得语气明显。

语气也可以在作者和读者之间建立一种距离或正式形式，或能够创造一种共同交流的感觉，将他们拉到一起。在接下来的节选文章中，请注意，第 1 段节选描述礼节或距离是如何建立的，第 2 段节选讲述熟悉和友好是怎样确立的。

> **第 1 段节选**
>
> 目前还不完全清楚政党投票的差异是由党派关系直接造成的，还是由选区的性质间接造成的。一些学者发现有很强的独立党派效应。另一些人则认为，同一党派的人士倾向于一起投票反映了这样一个事实，即民主党议员来自彼此相似的地区和州，而共和党议员来自不同于民主党议员的地区和州。共和党人通常来自比民主党人收入更高的地区。反过来，民主党选区往往有更多的工会成员和少数族裔。在这一论点中，最紧密的联系存在于国会议员和选民之间，而不是议员和政党之间。

第 2 段节选

每次我去监狱探望我的男人，我都重温着重逢的喜悦和分离的痛苦。

我们在龙波克联邦惩教所小型访客大厅入口处的大玻璃门碰面。我们默默看着对方，然后转身走进一个房间，里面挤满了数百把成型的玻璃纤维椅子并排排列着。我们在拥挤的大厅找了个地方坐下，震惊地发现自己实际上是在监狱里。即使是现在，经过四个月这样有时间、有监督、有规范的探视，我们仍然无法适应这种挫折。

然而，当约翰轻轻地把我按在他的心口时，我感到温暖而温柔，泪水在心里涌出，就像每个周末一样。我只有 7 小时的时间和我爱的人在一起——这太短了，不足以让我分享一生的情感：爱与渴望、同情与温柔、怨恨与愤怒。

以下的建议可以帮助你识别语气。

认知深化　如何识别语气

1. 考虑一下这些材料给你的感觉。当你阅读时，会涌现什么样的情绪？
2. 研究作者的用词。他是否会使用激起强烈感情的词语？哪些词和短语具有正面的或负面的联想或内涵意义？
3. 研究作者是如何写作的。材料究竟是直接的和事实的，还是作者在玩文字游戏，使用讽刺或幽默，或使用比喻性的语言？

小试身手　辨别语气

描述下面每篇短文章的语气。

第 1 篇　愤怒

应当解雇粗鲁的或冷漠的服务员。在餐厅里，没有什么能像无礼的女服务员或自以为高人一等的服务员那样破坏一顿愉快晚餐的了。任何餐馆的餐费都有一部分是服务费用，而且服务至少应当和食物一样好。

第 2 篇　乐观

在过去的 20 年里，我一直在和接受特殊教育的学生打交道，学校将他们安置在一间针对严重情绪障碍和行为障碍学生的教室里。在这段时间，我一直对特殊教育项目在学生身上所创造的“奇迹”感到惊讶。这里的奇迹在于，学生们从失败者变成成功者。他们进入这个项目时，背负着失败的身份。他们讨厌学校，因为在学校从来没有成功过。许多人离退学只有一步之遥。加入了这些特殊教育项目，这些学生开始获得一种成功的身份。他们学会了遵守规则，完成工作。渐渐地，他们开始为自己的成就感到骄傲，这也为内在动力播下了种子。此外，他们会意识到对自己行为的选择，并且学会为自己的行为承担责任。负责任会带来自尊，而自尊又会赢得他人的尊重。

第 3 篇 富有见地

人们最初以为，精神分裂症仅限于北美和西欧居民。我们现在知道，这种病症（或多种病症）在世界各地的发病率都是一样的：大约占人口的 1%。发展中国家的人往往比工业化国家的人病程更严重（剧烈，但发病期较短），结果也更好。在美国，精神分裂症所造成的医疗支出占所有精神卫生支出的 75%。精神分裂症在两性中的发病率相同，但男性的症状可能更早出现，而且男性更有可能因精神分裂症而致残。

第 4 篇 痛苦的

学生能否在学校取得成功，最重要的预测因素是他们是否准备好学习阅读。不幸的是，许多来自高度贫困家庭的孩子入学时技能准备有限。除非我们在教育面临失败风险的儿童方面取得更大的成功，否则他们的社区和整个社会就无法培养出未来几年急需的大量人才。

第 5 篇 尖刻的

酗酒伤害了每一个与之有关的人。酗酒者生病可能可以得到治疗，但他们在生病时造成的损害是不可原谅的，也无法修复。那些因酗酒而忽视自己孩子基本需求的人，永远无法扭转对那些无辜的、正在发育中的孩子的负面影响。酗酒者的孩子成长得比普通孩子要快得多，他们必须早早地学会如何在吃饭的时候照顾自己，怎样向朋友、邻居、老师和亲戚保守秘密，怎么找借口，如何置身事外。对任何一个酒鬼来说，用再多的方法都不可能治愈孩子的伤痛。

第 6 篇 恭敬的

当前奥运会金牌得主进入体育场时，人群顿时安静下来，肃静得如同一座大教堂。当每个运动员前来接受他的特殊荣誉时，我们怀着敬畏的心情聆听他们鼓舞人心的勇敢和献身精神的故事。这些非凡的人物在我们心中激起了这样强烈的感情！

第 7 篇 幽默的

我 33 岁了，刚打电话请了病假。我没病。事实上，我一点儿病都没有。我完全是装的。我在客厅边跳舞边唱着，“病假，病假！”我想：“啊，9 岁真好！”这通电话获奖了。略带沙哑的声音，带有一丝疲倦，语调缓慢而从容。“我在凌晨 3 点左右开始呕吐，”我告诉老板，“我累坏了，甚至不能把水放下来。我一定是被办公室里的窃听器感染了。”我被告知待在家里休息，这正是我想要的。

第 8 篇 讽刺的

让我们称他为“乔六包”（指抱着 6 瓶装啤酒坐着喝酒的人）吧。每个星期六晚上，他都喝得酩酊大醉，把摇滚乐开得震天响，还扇了他女朋友一巴掌，因为她表现得有点太好说话了。或者，让我们称他为“社区的支柱先生”。他拥有完美的妻子，完美的孩子。但是，他还有一个小问题：每次和妻子吵架时，他都会失控。去年，他妻子两次被送到急诊室。或者，让我们说他们是来自地狱的房客。他们总是互相大声喊叫。终于，一个邻居报警了。这个男人到底属于下列哪一种情景：① 需要帮助；② 需要被监禁；③ 父权制的维护者？

第 9 篇 温和的

犯罪受害者在非自愿的情况下经受了严酷的考验，他们必须得到最大的善意和帮助。再多的爱和关怀也不足以温柔地引导这些可怜的、破碎的灵魂回归健康而充实的生活。我们不应当因为他们的苦难而责备或谴责他们，而应当耐心地帮助他们穿过痛苦的乌云，回到生活的阳光下。

第 10 篇 挑战的

美国已经进入一场考验我们力量和决心的伟大斗争。我们的国家是有耐心的和坚定的。我们继续在世界各地的城市、营地和洞穴中追捕恐怖分子。一个伟大的国际联盟与我们一道，在世界上消灭恐怖主义。我们不会允许任何恐怖分子或暴君用大规模杀伤性武器威胁人类文明。无论现在还是将来，美国人都将作为自由的人民而生活，而不是生活在恐惧之中，我们永远不会受任何外国阴谋或权力的摆布。

辨别作者的目的

作者写作的目的多种多样：告知或指示，娱乐或消遣，引起同情，或说服读者采取特定行动或接受某一观点。要成为有效的读者，你必须了解作者的目的。有时，作者的目的是显而易见的，如下面的广告：

- 在发型设计沙龙，我们会让你看起来比你想象的更好。6 名专业造型师，满足您的每一项需求。今天就来做个免费的咨询吧。
- 波多黎各白朗姆酒比杜松子酒和伏特加更适合做任何事。

第一则广告是为了鼓励读者去发型设计沙龙做发型。第二则广告的目的是鼓励读者在他们的混合饮料中使用朗姆酒而不是杜松子酒或伏特加。在这两则广告中，作者显然是想说服你购买某种产品。然而，在许多其他类型的阅读材料甚至广告中，作者的目的则不那么明显。

提高效率秘诀

语气通常与作者的写作目的有关。当你正确地识别语气时，通常就容易确定作者为什么要写这篇文章。

例如，在一个特定香烟品牌的广告中，一个穿着时髦的女人拿着一支香烟。标题写着："宝贝，你已经走了很长一段路。"在这种情况下，虽然你知道所有的广告都是为了销售一种产品或服务，但广告甚至没有提到香烟。作为读者，你可以推断出时尚女性会抽这个品牌的香烟。

你通常可以通过文章的标题或你对作者的熟悉程度来预测作者的目的。例如，如果你注意到巴拉克·奥巴马写的《无畏的希望：重申美国梦》一书，就可以预测作者的目的是解释信仰和政策。一家大公司的首席执行官写了一篇题为《总裁秀肌肉，但没人看》的文章，表明作者的目的是描述总裁如何试图施展权力，但几乎没有成功。

要想明确作者的目的，首先要确定材料的主题和论点，并注意作者是如何支持论点的。

你可以提出下面所列问题来辨别作者的目的。

认知深化　怎样辨别作者的目的

要考虑的因素	要提出的问题	示例
考虑材料的来源	• 来源是否具体而详细？ • 这些例子对谁有吸引力？ • 这些想法是复杂的还是显而易见的、直接的？ • 语言是简单的还是难懂的？	发表在《滚石》杂志上的对一场摇滚音乐会的评论，在风格、内容和目的上都与发表在《流行音乐和社会》杂志上的文章截然不同
考虑目标读者	• 这份材料对什么年龄、性别、职业或种族群体有吸引力？他们的兴趣有多大？	一篇关于某个摇滚乐队的文章发表在《青少年时尚》杂志上，可能会被用来鼓励参加音乐会或提高乐队的知名度
考虑观点（写作材料的角度）	• 观点是客观的（事实的）还是主观的（表现情感和感觉的）？ • 是显示了问题的两面，还是作者只提出或赞成一方？	音乐评论家、青少年和古典乐迷对摇滚音乐会的描述可能大相径庭，每个人都表达了不同的态度和观点
考虑一下作者可能想要证明什么	• 这些材料是为了说服你接受某个特定的观点或采取某个特定的行动吗？	摇滚音乐会的筹办人可能写信鼓励提高演唱会的上座率；音乐评论家可能会争辩说，这个乐队模仿了另一个乐队的风格

阅读下面的文章，并将批判性思维的问题应用到这篇文章之中。

> 当你想知道陆地、天空或海洋由什么组成时，你会想到化学。当你想知道雨水坑怎么干涸，汽车如何从汽油中获取能量，或你的身体怎么从你吃的食物中获取能量时，你又想到了化学。根据定义，化学是研究物质及其能够发生的转化的学科。物质是任何具有质量并占据空间的东西。它是构成所有物质的东西——任何你能触摸、尝到、闻到、看到或听到的东西，都是物质。
>
> 化学常常被描述为一门中心科学，因为它涉及所有其他的科学。它起源于物理原理，是最复杂的科学生物学的基础。事实上，今天的生命科学的许多重大进展，如基因工程告示，都是一些非常奇特的化学的应用。化学也是空间科学的重要组成部分。正如我们在20世纪70年代早期通过对月球岩石的化学分析了解了月球的起源一样，我们现在正通过太空探测器收集的化学信息了解火星和其他行星的历史。
>
> 在过去的一个世纪里，我们变得非常善于操纵原子和分子来创造符合我们需要的材料。然而，与此同时，我们在保护环境方面也犯了一些错误。我们将废物倒入河中，埋在地下，或排入空中，而没有考虑可能产生的长期后果。许多人相信地球是如此之大，它的资源几乎是无限的，可以吸收废物而不受到重大损害。
>
> 大多数国家现在都意识到这是一种危险的态度。因此，政府机构、相关行业和关心环境的公民都广泛参与保护环境的工作。例如，美国化学委员会的成员们作为一个整体，生产了美国90%的化学制品，已经采用了一个名为“负责任关怀”的项目。通过这个计划，该组织的成员承诺在不破坏环境的情况下生产其产品。通过明智地使用化学物质，大多数废品可以最小化，得到回收利用，被设计成有用的产品，或使环境安全。

这篇节选文章的主题是化学这门科学。文章似乎是为那些对这一主题知识有限的人写的。这个观点带有一点个人色彩——作者对他的主题感到兴奋，并希望他的读者也有同感。同时，他不想误导读者认为化学是一门能解决所有问题的神奇学科。他承认化学对环境问题负有部分责任，并且谈到了化学家解决这些问题的方法。

识别偏见

偏见是指作者对某一特定观点的偏爱、倾向或偏见。如果一位作者站在一个有争议的问题的一边而不承认相反的观点，他就是有偏见的。也许广告是偏见的最好例子。例如，一本杂志上的新车型广告只描述了积极的、有市场价值的特点，而没有指出汽车的局限性或缺陷。

在一些材料中，作者会直接和直白地表达他的偏见；其他时候，偏见是隐藏的，留待读者通过仔细分析来发现。

阅读以下对环保组织绿色和平组织的描述。作者表达了对该组织的积极态度和对捕鲸者的批评。

> 绿色和平组织是一个致力于保护海洋及其大型哺乳动物的组织，特别是鲸鱼、海豚和海豹。它的伦理是非暴力的，但它在保护我们的海洋和海洋生物方面的侵略性正在成为传奇。绿色和平组织的志愿者们在他们的游船“彩虹战士”号上，无情地追击任何国家的牟取暴利的船只，这些船只破坏了绿色和平组织认为属于国际社会的资源。他们相信，鲸鱼属于我们所有人，无论人们对鞋角、化妆品和机械油的需求如何，鲸鱼都有生存的权利。

认知深化　怎样确定偏见

为了确定偏见，做下面这些事情：

1. **分析隐含的意义**。你是否遇到大量的正面的或负面的术语来描述这个主题？
2. **注意描述性的语言**。会产生什么样的印象？
3. **分析语气**。作者的语气常常能提供重要的线索。
4. **寻找相反的观点**。

分辨你自己的偏见

你知道吗？研究表明，与你不同意的信息相比，你更容易理解和回忆起你同意的信息。假设你正在阅读生物学书中的一部分，内容是关于需要更严格地控制工业污染的。假设你曾经住在一家工厂附近，强烈地感到需要更严格地控制污染，你比其他反对更严格控制污染的学生更有可能理解和回忆信息。事实上，不同意某个观点的读者往往会忽略或忽视那些与他们的观点不相符的观点。

在阅读你不同意的观点时，一定要格外小心。尝试以下建议：

1. 保持开放的心态，直到你阅读了作者所说的，并评估了其所提供的证据。
2. 要比平时更加努力地跟随作者的展开和推理过程。
3. 写出作者的要点，这样你就不会忽略任何东西。

然后，一旦掌握了作者的观点，你就可以自由地评价这些观点并反对它们。

小试身手　识别偏见

阅读下面的文章，在显示作者偏见的单词和短语下面画线。

和毒品或酒精一样，看电视的经历让参与者忘掉现实世界，进入一种愉快的和消极的精神状态。沉迷于电视节目可以有效地延缓对现实的担忧和焦虑，就像因毒品或酒精而进行一次“旅行”一样。就像嗜酒者只是在早期意识到他们的酒瘾，感觉他们控制自己的酒量比他们实际控制的要多（“我随时可以戒掉——我只是想在晚饭前喝上三四杯”）那样，人们同样高估了他们对看电视的控制能力。即使他们推迟其他活动，一小时又一小时地看电视，他们也觉得自己可以很容易地恢复一种不同的、不那么被动的生活方式。但不知何故，当他们家里有电视机时，咔嗒声就不响了。有了电视带来的乐趣，其他那些体验似乎就不那么吸引人了，不知什么原因，体验其他活动也变得更难了。

理解比喻性的语言

比喻性的语言是一种描述事物的方式，它在想象层面上有意义，而不是在文字或事实层面上有意义。

> 野心过大的员工可能会发现晋升的大门关闭了。
> （实际上并没有哪扇真正的门关上了。）
> 联邦政府正在抽干纳税人积累的所有财富。
> （从字面上讲，政府并没有从纳税人那里抽干什么东西。）
> 法官决定直击问题的核心。
> （问题并没有心。）

在这些表述中，作者将一个截然不同的事物与另一个事物进行比较，因为两者之间存在一些共同的特征。

使用比喻性的语言是描述和限制关系的有效方法。通过选择比喻的表达方式，你可以给人留下正面的或负面的印象。例如，第一句稍稍有点负面含义：

> 她脸上泛起了红晕，就像洒了颜料。
> （人们通常认为，洒出的颜料是混乱的和有问题的。）

然而，第二句就创造了一种更加正面的印象。

> 她的脸上泛起了红晕，就像把酒倒进玻璃杯里一样。
> （葡萄酒倒进酒杯通常被认为是一个令人愉快的形象。）

因为比喻性的语言涉及印象与判断，你应当把它们看作一种解释，一种意见和判断的表达，而不是事实的陈述。

比喻用语有两种常见的类型——明喻和隐喻。明喻通过使用“像”“仿佛”等词来进行明确的比较。隐喻直接将这两个物体等同起来。下面是每一个的几个例子：

明喻

1. 我的肚子冷得就像吞下了滚雪球吃药来降温一样。
2. 他说，船后的波浪就像滚落的石头。

隐喻

1. 我会用尖刀对她说话，但绝不能用。
2. 希望是长着羽翼的生灵，于人们的灵魂幽栖。

小试身手　理解比喻性的语言

解释下列每一个隐喻或明喻的意思。

1. 枫树的猩红色像呼啸而过的号角声震撼着我。

   枫叶的鲜红色非常引人注目：显著的、尖锐的和穿透性的。这颜色是如此惊人，就像用身体在回应号角声。

2. 夏天的每一缕丝线终于被解开。

   夏天已经开始了；夏天的方方面面都显露出来了。夏天就像一块布，被一缕一缕地扯开一样溶化了。

3. 人老不过是微不足道的东西，一件挂在棍子上的破外套。

   上了年纪的人又瘦又累。

批判性思考：评估网络资源

互联网是一个令人印象深刻和全面的资源，需要独特的阅读和批判性分析技能。因为互联网是对所有人开放的，它不仅是优秀信息的家园，也有大量的错误信息，以及被错误地报道为事实的谣言和八卦。人们可以在互联网上发布任何他们想要的东西，不管它是真的还是假的，客观的还是主观的、有偏见的、固执己见的，甚至是冒犯的。而且，虽然某些组织会核实其网站上出现的所有信息，但许多组织并不这么做。

使用以下提示来帮助你进行互联网研究，并评估你是否发现了可靠的、真实的信息。

1. **虽然互联网很大，但并不是所有关于某一主题的信息都可以在网上找到。**由于版权限制、成本、作者偏好等原因，有些信息只能以印刷形式提供。此外，许多写于 20 世纪 80 年代以前的材料在网上也找不到。

2. **有时候，打印的资源更好更方便**。如果你正在搜索特定的统计数据和基本事实（如人口统计数据、传记或历史信息或背景信息），使用标准印刷的参考书（如百科全书、世界年鉴或美国统计摘要）可能更为有效。

假设你想了解更多关于耳朵感染的知识。如果你在谷歌里输入“耳朵感染”，你会收到大量的信息。相反，从专业领域的词典或百科全书开始，可获得对主题的基本理解。在进行深入研究时，打印资料也十分有用。书往往代表作者多年的研究。你会在一个地方找到数百页专门用来阐述某个主题的所有方面的资料，而且这些资料都是由这个主题的某位权威人士解释的。

3. **要认识到，在网上发布的文章（最初是印刷的）缺乏许多常见的可靠性线索**。当你在杂志上读到一篇文章时，会有一整套的线索来暗示它的可靠性或不可靠性。在出版物中，目录、设计、布局、封面内容、周边的短文和文章以及广告类型都提供了文章可信度的线索。当你在网上阅读同一篇文章时，这些线索可能会缺失。你也许需要仔细检查或进一步研究来确定其可靠性。

4. **不要以为每一个来源都包含准确和可靠的信息**。许多恶作剧和骗局会出现在互联网上。网上和生活中一样，好得让人难以置信的东西，通常是不可信的。

评估网站的内容

使用下列建议来评估网站的内容。

评估来源

评估网站的另一个重要步骤是确定其来源。问你自己：“赞助商是什么人?”以及“为什么要把这个网站放到网上?”网站的赞助商是为网站的创建和发布付费的个人或组织。了解赞助商，通常有助于你确定网站的目的。例如，由耐克赞助的网站是为了推广其产品而设计的，而由大学图书馆赞助的网站则是为了帮助学生学习更有效地使用资源而设计的。

如果你不确定某个特定的网站的赞助商，看一下它的 URL、版权及网站的链接。版权应标明该网站的所有者。如果你无法根据版权确定网站的所有者，链接也可能揭示赞助商。例如，有些链接或许指向赞助商的商业广告；另一些链接则或许指向由非营利组织赞助的网站。

检查网站所有者的另一种方法是尝试定位网站的主页。你可以通过使用 URL 的第一部分来核实，也就是在斜杠（/）标记之前的那些。

评估细节的技术性

网站应当包含与你的目的相符的细节。有些网站提供的信息也许对你的搜索目的来说过于粗略；另一些网站则假定拥有你恰好缺乏的背景知识或技术水平。例如，如果你正在写一篇关于海洋动物生存威胁的入门级论文，斯克里普斯海洋学研究所网站上的信息技术性太强了，包含的信息比你需要的多。除非你之前在这一领域拥有一些知识，否则你也许需要搜索另一个不同的网站。

评估信息的表述

网站上的信息应当清晰地呈现出来，而且应当写得很好。如果你发现某个网站表述不清晰，写得也不好，就应当对其表示怀疑。如果作者没有花时间来表述清晰和正确的想法，那就意味着他可能没有花时间去收集准确的信息。

评估完整性

确定网站是否提供其主题的完整信息。它是否涵盖了你认为它应当涵盖的所有方面？例如，如果你看到了某个关于20世纪美国重要诗人的网站，但网站没有提到罗伯特·弗罗斯特，那么这个网站就是不完整的。如果发现某个网站不完整，你就得搜索那些提供更完整信息的网站。

评估链接

许多信誉良好的网站提供其他相关网站的链接。确保链接是管用的，并且是当前可点击的。还要检查你登录的网站是否拥有可靠的信息来源。如果链接不管用，或信息来源看起来不可靠，你应当质疑网站本身的可靠性。此外，还要确定所提供的链接究竟是全面的，还是仅仅只是一个有代表性的样本。两者都可接受，但网站应当明确它提供的链接的性质。

评估网站的准确性

确定网站准确性的一种方法是将其与同一主题的印刷品（期刊和书）进行比较。如果你发现网站和印刷品之间差异很大，就不要相信网站。另一种评估网站准确性的方法是将该网站与其他涉及相同主题的网站进行比较。如果存在差异，就必须开展进一步的研究，以确定哪个网站更准确。

网站本身也将提供一些关于其信息准确性的线索。问自己下面这些问题：

- **是否提供了作者姓名和相关的资质证明？**一位具备一定资历的知名作家，很可能提供可靠的、准确的信息。如果没有提供作者的姓名，你应当质疑信息是否准确。
- **作者的联系信息包括在网站上吗？**网站通常会提供电子邮件地址，以便网友与作者联系。
- **信息是完整的，还是摘要形式的？**如果是摘要，使用网站找到原始的来源。原始信息包含错误的可能性较小，通常是学术论文的首选。
- **如果提供了意见，它们是否以意见的形式清晰地呈现出来？**如果作者将自己的观点伪装成事实，那么这样的作者是不可信的。

- **作者是否做了未经证实的假设或基于错误的想法？**如果是这样，其所提供的信息可能不准确。
- **网站是否提供了引用的作品名单？**与任何形式的研究一样，你必须将网站上的信息来源记录下来。如果来源不可信，你应当质疑网站的准确性。

评估网站的及时性

虽然网站以提供最新信息而闻名，但并不是所有的都是最新的。通过检查以下方面来评估网站的及时性：

- 信息公布的日期（在网上）。
- 你打算使用的文档的创建日期。
- 网站最近一次修订的日期。
- 链接最后一次登录的日期。

这些信息通常在网站主页的结尾或你正在使用的文档的结尾处提供。

评估网站的目的

网站有五种基本类型：信息网站、新闻网站、宣传网站、个人网站和商业网站。每一种都有不同的目的，你应当以不同的方式对待它们。表 8-2 总结了这些差异。

表 8-2　网站的类型

类型	目的和描述
信息	提供事实、信息和研究数据。可能包含报告、统计数据、研究结果和参考资料
新闻	提供本地、国内及国际的最新资讯。通常补充纸质报纸、期刊和电视新闻节目
宣传	宣传某一特定的事业或观点。可能与一个有争议的问题有关；通常由非营利组织赞助
个人	提供个人信息以及他的兴趣和成就。可以列出出版物或包括个人简历
商业	促销商品或服务。可能提供与公司产品有关的新闻和信息

评估网站的结构

网站应当易于使用。你应该能够轻松地在页面和链接之间导航，并且能够快速找到所需的信息，通常只需单击两三次。一个复杂的网站应有一个站点地图或目录，可以直观地显示网站的组织和内容。图和画应服务于特定的功能；不应只是简单的装饰。图形、声音、颜色和动画不应降低网站的可用性。

提高效率秘诀

网站可能非常“繁忙”，屏幕上的每一寸都被填满了。一般来讲，最重要的信息会直接出现在屏幕的中央。广告、链接和其他非必要的材料通常在屏幕的顶部、底部和两侧。把注意力集中在重要的材料上，不要让自己分心。

阅读精选

体验音乐

史蒂芬·科尼利厄斯（Steven Cornelius），玛丽·纳特维格（Mary Natvig）

你准备采取哪种阅读策略

注：计分卡可以让你计算你的阅读速度。为做到这一点，在你开始阅读之前，一定要在计分卡上记下你开始阅读的时间。

通过预习阅读材料来激活你的思维，并回答以下问题。

_c_ 1. 根据你的预习，在这篇阅读精选材料中，你应当最为关注的部分是：

a. 维瓦·坎贝尔经历的医疗问题。　　b. 音乐在古罗马时期的作用。

c. 音乐对大脑和人类文化的影响。　　d. 古典音乐与现代音乐之间的差别。

_c_ 2. 了解了这篇阅读材料的来源以及它在教科书第一章中的位置之后，作者写“体验音乐”的主要目的最有可能是：

a. 激励学生以不同的，也许是令人意想不到的方式来看待音乐。

b. 向学生传授如何阅读音阶上的音符。

c. 鼓励把音乐作为一种治疗残疾人和康复中的病人的方式。

d. 坚持让读者学习一种乐器的演奏。

引言

1　93岁的韦瓦·坎贝尔一声不吭地瘫坐在轮椅上。她是一位老年性痴呆患者，已有两年多说不了话，走不了路，不能自己吃饭，也认不出朋友和家人。今天下午，她的外孙女，一位外地的音乐家，来看她。没什么可说的，也没什么可做的，于是她拿出小提琴开始拉。奇迹般地，坎贝尔夫人坐了起来，开始唱起她年轻时熟悉的传统赞美诗和旧时歌曲。当音乐停止时，坎贝尔夫人又回归沉默。

2　我们的故事不是杜撰的。坎贝尔夫人是本书一位合著者的祖母。这次音乐力量的展示显然是非凡的，但它绝不是一个孤立的例子。在世界各地，音乐使人团结、治愈、改变和鼓舞。这似乎是自人类文明开始以来就有的情况。

音乐和大脑

3　音乐体验的基础深藏在心灵深处。医学科学才刚刚开始记录这些复杂性。例如，我们知道，严重的口吃者，即使是那些连一个词也无法说出来的人，有时也能完美地唱出整个句子。我们知道，通过给歌曲设定指令，自闭症患者可以学会按顺序完成以其他方式无法完成的任务。我们知道，当药物无效时，那些患有精神障碍图雷特综合征的人可以成功地使用鼓圈来平息抽搐。

4　要学的东西很多。科学家无法解释中年医生托尼·西科瑞亚的情况，他在被闪电击中后，突然对钢琴和作曲产生了热情和天赋。他们也无法解释英国失忆症患者克莱夫·沃林的案例，尽管他只能记住过去几秒钟的事情，但他仍然可以弹钢琴、读乐谱，甚至指导合唱排练。

5 人类的大脑似乎天生就会唱歌。人类的音乐能力是如此基本，以至于它可能在语言出现之前就已经进化出来了。生理学家已经证明，母亲的催眠曲有双重作用，它能降低孩子的唤醒水平，同时提升孩子集中注意力的能力。音乐治疗专家发现，听音乐可以促进产生愉悦的内啡肽的释放，既可以降低血压，也可以缓解身体疼痛。社会科学家认为，音乐通过把人们聚集在一起演奏和聆听，可能为社会合作、凝聚力甚至繁殖成功提供了早期的模型。如果这是正确的，那么音乐似乎是文化发展的一个基石。

6 专心倾听对大脑有好处。它帮助我们组织思维，塑造意识，集中思想。这些现象的发生似乎有着各种各样的原因和方式。我们的不自觉神经系统——包括心率、脑电波和其他基本的身体功能——会自动地把我们听到的声音带进大脑。我们也会对音乐的情感特质做出反应。柔和的旋律使我们放松，而击鼓和灼热的小号让我们兴奋。最喜欢的歌曲会让我们回忆过去的时光，而国歌则让我们反思自己的身份。

7 音乐有助于组织善于分析的头脑。心理学研究表明，音乐训练能提高一个人的组织能力，甚至对智商有积极的影响。事实上，科学家认为音乐家在表演时，实际上是在进行高强度的大脑健美操。这些技能也适用于生活的其他领域。

8 显然，积极的音乐体验能对意识产生深刻的影响。但这对你来说意味着什么呢？如果你不玩音乐，不唱歌，不跳舞，会怎么样？研究表明，一个人不需要通过表演才能从音乐中获得好处。仅仅是积极倾听，就足以让大脑进入高速运转状态。最棒的是，倾听技巧的效果是累积的。今天你学得越好，明天你就会有越多的听力技巧。

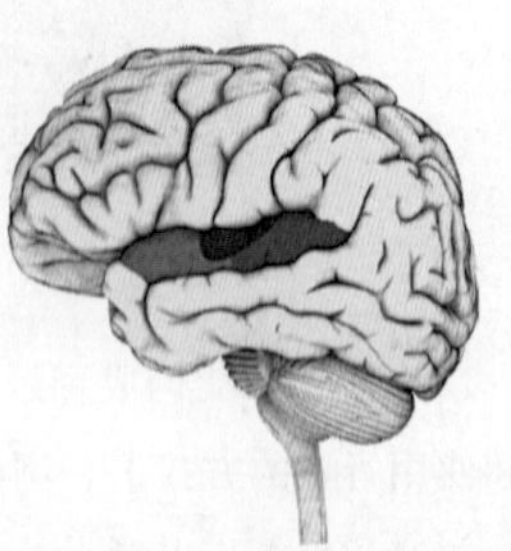

随着音乐训练的发展，音乐家的听觉皮层比非音乐家的要大 130%。脑力在体力活动中也会成长。控制小提琴手左手手指的大脑部分要比控制右手手指的大脑部分大。据推测，“反着弹”吉他的吉米·亨德里克斯控制右手手指的大脑的发育会更明显。

音乐和文化

9 无论是在古代还是在现代社会，人们都意识到了音乐的变革性作用。事实上，希腊神话告诉我们音乐对死亡本身就有力量。当俄尔普斯深爱的妻子欧律狄刻死后，他跟随她进入阴间。俄尔普斯弹奏着不可抗拒的里拉，支配了众神的意志。于是，欧律狄刻被允许回到人世。音乐的再生力量在今天仍然有意义。正如“9·11”悲剧发生后世界各地举办的精彩音乐会所见证的那样，音乐创作往往意味着生命的回归。

10 世界各地的文化都有关于音乐力量的故事。对于东南亚的马来西亚的特米尔人来说，萨满用来自灵魂向导的歌声治疗。在美国西南部，霍皮人的神话讲述了原始生物塔瓦和蜘蛛女的故事，她们坐在一起，用歌声把人类变成了存在。印度神湿婆有节奏的舞蹈据说能使宇宙充满活力。

11 还有微观文化。例如，考虑一家大型公司，如索尼 BMG 音乐娱乐公司。高管们所处的世界，与公司里整天坐在办公桌前的员工以及艾丽西亚·凯斯或 AC/DC 乐队等签约音乐人的世界截然不同。

罗马马赛克上描绘的俄尔普斯，用他的十弦琴来驯服野兽。

12　什么可能构成音乐文化？也许是一群人分享特定的价值观，这些价值观反映在他们创造、倾听和使用音乐的方式上。例如，在北美，为了营销目的，音乐产业将自己划分为特定类型——劲歌四十强、蓝草、爵士、世界音乐、古典音乐、蓝调、柴迪科、乡村和西部音乐、嘻哈音乐等。这些划分提供了商业边界。它们也代表不同的音乐文化吗？

13　文化身份是灵活的和不断协商的。在当今社会，人们在经历青春期、上大学、学习新语言、进入职场、旅行或结婚时，经常会从一个文化圈转到另一个文化圈。有些人会用音乐来强化他们的身份，或与他们的文化传统形成更强的联系。然而，青少年经常用音乐来打破文化期望。对青少年来说，听音乐的习惯往往代表着个性和独立性的表达。

14　想想这里提出的观点。哪些音乐作品被用来行使权力？说服？抚慰？这些作品如何融入艺术家的文化环境？最后，从作曲家或表演者的社会视角来考虑音乐会如何增强你对世界的理解和你自己的倾听选择？

阅后评测

检验你的理解

_c_ 1. 这篇阅读精选材料主要是关于：

a. 音乐的类型。　　b. 音乐史。

c. 音乐的力量。　　d. 音乐的传统。

_b_ 2. 这篇阅读精选材料的核心观点是：

a. 音乐疗法是治疗多种疾病的有效方法。

b. 音乐对人脑和文化有着强大的影响。

c. 音乐是古代社会的一个重要元素。

d. 音乐家能够以独特的方式发展他们的大脑。

__c__ 3. 根据这篇阅读精选材料，听音乐产生了以下所有的生理影响，除了（　）。

a. 降低孩子的唤醒水平　b. 增强孩子集中精力的能力

c. 阻止内啡肽的释放　d. 缓解身体疼痛

__b__ 4. 音乐的力量体现在霍皮人（　）的神话故事中。

a. 一种让宇宙充满活力的有节奏的舞蹈　b. 歌唱着人类诞生的原始生物

c. 萨满用灵魂向导的歌声治疗　d. 为使所爱的人起死回生而演奏的竖琴音乐

__d__ 5. 以下所有关于音乐的好处的句子都是对的，除了（　）。

a. “音乐训练提升人们的组织技能”　b. “音乐训练对智商有着积极的影响”

c. “学习音乐促使大脑的听觉皮层生长”　d. “表演是获取音乐好处的唯一方式”

批判地思考

__d__ 6. 基于这篇阅读精选材料的最好的指导问题是：

a. 什么是音乐？　b. 音乐能够以什么方式分类？

c. 人们怎样学会演（弹）奏音乐？　d. 音乐对人类大脑有着什么影响？

__a__ 7. 作者的语气可以最好地描述为：

a. 富有见地的和引人兴趣的。　b. 正式的和超脱的。

c. 批判的和反对的。　d. 严肃的和担忧的。

__b__ 8. 文中包含的人类大脑的图形是为了显示

a. 阿尔茨海默病如何影响人类大脑。　b. 大脑的哪个部分会由于音乐训练而生长。

c. 音乐如何在大脑中制造“快感”。　d. 大脑的部分如何为歌曲而“编程”。

__d__ 9. 作者写这篇阅读材料的主要目的是：

a. 说服研究人员去研究音乐的强大影响。

b. 同情那些接受音乐治疗的疾病患者。

c. 比较和对比历史上人们对音乐的不同看法。

d. 让读者了解音乐对身体、精神和文化的影响。

__c__ 10. 作者采用以下所有方法来支持他们的观点，除了（　）。

a. 提供示例　b. 描述研究成果

c. 引用统计数据　d. 讨论原因

计分卡

结束时间：______时______分______秒

开始时间：______时______分______秒

阅读时间：______时______分______秒

每分钟字数计分：__________

理解计分：从第 1 题至第 10 题

正确的数目：______ × 10 = ______%

评估你的阅读策略

1. 你会怎么评价你对这篇阅读文章的理解？

   很好　好　一般　差

2. 你认为你的阅读策略有效吗？

   有效　无效

3. 假设再去阅读与之类似的阅读精选文章。根据你对这篇文章的经验，你会怎样调整你的阅读策略（如果需要调整的话）？

阅读理解

1. 作者用哪四种情况或障碍来说明音乐的积极影响？

阿尔兹海默病、口吃、自闭症、图雷特综合征。

2. 托尼·西科瑞亚和克莱夫·沃林是什么人？为什么他们会被包括在阅读材料中？

西科瑞亚在被闪电击中后发展了音乐天赋，而沃林尽管失忆，但仍保留了自己的音乐才华。这两个人的例子说明了音乐和大脑之间的联系还有许多人类未知之处。

3. 作者认为专注的倾听在哪三个方面对我们的大脑有好处？

它帮助我们组织思维，塑造意识，集中精神。

4. 音乐家和非音乐家的听觉皮层有什么不同？

音乐家的听觉皮层要比常人大 130%。

批判地思考

5. 为什么作者们以一个患有阿尔茨海默病的人作为这篇阅读精选材料的开头？

提供一个例子来证明音乐对一个没有反应的人产生显著影响。

6. 第 7 段中的术语“大脑健美操”是什么意思？

科学家们将学习和演奏音乐的工作比作大脑的剧烈运动。

7. 为什么作者们将索尼 BMG 音乐娱乐公司的高管与该公司的签约音乐家进行比较？

为了指出一种音乐文化中可能存在的差异。

8. 作者说“文化身份是灵活的”是什么意思（第 13 段）？

他们指的是人们根据年龄、生活经历、文化遗产等因素所经历的不同文化圈子。

多想一想

1. 想想你是怎么听音乐的。对于不同的活动，如学习、外出或在家放松，你最喜欢的音乐是什么？在你的生活中，音乐有多少用途？

2. 讨论作者在第 12 段提出的问题：什么可能构成音乐文化？你属于哪种音乐文化？

3. 讨论一下听众可以从音乐中“获得快感”的想法。你能想到一首歌曲或音乐作品对你的意识产生过非凡的影响吗？

4. 讨论音乐作为一种治疗形式的使用。除了阅读精选材料中的例子，你还能想到音乐疗法的其他应用吗？

第9章

评估论证和说服性写作

研究左边这张照片。这关系到什么问题？示威者在这个问题上持什么立场？你需要什么证据来评估他们的立场？赞成还是不赞成？

这张照片展示了一段论据的两个基本要素。第一是问题，在这种情况下，问题是将制造业的工作转移到海外；第二是在这个问题上的立场——公司应该将制造业工作留在美国。

在本章中，你将学习如何阅读论证和其他形式的说服性写作，评估资料的来源和权威性，识别论点的结构，识别推理错误。

评估资料来源和权威性

在评估任何书面材料时，两个非常重要的考虑因素是它的资料来源和作者的权威性或资格。

> **提高效率秘诀**
>
> 评估书面材料的一个快速方法是寻找脚注或尾注。这通常表明该材料是已被接受的研究的汇编。有时脚注直接出现在正文的括号中。例如，（Simon 1980）指的是一个姓Simon的人在1980年发表的一项研究。通过在阅读结束时查看引用的作品或参考书目，你能获得更多的信息。

考虑资料来源

对印刷材料或网络资料的反应和评价应考虑其来源。一定要评估作者是否仔细研究并准确地报告了这个主题。虽然许多作者都细心而准确，但也有些不这样。通常，一篇文章的来源可以表明文章的准确性、详细性和文档记录的情况。

让我们考虑一个例子。假设你为了写学期论文而在图书馆里寻找有关梦游的资料。你找到以下资料来源，每一个都包含一篇关于梦游的文章。你认为哪个来源是最真实、最详细、最科学的？

- 在线百科全书中关于梦游的条目。
- 《女性日》杂志上一篇题为《睡觉时会发生的奇怪事情》的文章。
- 《心理评论》上一篇题为《梦游研究的审查》的文章。

仅从资料来源就可以预测文章使用的内容和方法。你可以预料到，在线百科全书条目只提供该主题的概述。你也可以预料《女性日》的文章会讨论睡眠中发生的各种异常状况；梦游可能只是其中的几个话题之一。此外，你可能预料这篇文章涉及几个不寻常或极端的梦游案例，而不是对该主题进行事实分析。而发表在心理学杂志《心理评论》上的文章，会对梦游进行真实的、权威的讨论。

在评估资料来源时，你可以提出以下问题：

1. **资料的来源有着怎样的声誉？**
2. **引用的资料的目标读者是什么人？**
3. **是否提供了文档或参考资料？**

认知深化　如何评估资料来源

考虑作者的权威性

为了评估打印的或网上的资料，你必须考虑作者是否胜任。运用以下指导原则：

- **在教科书中，作者的资质可能在以下两个地方得到描述。**作者所在的学院或大学，可能还有他的头衔，都可能出现在标题页作者姓名的下方。
- **在非小说类图书和普通平装书中，作者的资质和经历的概要可能包含在书的封面或封底上。**
- **在报纸、杂志和参考书中，关于作者的信息很少甚至根本没有。**你不得不依赖编辑或出版商的判断来评估作者的权威性。

小试身手　评估资料来源

预测并讨论以下每一个资料来源对所描述的情况有多么有用和适当。答案会因人而异。

1. 用《职业女性》的一篇关于家庭侵犯的文章作为社会学课程的学期论文。

   《职业女性》是一个非学术的资料来源。最好是引用学术性更强的资料。

2. 演讲者在题为“中国的创新和变革”的演讲中引用了《纽约时报》一篇关于中国最近发生的事件的文章。

   资料来源信誉良好，值得信赖。

3. 阅读《教育研究季刊》上刊登的一篇题为《21 世纪的双语教育》的文章，该文主张增加联邦政府对双语教育的资助。

   这是一个学术的资料来源，是适当的。

4. 引用《人物》杂志上的一篇文章来写一篇论文，研究电视真人秀对当代青少年和年轻人的影响。

   《人物》杂志不是有用的资料来源。它不太可能包括任何对该主题的严肃分析。

5. 引用前第一夫人劳拉·布什在一次关于总统权力使用和滥用的课堂讨论中所写的自传中的信息。

   这可能不是一个好的资料来源；总统的妻子不太可能透露关于总统和他的行为的负面信息或完全实事求是的信息。

提高灵活性秘诀

在大学学习中，“辩论”并不是指两个人之间的一场愤怒的争吵或战斗。相反，它指的是在一个有争议的问题上采取特定立场的一篇文章。教科书往往会提出一个问题的不同方面，而一篇论证只会采取一方的立场。

阅读论证

论据是用来确立和评价对有争议问题所持的立场。在哲学课程中，你可能会读到关于个人权利、多数人的权利或上帝存在的论述。在文学课上，你也许会阅读一篇文学评论，它论证或反对某部作品的价值，争论其意义，或拒绝某种解释。

1. 许多学生从事兼职工作，他们得在一周之中的下午晚些时候和晚上工作。在一周之中，这些学生不能使用图书馆。因此，图书馆的开放时间应当延长至周末。

2. 因为父母有权决定孩子的性态度，性教育应该在家里进行，而不是在学校。

3. 不应强迫任何人吸入不愉快的或有害的物质。这就是在我们州禁止在公共场所吸烟的原因。既然嗅觉对味觉很重要，为什么不该制定法律来阻止人们使用强烈的古龙水或香水，尤其是在餐馆里？

论证有三个基本的组成部分：

- 问题
- 主张
- 支持

第一，论证必须解决一个问题，也就是一个人们不同意的问题或争论。堕胎、枪支管制、动物权利、死刑和毒品合法化都是这些问题的例子。第二，论证者必须对一个问题表明自己的立场。这种立场被称为**主张**。有人可能会主张死刑应该被禁止，或医用大麻应当合法化。第三，论证为这一主张提供了**支持**。支持包括理由和证据，证明主张是合理的，应予接受。论证也可能包括第四部分——**反驳**。反驳考虑的是相反的观点，并试图证明它们不正确或贬低它们的声誉。

举个例子：棒球运动员使用类固醇是个问题。可以提出一个主张，即棒球运动员使用类固醇是不健康和不公平的，老板和球员需要严肃对待这个问题。支持这一主张的理由包括为什么使用类固醇不健康和不公平。与之相反的观点也许是，使用类固醇可以提高比赛成绩，使得比赛对球迷来说更加有趣和更具竞争性。这个观点可以通过提供证据来反驳，即球迷不喜欢那些取得非凡成绩的比赛，更愿意观赏没有使用提高成绩的药物的比赛。

在阅读论据时，使用下面的步骤。

认知深化　如何阅读论证

1. **确定问题和断言，即为了什么而辩论。**确定作者想要说服你接受的立场、观点或行为。
2. **阅读整篇文章或短文。**在论证的重要部分下画线。
3. **注意结论。**像由于、因而、因此、相应地、可以总结为、显然、于是出现了……的结果等都是将要给出结论的信号。
4. **注意作者提供的证据类型。**
5. **确定作者主张的具体行动或立场。**
6. **重读论证并检查其内容和结构。**陈述了什么？暗示了什么？做出了什么断言？
7. **写一个简短的提纲，列出论点的要点。**务实型学习者可能会发现这一步特别有用。
8. **与朋友或同学讨论这场争论。**特别是如果你是一个社交型或听觉型学习者，你可能会“听到”自己总结自己的观点或评估提供的论据。

现在，阅读下面这篇简短的文章，并且运用上面的步骤。

在视频暴力上的失误

在蓬勃发展的电子游戏世界里，有一些黑暗的角落：谋杀和破坏，流血和刺伤，赤裸裸的性行为和虐待女性。在最畅销的系列之一《侠盗猎车手》中，伴随着偷车行为的有吸毒、导致警察和旁观者死亡的枪战等。

难怪一些家长担心沉迷于游戏的青少年会做些越轨之事。还有一点也不奇怪，一些州的立法者正在利用这些担忧，设法取缔向未成年人出售暴力和色情游戏。一项禁止向未满18岁的公民出售此类游戏的法案正在等待伊利诺伊州州长的签署。密歇根州立法机构也在提出类似的建议。现在，至少有9个州和哥伦比亚特区也提出了这个问题。但这是出于什么有用的目的呢？

这是一个古老故事的最新篇章。当青少年的娱乐活动冒犯了成年人的情感，人们的第一反应是把这种新现象看作对社会秩序的威胁。第二反应则是试图禁止它。父母们（他们也都曾是青少年）似乎忘记了历史的教训：禁令从来都不起作用，而且也许还不符合宪法。法院已经裁定，如今复杂的电子游戏作为创造性表达受到保护。如果社区想要限制这些游戏，必须拿出压倒一切的证据，证明游戏对公众构成了威胁。这一证据并不存在。

立法者和行动团体声称，参与虚拟犯罪活动的兴奋感将刺激青少年尝试真实的犯罪。但自20世纪90年代初第一个血腥的射击游戏问世以来，美国的暴力犯罪率已下降近30%。青少年犯罪率的降幅更大。联邦贸易委员会的一项调查发现，83%的未成年人购买和租赁电子游戏的行为，父母都知情。

法官们一再拒绝接受那些研究，称其存在缺陷。那些研究的支持者宣称，它们显示了幻想暴力与反社会行为之间的联系。就威胁的程度而言，它主要是针对个体的、脆弱的青少年的威胁，而且只有父母才能解决。

许多家长并不知道，他们正在接受一些帮助。游戏行业的评级系统将游戏分为六类，从“适合幼儿”到“仅限成人”，并且要求详细描述其内容。此外，受欢迎游戏的新模型包含了家长控制，也就是说，家长可以阻止孩子们玩与其年龄不适合的游戏。制造商已宣布扩大评级教育计划，主要零售商也收紧了对未成年人销售的限制。

黑暗、无味甚至无耻的东西总会有市场，父母应当让孩子远离它们。但是，即使立法者怀着最好的意图，这个问题也超出了他们的能力范围。新法律很可能只会给父母一种错误的印象，认为有人在为他们解决这个问题。

这段论证中讨论的问题是立法禁止游戏暴力。作者认为，立法对控制游戏暴力是无效的。

作者提出了以下理由：

- 禁令从来不起作用。
- 游戏不会对公众构成威胁。作者提供的数据显示，自电子游戏进入市场以来，暴力犯罪已经下降。
- 许多父母已经在监控视频游戏的使用。
- 游戏行业已经对游戏进行了分类，提供了详细的内容描述，并打算采用一个评级教育计划。
- 零售商正在收紧对未成年人的限制。

作者所呼吁的行动是让父母来使孩子远离不受欢迎的电子游戏。

小试身手　阅读论证

阅读下面的论证，回答之后的问题。

古人告诉我们："每个人的生命都应当是神圣的。"他们毫不畏惧地处决杀人犯。他们意识到仅仅宣告人类生命的神圣和不可侵犯依然不够，还必须通过这样的方式来保障人类的生命权：对那些胆敢侵犯不可侵犯的权利（即无辜者的生存权利）的人们，要威胁剥夺他们的生命。否则，人类生命的不可侵犯性既得不到可信的声明，也得不到实际的保护。如果那些不允许无辜者继续生活的人自己却能够继续生活下去——以牺牲社会为代价，那么任何社会都无法宣称其成员的生命是安全的。用监禁杀人犯的方式来惩罚他，就像拘禁扒手那样，只能是贬低人的生命。谋杀在性质上不同于其他罪行，因此应当受到性质上不同于其他惩罚的惩罚。

1. 作者对死刑的立志是什么？

   支持死刑。

2. 总结这段论证。

   作者认为，为了保护生命的神圣性和价值，死刑是必要的。监禁比死刑更能贬低人的生命价值。对谋杀的惩罚必须在性质上区别于其他惩罚，因为谋杀在性质上不同于其他犯罪。

评估论证

你可以通过检查证据来评估一段论证的合理性、正确性和价值。考虑证据的类型和相关性、术语的定义、因果关系、价值体系、反驳和假设。

证据的类型

归纳论证从观察到的细节中得出一般结论。归纳论证的有效性部分取决于所提供证据的可靠性和正确性，以便得出结论。另一方面，演绎论证的有效性取决于论证所基于的前提的准确性和正确性。演绎论证从一个一般结论开始，然后转向细节。评估每种类型的论证，包括评估论证所基于的陈述的准确性和正确性。作者经常提供证据来证实他们的观察或前提。作为批判型的阅读者，你的任务是评估是否有足够的证据支持作者的观点。以下是一些常用的证据类型。

个人经历

作家经常通过经验和观察来证实他们的想法。虽然作者对某一情况的个人描述可以提供针对某一问题的有趣观点，但个人经历不应作为证据加以接受。观察者可能有偏见，也许夸大或错误地感知了某一情况。

示例

示例是对特定情况的描述，用来说明或解释一条原则、一个概念或观点。例子本身不应用来证明其所阐述的概念或观点，如下面这个例子所示：

> 美国司法系统对待那些要求履行陪审义务的人是不公平的。从我姐姐的经历中可以清楚地看出，这个体系几乎不考虑那些被称为陪审员的人的需求。我姐姐度假的那一周被要求去做陪审员。她在一个拥挤且闷热的房间里待了整整一个星期，等着被叫去当陪审员，却一直没有被叫上。

统计数据

许多人对统计数据（数字、百分比、平均值等）印象深刻，并认为它们是无可辩驳的证据。事实上，统计数据可能会被误用、曲解，或选择性地用来提供并非最客观、最准确的情况。

对比和类比

比较或类比（扩展比较）可以作为例证，经常用于论证。它们的可靠性取决于比较与被比较的情况有多么接近或多么相似。例如，马丁·路德·金在他著名的《伯明翰监狱来信》中，将非暴力抗议者比作被抢劫的人。要评估这种比较，你得考虑两者的相似之处和不同之处。

证据的相关性和充分性

一旦你确定了支持论证的证据，下一步就是决定是否有足够的证据来引导你接受作者的主张。这总是涉及判断，并没有容易遵循的规则。你必须确定提供的证据是否直接支持主张，以及是否提供了足够的证据。

假设你正在读校报上的一篇文章，上面写着不应要求你们学院的所有学生在大一时写作文。作者在文章中包含了以下这些作为证据：

> 写作并不能让我们为迈向就业市场做好准备。此外，阅读作业与现代社会毫无关联。

这里提供的证据既不适当，也不充分。作者没有做任何事情来证实他提出的“这门课程与就业市场或现代社会无关”的说法。为了使论证获得认真的对待，作者需要提供事实、统计数据、专家意见或其他形式的证明文件。

小试身手　评估证据

阅读下面的论证，特别注意使用的证据类型。然后回答下面的问题。

这是可以预测的。万圣节前夕，成千上万的孩子穿着印第安服装玩“不给糖就捣蛋”的游戏。在感恩节，无数孩子戴着塑料头饰和假鹿皮服装参加学校的选美比赛。数不清的贺卡商店出售印有带着羽毛头带的卡通动物形象的感恩节贺卡。成千上万的教师和图书管理员在公告板上装饰着以英国为特色、长着羽毛的印第安男孩儿和女孩儿形象。数千家礼品店的货架上摆满了印第安的雕像和珠宝。

秋冬两季也是成千上万的体育迷为职业运动队、大学运动队和公立学校运动队加油的季节，这些运动队的名字唤起了印第安人的记忆——“勇士”“红人”“酋长”。（在纽约州，八分之一的初中和高中球队称自己为“印第安人”“战斧”之类的。）战争队的吉祥物被印在校服、明信片、笔记本、手提袋和汽车地垫上。

所有这些似乎都无害，那么又何必小题大做呢？因为这些服饰和节日象征冒犯了成千上万的其他美国人——印第安人。因为这些虚构的形象，使得数百万人无法了解真正的印第安人，无论是很久以前还是现在。因为这种形象塑造阻碍了印第安人成为国家社会结构的重要组成部分。

1. 使用了哪些类型的证据？

   示例、统计数据、个人观察。

2. 证据有说服力吗？

   答案会因人而异。

3. 证据充分吗？

   答案会因人而异。

4. 为了增强论证，还可以使用哪些其他类型的证据？

   可能的答案：引用印第安人的说法；额外的统计数据。

术语的定义

一段清晰而有效的论证会仔细地定义关键术语，并且始终如一地使用它们。例如，一篇支持或反对动物权利的文章会解释“动物权利”这个术语的含义，描述或定义这些权利，并在整段论证中使用。

因果关系

论证往往建立在因果关系的假设之上。例如，一段支持枪支管制立法的论证可能声称，正是由于人们可以随时拿枪，才导致枪击事件的增加。这样的论证意味着，可以随时拿到枪支，会导致枪支的使用次数增加。如果作者没有提供证据证明这种因果关系的存在，你就应当质疑这种观点的准确性。

暗示的或明示的价值体系

论证往往暗示或建立在某个价值体系（一个作者认为是对的、错的、有价值的和重要的结构）之上。然而，每个人都有自己的价值体系；尽管我们的文化促成了许多重要观点的一致（比如，谋杀是错误的，人的生命是有价值的，等等），但也允许存在分歧。这个人可能认为说谎永远是不对的；那个人也许会说，这得视情况而定。有些人的价值观基于宗教信仰；另一些人可能不认同这些信仰。

在评估论证时，要寻找价值判断，然后决定这些判断是否与你的个人价值体系相一致，是否可以接受。下面是一些价值判断的例子：

- 堕胎是错误的。
- 无论收入如何，每个人都应该获得大学助学金。
- 死刑违反人权。

承认相反的观点

有效的论证通常包括对相反观点的反驳，也就是说，一条可以用来否认或反驳作者所主张的论点的推理路线。例如，作者可能反对枪支管制，但他也许认同相反的观点，即随时可以拿到枪支，会导致枪击案件的发生。同时，他可以说“枪是不会杀人的，人才会杀人”来反驳相反的观点。

分辨假设

许多作者在开始论证时都假定某个特定的事实或原则正确。然后他们根据这个假设展开他们的论证。当然，如果假设不正确，或无法证明是正确的，那么依赖于这个假设的论证就有可能不正确。例如，下面的段落以一个假设开始（突出显示），作者没有试图证明或给出理由。相反，他把它作为一个起点来展开他关于城市功能的观点。

> 考虑到老旧中心城市已经失去了作为新来者有效集结地的能力，问题不可避免地出现了：这些城市的功能是什么？我想说的是，它基本上已经变成了一个沙盒。
>
> “沙盒”是大人把孩子放在里面，让他们交谈、玩耍或工作的地方，以便对大人干扰最小。大人们找到了让孩子们分心的地方，就可以继续做生活中严肃的事情了。这对孩子们是有好处的。沙盒是给他们的地盘……

作者没有提供任何理由或证据来支持开头的陈述，就这么认定它是正确的。这一假设是作者关于城市是沙盒的论点的基础。

当你阅读论点时，总是从检查作者最初的假设开始。确定你是同意还是不同意，看作者是否提供了任何证据来证明他的假设是准确的。一旦你确定了某个假设，再考虑这个问题：如果这个假设是不正确的，它会如何影响这段论证呢？

提高效率秘诀

某些关键词或短语往往暗示着一个潜在的假设：让我们假设每个人都知道，假设人们普遍接受，人人都同意，社会也相信。

小试身手　评估论证

阅读下面的论证并讨论之后的问题。

对燃煤电厂的管制：赞成 / 反对

环境保护局对燃煤电厂的新标准有益吗？

赞成：环保局的规定将创造就业机会

迈克尔·E. 克拉夫特（Michael E. Kraft）

威斯康星州格林湾——人们对影响燃煤电厂的 EPA 新规定有很多困惑，对可能导致工厂关闭或失业的规定也有许多反对意见。然而，正如商界多年来一直主张的那样，监管提案的优劣必须通过比较它们对社会的总体利益和成本，以及只关注它们可能产生的某些经济影响来进行判断。

让我们考虑一些事实。第一，奥巴马政府并不主张关闭所有的燃煤电厂。它已经提出了新的公共卫生标准来回应法院的命令，是的，有些标准可能导致老旧、效率低下的工厂关闭。

其中一项标准涉及了燃煤电厂排放的汞等有毒空气污染物的总量。另一项规定限制了“跨州污染”，如这些工厂产生的细颗粒物、氮氧化物和二氧化硫，这些污染物也会影响公众健康。自1990年国会授权环境保护署管理这些排放以来，降低这些排放的行动一直备受争议。奥巴马的规则于2011年根据法院命令发布，与乔治·W.布什政府时期的类似规则相比，需要进行更广泛的删减。2008年，联邦法院发现，这些规则的力度弱得令人无法接受。

第二，这些新规定将于今年生效，它们明确了在多年的不确定性之后，对电力企业的预期。这对行业来说是积极的发展。

第三，环境保护局预计，使用现有技术，大多数工厂都能达到标准，这些变化也许能在建筑和污染控制行业创造数万个就业机会。这些规定还将提高整个经济体的劳动生产率，因为呼吸系统疾病导致的损失天数将减少。

让我们用数字来说明这些福利。环境保护局报告说，每年这两项规定合起来可防止多达1.8万至4.6万例过早死亡、54万例哮喘发作、2万例心脏病发作、2.5万例医院和急诊室就诊、200万天的缺勤或旷课，同时为美国儿童和老年人提供重要的健康保护。通过标准的经济分析，该机构估计，这些好处每年可使成本降低1500亿美元到3800亿美元；它们显然超过了该行业每年约100亿美元的合规成本。即使有人对这些估计的准确性感到不满，但显而易见的是，对健康的好处要远远大于公用事业公司的成本。

在另一项更具争议的提案中，环境保护局寻求对新发电厂的温室气体排放设定首个限制，根据2007年最高法院的裁决，这一行动是必要的。高等法院裁定，根据《清洁空气法》，如果温室气体危害公共福利，该机构必须对其排放进行监管。

奥巴马政府长期以来更倾向于立法解决方案，比如限额与交易政策，而不是监管，但国会无法就这样的政策达成一致。现在，政府被迫采取监管措施。由于公用事业公司将选择天然气而不是煤炭，或最终采用碳捕捉技术，拟议的新能源性能标准确实有可能结束传统燃煤电厂的新建设。然而，这项新规定并不影响现有的工厂，新工厂将有几年的时间来遵守规定。

一些公用事业公司确实计划关闭现有工厂的燃煤锅炉。考虑到当今清洁天然气的丰富和低成本，这在经济上是有意义的。

国会和其他地方的批评人士要求环境保护局退让，但他们夸大了成本，忽视了对公众健康的巨大好处。现在是时候让电力工业的工厂现代化，给我们21世纪应有的清洁能源了。它不应该继续使用过时和肮脏的技术来发电。

反对：环保局愚蠢地试图摧毁国家的煤炭工业

安德鲁·P.莫里西（Andrew P. Morriss）

美国能源情报署估计，美国煤炭发电的份额将从2011年的42%下降到2013年的36.8%。下降的部分原因是水力压裂技术的进步使天然气更便宜。这对煤矿工人来说是个坏消息，但与所有行业面临的竞争问题没有什么不同。

然而，天然气价格的下降并不能完全解释煤炭价格的下降。一项联邦研究发现，煤炭和天然气的相对价格每变化 10%，电力中的煤炭使用量仅下降 1.4%。这并不奇怪，因为发电厂不可能仅仅通过开关就将能源从煤炭转变为天然气。

煤炭价格下降的一个重要原因是政府对煤炭的战争。

副总统乔·拜登在 2008 年竞选期间明确表示，奥巴马的政策是“在美国没有燃煤电厂”。同样，在竞选总统时，奥巴马告诉《旧金山纪事报》，由于遵守新的二氧化碳排放法规的成本太高，他将确保建造燃煤电厂会使得运营商“破产”。

出于三个方面的原因，政府有意终止某一产业的努力对美国经济不利。

首先，我们所有的煤炭生产事实上都直接用于发电。改变这种状况代价高昂：我们的电网是根据多个燃煤电厂主导的发电模式设计的。淘汰煤炭既需要昂贵的新一代设备，也需要昂贵的电网改造。此外，尽管国内天然气的快速发展正在降低目前的发电成本，但不能保证无限期地持续下去。如果反水力压裂的激进分子——他们通常也是反煤炭的激进分子——成功限制天然气生产和管道建设，天然气成本将会上升。

其次，能源多样性将不稳定和不友好国家的政治或战争破坏我们能源供应的可能性降至最低，从而加强能源安全。美国被称为“煤炭的沙特阿拉伯”，因为它的煤炭储量占世界的四分之一以上。能源安全至关重要，因为能源与大多数商品和服务息息相关。我们几乎一半的能源消耗是间接的，所以消费者看不见。我们经济中能源密集的部门包括医疗保健和食品。如果我们继续受到不友好和不稳定的能源供应商的伤害，我们面临的风险远不止更高的公用事业费用。

最后，煤炭行业是就业的重要来源。代表华盛顿采矿业的美国国家矿业协会说，普通煤矿工人的年薪为 7.3 万美元。估计有 6 万名美国人在燃煤电厂工作。燃煤发电每兆瓦只需要 0.18 名员工。燃煤电厂的工作工资高，因为他们的员工都是拥有技能的。然而，据估计，环境保护局的新法规将在 2011 年至 2020 年削减煤炭行业的 140 万个就业岗位。

除了破坏就业机会，政府实施的新规还将导致 4000 亿瓦的发电能力关闭。美国目前 12% 的煤炭产能将被关闭。如果我们失去这些可靠的能源，可能有很多漫长而炎热的夏天在等着我们。

煤在发电中起着关键作用。从处方药到我们吃的食物，燃煤电厂产生的能量无处不在。数以万计的美国人在与煤炭相关的行业中生活得很好。美国国内生产的煤炭减少了我们对不稳定、不友好的供应商的依赖。这些事实表明，煤炭在我们的经济中扮演的角色应该由市场力量而不是华盛顿的官僚来决定。

1. 总结每个作者关于这个问题的主张。

2. 作者做出了什么断言？

3. 每位作者提供了什么类型的证据?

4. 你认为每位作者提供的证据都充分吗? 哪个更有说服力? 为什么?

5. 每位作者都持有什么价值观?

6. 作者做了哪些假设?

7. 两位作者中有一个承认或反驳相反的观点吗? 如果没有，他们怎么能这样做呢?

学习风格秘诀

如果你倾向于是一位……	那么，你可以通过以下方法评估论证:
社交型学习者	和同学讨论这场辩论，辨别优点、缺点、对立观点和推理中的错误。
独立型学习者	反复阅读论据，突出支持它的断言和证据，使用注释来记录你对这段论证的评价。

逻辑推理中的错误

推理中的错误通常称为逻辑谬误，在论证中十分常见。这些错误会使论证无效或显露出缺陷。下面描述逻辑中的几个常见错误。

循环推理

这种错误也被称为“回避问题”，它涉及用结论的一部分作为证据来支持它。这里有两个例子。

> 在毫无防备的动物身上做残忍的医学实验是不人道的。
> 不应将女警官派到犯罪现场，因为逮捕罪犯是男人的事。

在循环推理中，因为没有证据支持这个主张，所以没有理由接受这个结论。

草率概括

这种谬误意味着结论是根据不充分的证据得出的。举个例子：你尝了三个橘子，每个都是酸的，所以你认为所有橘子都酸。另一个例子是：通过观察一个乐队的表演，你就得出这个乐队不适合表演的结论。

不合逻辑的推论（“这并不能由此推断”）

错误地建立因果关系是不合逻辑的推论。例如，说“因为我的老师年轻，所以我相信她会成为一名好老师”是不合理的，因为年轻并不能保证她的课程教得好。这里还有一个例子：“山姆·古德温是州参议员的最佳人选，因为他理解人民。”理解人民并不一定使他成为合格的州参议员。

错误的原因

错误原因谬误是一种错误的假设，即认为两个在时间上相互紧随的事件是有因果关系的。假设你在楼梯下走路，接着在凹凸不平的人行道上绊了一跤。如果你说你绊倒是因为在楼梯下走路，就是在假设错误的原因。

非此即彼的谬误

这种谬误假设一个问题只有两个方面，或者对于某种特定的情况，只有两个选项或选择。换句话讲，没有中间立场。考虑对电视暴力镜头的审查问题。非此即彼的谬论认为，我们要么允许，要么禁止电视上的暴力。这种谬论并没有意识到其他的选择，比如限制观看时间，限制某些类型的暴力，等等。

错误的类比

类比是两个不同事物之间的延伸比较。合理的类比是假定两件事情在某些方面是相似的。错误的类比是比较两个原本并不相似的事物。一位反对枪支管制的作家可能会说：“枪支在这个国家不是一个主要问题。在路上、工作场所和家中发生的致命事故比枪支造成的死亡人数要多得多。”作者在这里暗示，枪杀与汽车、工作或家中发生的致命事故类似。然而，事故和谋杀并不相似。

利用从众心理

利用从众心理是指呼吁读者应当接受某个观点或采取某个特定的行动，因为其他人都相信或做了它。在论证某一观点或行为是受欢迎的，因此是正确的或公正的时候，作者回避讨论问题本身，避免提供证据来支持自己的主张。这里有一个时髦诉求的例子：“85% 的女性说她们更喜欢煤气灶和火炉。懂行的女人都用煤气，你也应该这样。”

人身攻击

“人身攻击”指的是对某人，而不是对眼前的问题或争论的攻击。人身攻击式论证可能攻击陈述的讲话者或作者，而不是陈述本身。例如，一个贪食症青少年可能会拒绝他的医生的医学建议，理由是他的医生对贪食症一无所知，因为他从未经历过。或一个政客可能攻击对手的个人特征或生活方式，而不是他的政治纲领。

将抽象的概念当成现实

作者偶尔会把抽象概念当作具有单一立场的真实真理。例如，某位作者可能会说："研究证明离婚对孩子有害。"事实上，关于离婚的影响有数百项研究，它们提供了不同的发现和结论。有些研究的确报告了有害的影响，但并非所有的研究都这样。这里还有一个例子："犯罪学告诉我们，监狱很少能有效地控制犯罪。"作者倾向于用这种方式使所有的权威都与他们的立场保持一致。这种方式也允许作者忽略相反或矛盾的观点。

无关转移

无关转移是指为了转移人们对当前问题的注意力而在辩论中添加无关的东西。把它引入一段论证中，使读者偏离轨道。无关转移应被视为一种辩论的策略，而不是推理中的错误。假设你正在阅读一篇支持死刑的文章。如果作者突然开始报道监狱中囚犯高自杀率的事实，那么他就是在进行无关转移。监狱中自杀的事实与死刑是否公正并不直接相关。

小试身手　辨别逻辑谬误

找出下列陈述中的逻辑谬误，把答案写在空白处。

1. 我会计课上的所有的印第安学生都得了 A，所以印第安人在计算数字方面一定很出色。

   草率概括

2. 如果你不赞成核军备控制，那么你就是反对保护我们的未来。

   非此即彼的谬误

3. 语言学证明，沉浸式学习是学习第二语言的唯一途径。

   抽象概念

4. 我的妹妹不能写商业信函或备忘录，因为她有写作障碍。

   循环推理

5. 吸烟的人比不吸烟的人死亡率高。城市居民的死亡率比郊区居民高。既然我们不劝城市居民搬到郊区去住，为什么要劝吸烟者戒烟呢?

   错误类比

6. 一位知名参议员注意到他所在州的四个最大城市犯罪率的下降，很快宣布他新的"严厉打击犯罪分子"的宣传活动取得了成功，并将犯罪率下降归功于自己。

   错误的原因

7. 我总是点芝士蛋糕做甜点，因为我对巧克力过敏。

   不合逻辑的推论（"这并不能由此推断"）

8. 这个国家需要更严格的酒后驾车法律。这是一个真正的耻辱，一些成年人允许学龄前儿童喝小口葡萄酒和品尝啤酒，在他们达到理智的年龄之前。如果实施更严格的驾驶法规，许多人的生命将得到拯救。

无关转移

9. 你知道史密斯博士单身吗？她怎么可能是一个好的婚姻顾问？

人身攻击

小试身手 评估论证

以下两篇文章是针对“动物应当被用于研究吗”这个问题而写的。阅读每一篇文章并回答之后的问题。

第 1 段论证：动物应当被用于研究吗

在研究中使用动物已经成为一个情感和法律问题。现在联邦政府对动物的护理、维护和使用都有非常严格的规定。但是，尽管利用动物进行的研究受到密切的监控，以确定并消除任何可能给实验动物带来痛苦或虐待的根源，但相关人士仍然反对使用动物物种，特别是脊椎动物进行研究。

那些反对使用动物的人士已经赶上了“高科技”世界的发展，经常建议使用模拟器和计算机建模，以代替活体动物的生物研究。不幸的是，模拟器和计算机模型本身无法生成有效的生物数据。从活体动物实验中获得的科学数据必须首先提供基础数据，然后建模者才能在类似条件下推断出结果。

模拟器和计算机建模在教学与研究中确实占据一席之地，但它们不会也不能在许多重要的医学研究中取代动物的使用。例如，考虑人类器官修复和移植的现代外科手术。今天所使用的技术是通过在动物身上做实验而发展和完善的。你想让一个只接受过模拟训练的医生来做精密的手术吗？

实验动物研究对其他许多领域的医学进步也至关重要。诸如脊髓灰质炎和天花等致命的人类疾病，以及诸如狂犬病、猫白血病和犬瘟热等同样严重的动物疾病，其疫苗都是通过在动物身上做实验研制出来的。

要想发现、开发和改进能够抑制、控制或消除诸如艾滋病、癌症和心脏病等人类疾病的药物，都需要使用生理机制与人类相似的实验动物。

以上仅提到动物被用于人类和兽医医学研究的众多例子中的几个。同样重要的是，行为学、生态学、生理学和遗传学的研究，都需要在某种程度上利用动物来产生关于这个星球上生命的有效和有意义的知识。

第 2 段论证：动物应当被用于研究吗

我不能接受“对动物进行研究对于找到治疗人类疾病的方法是必要的”这一观点。许多疾病和药物在动物身上的反应与在人类身上的反应非常不同。例如，阿司匹林对猫有毒，而且很少有疾病能直接从猫传染给人类。

我尤其厌恶那些为了粉饰外表而进行的“研究”。眼刺激试验（Draize test）是指将物质引入兔子的眼睛，然后检查是否有溃疡、损伤或其他可观察到的反应。如今，这种测试已经过时，而且无效。还有其他更准确的选择，不会给我们的同类造成不必要的痛苦。

家用产品也会在动物身上进行不必要的 LD-50 测试。动物（很多情况下是幼犬）被强制喂食这些有毒化学物质，以确定其剂量，50% 的动物会死亡。这些测试并非是必需的，也不能提供非常有用的信息。

许多顶级医学院不再以动物为教学目的，而是让他们的学生在模型、计算机模拟中进行实践，然后观察这些技术在人类病人身上的应用。医生应该尊重生命，敬畏生命，这种做法强调了这一点。

如果医学院教授故意教育学生，说动物的生命并不重要，那么下一步再贬低人类的生命，就容易得多了。解剖学和生物课也不需要对所有学生使用猫。把一段解剖视频展示给全班同学看，或用一个模型或计算机模拟，同样有效。

如果我们认为某个使用动物的实验是绝对必要的，那么应当将这一声明完整地记录下来，并对所有之前的研究进行彻底检查，以避免不必要的重复。此外，绝不应当使这些实验的设施豁免于残忍法律的约束，而且应当向不隶属于研究机构的动物权利倡导者开放检查。

人类有责任爱护地球，尊重所有的生命，这是因为，如果我们毒害地球，毁灭地球上的其他生命，我们就是在毒害和毁灭我们自己。我们在这个地球上生存是为了照顾我们的地球和地球上的生物。

第 1 段论证

1. 总结作者对使用实验动物的立场。

   作者说医学的进步是通过使用实验动物而得到完善的。

2. 概括其论证的要点。

   密切监视动物的使用，以防止疼痛或虐待。模拟器或计算机建模不能代替活体动物的使用。疫苗开发需要使用活体动物。其他领域的研究也使用活体动物。

3. 作者提供了什么类型的证据？

   例子，关于疫苗开发的历史信息，个人呼吁。

4. 评估所提供证据的充分性。

   作者确实证实了他的主要论点。

5. 作者承认或反驳了相反的观点吗？

   是的。他承认并驳斥了应该使用模拟器和计算机建模的相反的观点。

第 2 段论证

1. 总结作者的立场。

作者的主要观点是没有必要对活体动物进行研究。

2. 列出其论证的要点。

动物对疾病和药物的反应与人类的不同。存在着不会造成痛苦的替代方案。在动物身上测试家用产品是没有必要的。顶尖的医学院不再以动物为教学目的。使用活体动物可能会使人的生命贬值。人类有责任尊重和照顾生命。

3. 作者提供了哪些类型的证据。

例子，关于医学院的事实，关于家用产品测试的事实，情感呼吁。

4. 评估所提供证据的充分性。

作者没有解释为什么眼刺激试验是过时的，没有解释为什么家用产品测试不能提供有用的信息，也没有为在解剖学和生物学课堂上使用模型或计算机模拟的有效性提供证据。

5. 作者有没有承认或反驳相反的论点？

没有。

两段论证

1. 你感到哪段论证更具说服力？为什么？

答案会因人而异。

2. 比较每段论证使用的证据的类型。

两段论证都使用了事实来支持其主张。第 2 段论证提供了更加情绪化的呼吁。

批判性思考：评估情感呼吁

情感呼吁试图通过唤起阅读者的情感来吸引或刺激他们，从而塑造阅读者对该主题的态度。你在阅读时，要注意寻找下面几种类型的情感呼吁，并观察它们对你产生的影响。

1. **充满感情色彩或带有偏见的语言**。通过使用能够产生情感反应的词语，作者可以建立积极的或消极的情感。例如，一个新香水系列的广告承诺“放纵”“更新”“滋养”“呵护”用户。一则汽车广告使用诸如“豪华轿车般的舒适”“欧洲风格”“动物般的光滑”等短语来引起受众的兴趣和兴奋。

2. **权威推荐**。权威推荐包括使用名人的意见或形象。我们都见过运动员为内衣代言，或电影明星为洗发水做广告。这种吸引人的广告方式基于这样的观念：人们崇拜名人，努力像他们一样，尊重他们的意见，愿意接受他们的观点。

3. **联想**。我们可以通过将某种产品、理念或地位与其他已被人们接受或高度重视的事物联想起来，从而产生情感呼吁。爱国主义是很有价值的，因此在广告中把某种产品称为“全美品牌”，就是一种情感上的呼吁。描绘风景优美的瀑布的香烟广告或演讲者站在美国国旗前的广告，都是这样的例子。

4. **向“普通人”呼吁**。有些人不信任那些受过良好教育的人、富有的人、十分追求艺术的人，或在其他方面明显不同于普通人的人。对这一群体的情感呼吁是通过出售一种产品或创意来表明它起源于普通人，并且由普通人持有或购买。例如，某位政客也许在描述她的背景和教育时暗示她和其他人一样；销售人员也许穿着和他的客户相似款式的衣服。

小试身手　识别情感呼吁的类型

判断下列每种情况下使用的是哪种类型的情感呼吁。

1. 请为简·罗德里格斯投票。作为移民的女儿，她知道为了养家糊口和支付账单而挣扎的滋味。

   向“普通人”呼吁

2. 安吉丽娜·朱莉和布拉德·皮特捐款帮助养活非洲贫困儿童。你也应该捐款。

   权威推荐

3. 只有自私的疯子才会支持允许他们携带手枪到任何地方的隐蔽携带法。

   充满感情色彩的语言

4. 拿一个史密斯太太做的冷冻苹果派，你会觉得自己像是在一个凉爽的秋日来到县里的集市，在地上啃着刚从树上摘下的绿苹果。

   联想

5. 如果我们不通过这部新的教育法，明天的孩子将流落街头，无家可归，忍饥挨饿，充满绝望。

   充满感情色彩的语言

6. 牛奶为我们的运动员提供必要的营养，帮助他们把金牌带回家。

   权威推荐

阅读精选

从素食主义者的角度看待现在的狩猎

蒂莫西·邓沙（Timothy Denesha）

摘自《布法罗新闻报》(*The Buffalo News*)

你准备采取哪种阅读策略

注：计分卡可以让你计算你的阅读速度。为做到这一点，在你开始阅读之前，一定要在计分卡上记下你开始阅读的时间。

通过预习阅读材料来激活你的思维，并回答以下问题。

1. 前面的内容曾建议你预习每个标题下的第一句话，以及标题、首段和末段。这种类型的预习对这篇文章足够吗？为什么？如果不够，你将如何调整你的预习策略？

2. 根据你对阅读材料的预习，你认为你应该以多快的速度阅读这篇精选材料？解释你的回答。

很慢　慢　中等速度　快　很快

____

____

3. 你对打猎怎么看？总是可以接受，有时可以接受，还是永远都不能接受？为什么？

4. 仅根据你对这篇阅读精选文章第1段的预习，你预料文章的语气是什么？你认为作者会高度偏向辩论的一方吗？你觉得他会不偏不倚吗？当你开始阅读全文时，第1段会怎样影响你的态度？

1　猎鹿季节从11月18日开始，随着森林和田野里的枪声恢复，猎人和动物权利支持者之间常年的相互抨击也将恢复。在这个问题上，我总是觉得自己陷入了两难的困境，因为我做了超过25年的素食主义者和动物权利倡导者，但我也有一些我尊敬的朋友，他们是猎人。我了解到，这个问题并不像我曾经认为的那样非黑即白。

2　在我的成长过程中，身边有许多心爱的宠物，生活中没有猎人，我认为这些人是嗜血的动物仇恨者。在我20多岁的时候，我读到了伟大的人道主义者阿尔伯特·史怀哲关于尊重生命的著作，我成了一个素食主义者，甚至开始鄙视猎人。

3　但在看了1981年的经典非洲电影《诸神一定疯了》后，我不得不改变自己的看法。主人公是一个善良的丛林人，他杀死了一只小羚羊，然后温柔地抚摸她，为杀死她而道歉。他解释说，他的家人很饿，感谢她提供食物。我惊呆了：一个敬畏生命的猎人！后来，我了解到，印第安人的传统也有同样的同情意识，对失去一个生命，使得另一个生命可能继续下去的同情。

4　几年前，当动物权利活动家亚历克斯·帕切科在这里发言时，我的立场进一步软化了。他详细描述了肉类加工厂和工厂化农场的不人道做法，他说，要减轻动物的痛苦，任何人能做的最重要的事情就是停止吃肉。我决定努力成为一个素食主义者（不吃任何动物产品），并且不情愿地承认猎人并不是动物王国最大的敌人。然而，我仍然不喜欢他们。

5　真正改变我看法的是，通过我在红十字献血中心的工作，我认识了一些猎人。我的一些同事和捐赠者也是有公益意识的人，他们献血（大多数人不献血），但也用他们的枪和箭射杀动物。面对这个悖论，我慢慢地有了一些认识。

6　首先，猎人就像任何一个和我不同的群体：对他们的个人经历缺乏了解，使得我们更容易妖魔化他们。他们其实不是怪物。我不知道他们中是否有人像饥饿的布西曼人那样对他的杀戮表示道歉或感谢，但我知道他们并不残忍、残暴或嗜血——正如我后来发现的那样，恰恰相反。

7 其次，这些人不只是通过结束生命来自娱自乐，他们在获取食物。对动物来说，这种区别可能没什么意义。但在考虑一个人的意图时，这很重要。

8 还有，人们告诉我，猎人“不喜欢杀戮”。他们享受户外活动，享受友情，享受其中的各种技能。(其中一项所谓的“清洁杀戮”技能之所以受到珍视，正是因为它能将猎物的痛苦降到最低。) 像蔬菜种植者一样，他们喜欢用自己的双手为自己和家人提供食物。像捕鱼者一样，他们享受着获取食物的过程，这个过程涉及动物的死亡，但并非起因于此。再次强调，这似乎是一个小问题（特别是对猎物来说），但我觉得从猎人的人性角度来看，这是有意义的。

9 此外，我还看到了猎人的某种正直，他们是“自己干脏活”的食肉动物。包装好的冷切肉和快餐汉堡掩盖了杀死动物的现场流血的事实。猎人永远不会忘记这一点，因为他们愿意承担个人责任。

10 此外，如果我是一只为了被人类吃掉而不得不死去的动物，我宁愿它一对一地发生，死在我家所在的树林里的那个人的手上，而不是在肉制品工厂毫无人情感的大规模生产机器中。任何一种方式都是死亡，但有一种方式更有尊严，更少恐惧和痛苦。

11 当然，也有一些猎人很糟糕，他们擅闯禁区、射杀家畜、在狩猎时喝醉酒，或无视狩猎不成文的道德准则——受伤的猎物不得受罪。去年感恩节的早晨，在栗子岭公园，我发现雪地上有一只鹿流着鲜血走过的足迹。这十分可怕。

12 当我告诉我的一个猎人同事这个故事时，他也很不高兴。上个狩猎季，他本人仅能打猎一天，却目睹了一只受伤的小母鹿。他要供孩子上学，经济拮据，所以如果他选择对此无视，而是利用这仅有的一天捕更多的猎物，这是完全可以理解的。但他选择了花漫长而艰难的一天来追踪它，直到他足够亲近以结束它的痛苦为止。这是仁慈甚至是自我牺牲的行为，而不是对动物不敏感的无情之人的行为。这是对生命的崇敬。他声称许多猎人会做且做过这些行为。

13 我意识到同情有很多面，有些是最真实的，有些是最意想不到的。

阅后评测

检验你的理解

__c__ 1. 这篇阅读精选材料主要关于：

a. 狩猎的野蛮。　　b. 猎人对生命的敬畏。

c. 狩猎的防卫性。

d. 为什么人们变成素食主义者。

__c__ 2. 这篇阅读精选材料的主旨是：

a. 狩猎是不道德的。

b. 动物由于狩猎而受累。

c. 猎人和非猎人一样拥有正直品格与同情心。

d. 大多数猎人只对猎杀无助的动物取乐感兴趣。

__c__ 3. 从文章中可以明显看出作者不是：

a. 素食主义者。

b. 医疗保健人员。

c. 猎人。

d. 动物权利倡导者。

__b__ 4. 最初，是什么让作者开始改变他对猎人的看法的？

a. 亚历克斯·帕切科的演讲。

b. 非洲电影《诸神一定疯了》。

c. 红十字会献血中心。

d. 阿尔伯特·史怀哲的著作。

__c__ 5. 作者主要采用以下哪种方法对体育狩猎问题进行了初步探讨？

a. 比较猎人和非猎人的行为。

b. 对猎人进行分类。

c. 审视他自己改变了的信念。

d. 定义体育狩猎。

批判地思考

__d__ 6. 正如第 1 段所使用的，抨击的同义词是：

a. 射击。

b. 切割。

c. 杀戮。

d. 辩论。

__b__ 7. 下列哪个句子最好地描述了作者对猎人的态度？

a. 猎人好斗且嗜血。

b. 猎人经常带着尊重和同情的态度捕杀动物。

c. 打猎在任何情况下都不应该被允许。

d. 狩猎就是一项和其他任何体育项目一样的体育运动。

__d__ 8. 从这篇阅读材料中，我们可以推断，猎鹿人的许可证允许他们：

a. 猎杀尽可能多的鹿。

b. 在任何能找到鹿的地方狩猎。

c. 每人只能打一天猎。

d. 只能猎杀一定数据的鹿。

__b__ 9. 下面哪一个是猎鹿人遵守狩猎不成文的道德规范的例子？

a. 他用弓和箭而不是步枪打猎。

b. 他猎杀一只已经受伤的鹿（以结束鹿的痛苦）。

c. 他带着一只受伤的鹿去兽医那里治疗。

d. 他猎鹿只是为了养家糊口。

_a_ 10. 文中的照片对阅读有什么帮助?

a. 它表明一些猎人把动物作为战利品来奖励，并暗示这是一些猎人从事这项运动的原因。

b. 它有点不确定，显示了争论双方的观点。

c. 这表明猎人专注于追踪和猎杀动物纯粹是为了狩猎运动。

d. 它说明了这样一个事实：真正的猎人喜欢为获得食物而狩猎，而不是把狩猎当作杀死动物的机会。

计分卡

结束时间：______时______分______秒

开始时间：______时______分______秒

阅读时间：______时______分______秒

每分钟字数计分：__________

理解计分：从第 1 题至第 10 题

正确的数目：______ ×10 = ______%

评估你的阅读策略

1. 你会怎么评价你对这篇阅读文章的理解?

   很好　好　一般　差

2. 你认为你的阅读策略有效吗?

   有效　无效

3. 假设再去阅读一篇来自同一个出处的文章（即一本流行的新闻杂志）。根据你对这篇文章的经验，你会怎样调整你的阅读策略（如果需要调整的话）?

   ____

   ____

提高速度和灵活性

4 第四部分

第10章
略读和扫读

假设你急着赶飞机，需要尽快找到航班的登机口。找到你需要的信息的最好和最快方法是什么？

首先，你要查看离港航班的屏幕，确定它们是如何排列的——按城市字母顺序排列，按时间顺序排列，还是按航空公司排列？一旦确定了屏幕显示的排列方式，就可以很快地找到你的航班。

这是使用扫读的一个很好例子。所谓扫读，是指一种快速搜索特定信息的方法。在本章中，你将学习快速阅读的技巧，即有选择地阅读某些部分，跳过其他部分，以获得文章主旨的方法。

略读

假设你正在浏览互联网上的网站，就在你要去开会之前，通过一个链接找到了一篇两三页的文章。你对这篇文章很感兴趣，但不想费神收藏这个网站然后再回头阅读，而且你也没有时间在会前阅读它。你该做什么？

一个选择是忘记这篇文章，去开会。第二种方法是浏览文章，读其中的一些部分，略过其他部分，找到最重要的观点。你可以阅读文章中最有可能提供主要观点的部分，跳过那些不太重要的事实和细节。略读是指有选择性地阅读，以获得一篇文章的概述。

本节讨论了略读的目的和类型，介绍了一个循序渐进的略读步骤，并且展示了如何将这种技巧应用于不同类型的阅读材料。

略读的目的

你并不总是一定得把所有内容全部读完。事实上，在某些情况下，完整地阅读可能会浪费时间。让我们花点时间考虑几个例子，在这些例子中，略读是最有效的方法：

- **教科书的某章内容中复习公制的一个小节**。如果你学过并使用过公制，就可以跳过大部分的材料。
- **你用来完成一篇研究论文的网站**。如果你已收集大部分的基本信息，就可以浏览链接列表，只寻找你以前没有访问过的新网站。
- **报纸上对当前政治事件的报道**。如果你读这篇文章只是为了了解基本信息，略读是合适的。你可以跳过报道中给出详细信息的部分。
- **一篇影评**。如果你要先看影评再决定是否看这部电影，也许要看观众对这部电影的整体反应：它令人兴奋吗？无聊吗？幽默吗？你可以跳过对角色、特定场景和特定演员表演的深入描述。

现在试着想想其他一些适合略读的情况或材料。在下列空格中列出它们。

1. ______________________________
2. ______________________________
3. ______________________________

当你不需要完整的信息时，略读是合适的。当你只需要文章最重要的观点或主旨时，可以使用略读方法。

怎样略读

在略读中，你的总体目的应当是只读文章中包含最重要信息的部分或选段。跳过不重要的内容。你阅读的材料的类型，在一定程度上决定了你应当如何调整阅读技巧。

为了让你熟悉略读的过程，下面介绍一个基本的、逐步执行的步骤，并将其应用到一篇示例文章中。接下来还讨论了这种通用技巧对特定类型的阅读材料的适应性。

认知深化　如何略读

1. **标题**。标题常常宣示主题并提供有关作者对待主题的方法或态度的线索。
2. **副标题或介绍性的署名行**。有些类型的材料在标题下面含有一些陈述，它们起着进一步解释标题或引起读者兴趣的作用。
3. **引言段落**。引言段落通常提供重要的背景信息并介绍主题。它也可以提供如何处理这个主题的简要概述。
4. **题目**。题目宣布将在下面的段落中讨论的主题。这些题目共同构成了文章中阐述的主题的提纲。
5. **每个段落的第一句话**。它通常陈述段落的主要思想。如果你读到的第一句话明显不是主题句，可以直接跳到段落的末尾，读最后一句话。
6. **关键词**。快速浏览这一段的其余部分。试着挑出能够回答什么人、什么事、什么时候、什么地方以及段落主旨的关键词。试着注意名字、数字、日期、地点，以及大写或斜体的词语。还要注意任何编号的序列。这样快速浏览，可以增强你对整个段落的印象，也能证实你把握住了段落的中心思想。
7. **任何地图、图形、图表或示意图的标题或图例**。标题或图例将简要地说明图形所描述的、暗示的或强调的重要事件、观点或关系。
8. **最后的段落**。最后的段落通常提供了文章的结论或总结。它可以简明扼要地陈述文章的主要观点或为考虑这个主题提出新的方向。如果很长，只读最后几行。

通常，略读的阅读速度应达到你正常阅读速度的 3 ～ 4 倍。

一般的经验法则是，你应当略过的内容多于阅读的内容。尽管要略过的内容根据材料的类型有所不同，但较为合理的估计是应该略过 70% ～ 80% 的材料。因为如果你略过了大部分材料，你的理解能力将受到限制。对于略读，可接受的理解水平通常是 50%，当然根据你的目的不同，理解水平也许各不相同。

为了让你更好地了解略读方法是怎么回事，下面的文章做了标记，以指出你在略读时可能读到的文章的各个部分。

宗教的要素

大多数宗教包含四个共同要素：神圣的物品或场所、仪式、信仰体系、信徒组织。

神圣的物品或场所

根据迪尔凯姆的观点，世俗包含了日常生活的所有元素，这些元素被认为是普通物理（自然）世界的一部分。而神圣是指任何从日常生活中分离出来，能够唤起深深的尊敬和敬畏的东西。这种在神圣的物品或场所面前的敬畏感是潜藏在内心的，也是一种最基本的宗教冲动，无论一个人是否认为敬畏的最终来源是超自然的或超越的本身，或是否同意迪尔凯姆的理论，即对社会力量超过个人的潜意识认知，都是对信徒所经历的敬畏的最佳解释。无论如何，当人们面对神圣的物品或场所时，通常感到触及了生命的永恒之源，并且相信他们正经历一种仅靠理性无法理解的特殊力量。因为神圣的物品和场所如此至高无上，因此唤起了巨大的吸引力。由于它的强大力量，神圣的物品和场所也能激起恐惧的感觉。

神圣的体验经常与有形的物体（如祭坛、雕像或十字架）联系在一起。我们几乎认为任何事物都可能是神圣的：特定的地点，比如一片树林、一处泉水或一个洞穴；特定的时间，如日出时分或复活节；或特定的动物或植物，如牛、响尾蛇或树木。有时，神圣与不寻常的事件联系在一起，如火山爆发或河水泛滥。拥有罕见能力的人和不寻常事件的日期也被视为神圣。

仪式

宗教仪式是一种既定的行为模式，与神圣的体验密切相关。它通常是用来表达或恢复神圣力量的强大体验，或向神圣力量请求一些帮助。例如，古埃及人认为，通过在尼罗河沿岸举行某些仪式，他们可以引发或象征性地参与每年一度的洪水泛滥，为农田带来所需的水和淤泥。仪式也是一种保护神圣不受世俗污染的方式。圣餐杯或圣杯通常不是用来喝水的，它只能在特殊的仪式上使用，盛满特殊的酒，从一个人传给另一个人。

仪式是组织宗教信徒的一种方式，它把他们聚在一起。心理学家认为，重复仪式有助于恢复人们的融合感、认同感和安全感。例如，某些非洲部落通过在正式的仪式中崇拜鳄鱼，认为它们是在保护自己免受这些可怕野兽的攻击。

仪式本身可以通过与神圣的联系而变得神圣。仪式中使用的物品——食用的药草或药剂、参与者穿的衣服、举行仪式的地方——都可能受到尊敬。因此，人们通常认为礼拜堂和其他举行宗教仪式的地点是神圣的。

信仰体系

宗教信仰体系是宗教中发展最为迅速的部分。在传统宗教中，信仰体系的主要功能是将神圣的物品和场所与宗教仪式联系起来，对神圣物进行界定和保护。例如，在《圣经·旧约》中，上帝被描绘成一个超人的形象，尽管如此，他还是可以用人类的语言来理解。人们将上帝的抽象概念转化为一种能够认同和联系的符号。

信仰体系也解释仪式的意义与目的。例如，穆斯林知道他们必须在晚祷前洗手，因为身体清洁是道德清洁的标志，一个人必须在上帝面前表现得道德清洁。有了这些知识，洗手的仪式就变成了一件有意义的事情。

大多数现代宗教信仰体系远远不止支持宗教的其他元素。它们通常包括人们认为是重要真理的道德命题（如人人平等）。虽然信徒们不一定认为这些信仰“神圣”，但它们有一种神圣的品质。因为它们常常被转换成宪法、政治意识形态和教育教义，这些信仰不仅对宗教本身很重要，在一个社会的非宗教事务中同样重要。

信徒组织

为确保宗教体验的连续性和有效性，需要有一个信徒组织。举行仪式、建造礼拜场所、选择祭司、僧侣和牧师等专门人员来培养和维护神圣，都需要某种组织。例如，蒙大拿州大瀑布的第二卫理公会教堂建造教堂建筑，挑选牧师并支付报酬，购买赞美诗和管风琴，并招募唱诗班。这些活动的高潮是信徒们可以在周日早上去教堂，分享他们的神圣体验。

小试身手　评估略读

略读完《宗教的要素》这篇文章后，回答以下问题。请在空格内填上“T”（代表正确）或“F”（代表错误），以判断下面的陈述是否正确。

_T_ 1. 在大多数宗教中都发现了同样的基本要素。

_F_ 2. 这篇文章中的“世俗”一词指的是庸俗的或不愉快的生活经历。

_F_ 3. 宗教中发展最迅速的因素是仪式。

_T_ 4. 信仰体系解释了各种仪式的意义和目的。

_T_ 5. 某些类型的组织对于宗教体验是必不可少的。

小试身手　预测略读

略读下面这篇刊载在《科学文摘》上的关于噪声污染的文章。你阅读的目的是了解噪声污染的原因、影响和控制。完成略读后，回答文章后面的问题。

噪声污染

数量在继续增加，研究经费却在减少

噪声是一种最普遍的污染。科学研究表明，它不仅对耳朵有害，还影响情绪，降低学习能力，并可能导致血压升高。对于城市居民来说，即使不需要手提电钻发出震耳欲聋的咔嗒声，每天也能感受到足以造成永久性听力损失的噪声。刺耳的交通工具的声音，拥挤的餐馆里的嘈杂声，头顶上飞机的轰鸣声，甚至是收音机里传来的刺耳音乐，都足以超过联邦政府规定的每天工作八小时的最大噪声。

美国环境保护局曾经致力于减少潜在的噪声问题，但在尝试采取任何行动时都遭到扼杀。四年前，该机构耗资1400万美元的控制噪声污染的项目被取消。

不过，另一些政府机构已经取得了成功。美国联邦航空管理局要求飞机在主要机场起降 2 英里范围内将噪声水平降低一半。纽约市在 1972 年通过了全国第一部反噪声法规，并对违规者处以 25 美元的罚款，尽管大多数出租车司机仍然更多地依赖喇叭而不是刹车。芝加哥、旧金山和许多其他城市也采取了类似措施。事实上，正是这样的立法，集结了反对芝加哥小熊队在箭牌球场夜间打棒球的力量。

危险的耳机

然而，只要用一点常识想一想，我们就知道，许多最具破坏性的噪声都在我们所有人的控制范围之内。想想立体声耳机的使用——一种用娱乐的声音掩盖不舒服噪声的设备。爱荷华城大学医院的耳鼻喉科医生菲利普·李的一项研究表明，青少年连续使用立体声耳机 3 小时，就会出现暂时性的听力丧失。事实证明，这些设备发出的声音在 100 分贝或 100 分贝以上（相当于链锯的强度）时具有特别的破坏性。李说："人们绝不能将谈话的音量调到高于正常的对话水平。"

虽然令人震惊和突然的爆炸会导致鼓膜破裂而耳聋，但通过手术至少可以部分恢复听力。然而，持续的环境噪声就不是这样的了，它们造成的损害通常是不可逆的。当声音进入内耳时，它们使毛细胞前后摆动，导致毛细胞向神经纤维释放一种化学递质，神经纤维将听觉信息传递给大脑。这就是我们听到的。但是，过多的噪声会使一些毛细胞精疲力竭，甚至死亡。其影响可能是轻微的暂时性听力丧失或耳鸣。

位于圣路易斯的华盛顿大学医学院的神经生物学家芭芭拉·伯恩说："尽管少几个毛细胞不会永久损害听力，但如果每个周末都有一些毛细胞失去听力，就会逐渐导致明显的听力问题。"一旦这种情况发生，就无可挽回了。不过，我们也可以采取一些预防措施。耳塞和耳罩能够降低高达 25 分贝的噪声，可以区分危险暴露和安全暴露。伯恩还说："如果你必须用链锯锯木头，那就在周六锯一个小时，然后在下一周再锯一个小时，而不是一次锯两个小时。"将强烈的噪声的时间段分隔开来，中间至少隔一天相对安静的时间，可以使得受惊的毛细胞有时间恢复。

噪声当然会让我们生气，但它会让我们的血压升高吗？这方面的研究成果一直相互矛盾。迈阿密大学的耳鼻喉科专家欧内斯特·彼得森发现，噪声会使猴子的血压升高。曾发表在《柳叶刀》杂志上的一封信中，一名瑞典医生称，在对造船厂工人进行了长达 8 年的研究后，发现他们并未受到这种影响。

医学界已经更为确定地测量出了噪声对大脑的影响。加利福尼亚州卫生服务部的数据显示，在吵闹街道上学的孩子的成绩远低于在安静学校上学的孩子。

去年，两位英国心理学家在《美国声学学会杂志》上发表报告称，郊区的交通噪声达到约 46 分贝（相当于冰箱的嗡嗡声），就会影响睡眠。当进入实验对象卧室的噪声降低到 5 分贝（达到轻声说话的水平）时，他们的大脑呈现出低频、高振幅 δ 波的增加，这是深度睡眠的迹象。

南卡罗来纳医学院的听力学家约翰·米尔斯认为，大脑是“需要进一步研究的最重要的区域”。他报告说，在几个动物实验中，发现持续 24 小时 65 分贝的声音（与空调产生的音量相同），会以某种方式损伤脑干。米尔斯说，有充足的理由来调查同样的损害是否会发生在人类身上。“大脑会在什么时候开始受伤？”他问道，“这和耳朵的受伤无关吗？这些都是我们必须了解的东西。”

1. 噪声污染如何影响人类？

伤害耳朵，影响情绪，降低学习能力，可能升高血压。

2. 举几个噪声污染的例子。

街头噪声、飞机噪声、无线电噪声、嘈杂的餐馆的噪声。

3. 环境保护局在控制噪声污染方面取得成功了吗？

没有。

4. 关于噪声污染对人类的影响，还有哪些问题没有得到解答？

它对大脑有什么影响？它对血压有什么影响？

学习风格秘诀

如果你倾向于是一位……	那么，你可以通过以下方法改进你的略读技能：
务实型学习者	在你开始略读之前明确你的目的并评估材料的组织模式。
创造型学习者	发现你将要略读的文章中什么让你感兴趣，创建你希望能在略读时回答的问题。

有效地使用略读

现在你已经熟悉了略读的步骤，可能意识到它非常类似于你在本书前面学习的技巧——预习。实际上，我们可以认为预习是略读的一种形式。一般来说，略读有三种类型：

1. **预习略读**。在阅读之前大致熟悉材料的组织模式和内容。这是一种类似于预习的略读方式。

2. **概览略读**。在不完全阅读材料的情况下获得内容和组织模式的概览。通常称为跳读，当你不打算回头再阅读材料以便更深入地思考时，或者当你只需略读便能满足你的需要时，可以使用概览略读方式。

3. **复习略读**。复习你读过的材料，以便回顾要点。你的目的是重新熟悉材料的基本内容和组织模式。

略读的局限

因为略读包括跳过大部分材料，你不应指望自己记住不太重要的事实和细节。如前所述，略读时你的理解水平可达到 50% 左右。只有当你的阅读目的允许你阅读一般概念而不是具体信息时，才应该使用略读方式。

交替运用略读和阅读

许多高效的阅读者会在略读和更仔细的阅读之间交替进行。例如，在一篇特定的文章中，你可以略读几个小节，直到你找到一个特别感兴趣的小节或满足你的阅读目的的小节。这个时候，你可以完全阅读而不是略读，然后继续略读后面的小节。在其他时候，当感到困惑或遇到困难或不熟悉的想法时，你可能有必要完整地阅读。

支持技术　略读网络文章

使用向下箭头或页面向下键来滚动网络上的文档，就很容易略读网络文章。很快，你就会形成一种节奏，让你在进入下一个屏幕之前快速略读每个屏幕上的内容。

在略读网络文章时，你没有时间从整篇文章中受益。如果是对纸质的文章翻页，你可以找到关于文章长度、组织结构、图形的位置和观点的相对重要性等的初步线索。在略读网络文章时，为了获得这些初步线索，考虑快速滚动整个文档，只留意主要的标题、图形和长度。然后利用本章给出的建议略读该文档。

略读各类材料

有效的略读取决于读者识别材料的组织结构，以及定位选择的材料的主要观点的能力。表 10-1 列出了略读教科书、参考资料、报纸和杂志文章以及非小说类图书的建议。

表 10-1　调整略读策略

材料的类型	着　重　于
教科书章节	• 章节的目标及引言 • 标题及印刷辅助工具 • 图形和视觉化辅助工具 • 复习和探讨的问题

（续）

材料的类型	着 重 于
参考资料	• 日期 • 资料的组织模式 • 主题索引
报纸文章	• 标题 • 开头段落 • 剩余段落的第一句
杂志文章	• 标题 / 副标题 / 署名行 • 开头段落 • 照片 / 图片文字说明 • 题目 / 段落的第一句 • 最后的几个段落
非小说类图书	• 书的封面和封底 • 作者的资格 • 目录 • 前言 • 开头的和结尾的段落

小试身手 练习略读

略读下面这篇文章，然后回答之后的问题。

时间与文化差异

时间是另一个有着很大文化差异的沟通渠道。在非语言的沟通中，两种文化的时间尤为重要：正式的和非正式的。在美国文化中，**正式的时间**分为秒、分、时、日、周、月、年。其他的文化可能使用月相或季节来描绘时间周期。在一些大学里，课程分为 50 分钟或 75 分钟的一节课，每周上 2 ～ 3 次课，14 周为一个学期。8 个学期，每周 15 ～ 16 节课，每节课 50 分钟，就相当于大学教育。其他的学院则采用宿舍制或三学期制。正如这些例子表明的那样，正式的时间单位是任意的。不同的文化为了方便会确立它们的时间单位。

非正式的时间指的是使用一般的时间术语，例如“永远”“立即”“很快”“马上”“尽快”。这些时间范围造成了大部分的沟通问题，因为它们对不同的人意味着不同的含义。

另一个有趣的区别是单一时间取向和多重时间取向之间的区别。一方面，单一时间取向的人或文化（美国、德国、斯堪的纳维亚半岛国家和瑞士是很好的例子）每次只安排一件事。时间是分开的，每件事都有它自己的时间。

另一方面，多重时间取向的人或文化（拉美人、地中海沿岸国家的人们以及阿拉伯人是很好的例子）会在同一时间安排许多的事情。吃饭，和不同的人做生意，处理家庭事务，等等，都可以同时进行。没有哪种文化是完全单一或多重时间取向的，有些文化结合了这两种时间取向。例如，在日本和美国的部分文化中，就可以找到这两种时间取向的例子。

不同文化对时间的态度各不相同。例如，在一项研究中，研究人员测量了日本、印度尼西亚、意大利、英国和美国文化中时钟的准确性。日本的时钟最准，印度尼西亚最不准。对这几种文化中人们走路速度的测量发现，日本人走得最快，印度尼西亚人走得最慢。

文化时间的另一个有趣的方面是你的“社会时钟”。你的文化和更具体的社会要为做各种重要事情的合适时间制定时间表——例如，开始约会的合适时间，完成大学学业的合适时间，买房子的合适时间，生儿育女的合适时间。毫无疑问，你在成长过程中对这个“时钟”已有所了解。在这个社会时钟的基础上，你评估自己的社会和职业发展。

如果你和你的同龄人在一起时都很守时——比如，你们差不多在同样的年纪开始约会，或差不多在同样的年龄完成大学学业——那么你会觉得自己适应得很好，很胜任，是团队的一员。如果你迟到了，你可能会产生不满足的感觉。然而，最近的研究表明，这种社会时钟正变得更加灵活；为了完成生活中的许多过渡性事件，人们越来越愿意容忍偏离既定的、社会可接受的时间表。

1. 解释正式时间与非正式时间的差别。

   正式时间是定量测量的；非正式时间使用更多的通用术语。

2. 解释单一时间取向，并指出采用它的至少一个国家。

   单一时间意味着一次只做一件事。美国、德国、斯堪的纳维亚半岛国家和瑞士采用。

3. 解释多重时间取向，并指出采用它的至少一个国家。

   多重时间意味着活动可以重叠或同时进行。拉丁美洲、地中海沿岸国家和阿拉伯国家采用。

4. 定义“社会时钟”这个术语。

   “社会时钟”指的是社会上认为在人生的哪个阶段从事哪种特定的活动是合适的。

扫读

你是否曾在人群中寻找过某个特定的人，或在一堆衣服中找寻一件特定尺寸、颜色或价格的衣服？你有没有查过公交时刻表或在图书馆书架上搜寻某本书？如果是这样，那么你使用了一种称为扫描的方法。在阅读中，这种扫描称为扫读，是指你在寻找特定的信息；你唯一的目的就是找到那个信息。事实上，当你扫读时，你对页面上的任何其他东西都不感兴趣；你没有理由去注意或记住任何其他信息。

扫读方法

许多人没有尽可能有效地扫读，因为他们在阅读材料中随机搜索，希望偶然发现他们正在寻找的信息。以这种方式扫读是费时且令人沮丧的，它常常迫使阅读者“放弃”，转而阅读整篇材料。有效扫读的关键是采用一种系统的方法，它的具体步骤如下。

认知深化　怎样扫读

1. **检查文章的组织**。在开始扫读之前，检查一下文章或材料是如何组织的。
   - 对于图形，检查它的标题和其他标签、图例。它们陈述图形的意图是什么，并告诉你信息将怎样呈现。
   - 对于散文，注意文章的整体结构，这样你就可以预测在文章的什么地方可以找到你需要的信息。
   - 对于网络文章，滚动整篇文档以发现其整体组织方式，或查看网站导航。
2. **形成特定的问题**。通过形成关于主题的特定问题，在头脑中固定你要寻找的是什么。例如，在扫读关于纽约州心脏移植的信息时，提这样的问题：
   - 某一年中做了多少次心脏移植手术？
   - 心脏移植要遵循什么规则和指南？
   - 心脏移植的成功率是多少？
3. **预测单词的线索**。预测线索可以帮助你更快地找到答案。例如，如果你试图在一篇关于城市人口的文章中寻找纽约市有多少人口，那么你也许预料答案以数字（如 8 310 212）的形式出现。在开始扫读之前，试着在你的脑海中尽可能准确地固定线索词或短语的图像。
4. **辨别可能的答案出现的地方**。试着确定你要找的信息可能出现在什么地方。你也许能够识别包含所需信息的某一列或某个小节。你可以删除某些小节，或可以预测这些信息将出现在文章的某个特定部分。

5. **使用系统的模式**。不要随机地略读，胡乱寻找。相反，你应当有节奏地扫读材料。对于每列只包含六七个词的打印材料，比如报纸文章，你可以将眼神直接从中间移动，捕捉每行各一半的短语。对于更宽的打印线，采用 Z 字形扫读可能更有效。使用这样的模式，你便能够来回移动你的眼球，每次移动都查看几行的文字。当你找到你寻找的信息时，线索词也许会“突然出现”在你面前。
6. **确认你的答案**。一旦你认为你已经找到了你要寻找的信息，检查一遍，确保正确。阅读包含答案的句子，确认这就是你需要的信息。

现在让我们试试这个程序。假设你正在写一篇关于大型零售商店的竞争性定价的论文。你正在搜索关于大型折扣店，特别是沃尔玛的定价政策的信息。你已经找到了一本名为《沃尔玛：有竞争力的定价》的商业教科书的一部分。使用上文列出的每个步骤来查找你需要的信息。

沃尔玛：有竞争力的定价

听说沃尔玛是世界上最大的零售商，也许并不奇怪。但是你知道它是世界上最大的公司吗？沃尔玛在全球拥有 7000 多家门店，2006 年的收入为 3510 亿美元，是其最接近的竞争对手塔吉特百货、杰西潘尼百货和凯马特 / 西尔斯百货总收入的 2.5 倍以上。更重要的是，这个庞然大物的年收入超过了 IBM、戴尔、微软和思科等世界上最大的几家公司的收入总和。

每年，超过 80% 的美国人至少在沃尔玛购物一次。美国消费者购买的生活必需品中，超过 30% 在这些商店销售，这个比例还在增长。而且，这种主导地位并非美国独有。沃尔玛在美国以外的 13 个国家经营着 2800 多家商店，同时也是加拿大和墨西哥最大的零售商。这家公司是怎么取得如此大的成功的？

有些人可能会说，沃尔玛之所以成功，是因为它给了顾客们想要的东西。“低价”在沃尔玛不仅仅是一个口号。一项研究表明，沃尔玛的产品价格平均比竞争对手低 14%。此外，沃尔玛会不断丰富商品品类，竭力成为最终的一站式商店。最后，它提供了众多商店和延长营业时间（通常是 24 小时）的便利。90% 的美国人生活在至少有一家沃尔玛超市的范围内。随着该公司计划至少在未来五年内每天在美国开一家新店，这一数字只会继续增加。

首先，当你评估这篇材料的组织结构时，你将看到它划分为三个段落，只提供了一个标题。接下来，你要在头脑中确定你想要的是什么，形成这样一个问题：“沃尔玛的价格与其竞争对手的价格相比如何？”然后要预测答案的形式，预测材料中会出现诸如价格、更高或更低、竞争对手或对手之类的短语，以及一个数字或百分比。当开始扫读时，你会发现第 1 段是关于商店的大小和数量的，第 2 段是关于连锁店在美国和美国以外销售的家庭必需品的百分比的。第 3 段是关于客户的，你注意到“低价”这个短语，看到百分比标志，又看到了“竞争对手”这个词，所以你知道，这是最有可能找到答案的地方。读了第 3 段的第 3 句话，你便能够确认沃尔玛的价格“比其竞争对手低 14%”的答案。

扫读列表

很多信息都以列表形式呈现，包括纸质词典、电视节目和飞机时刻表。使用以下步骤扫描列表。

认知深化　如何扫读列表

1. **检查以确定整体组织，然后看看它是否以任何特定的方式划分。**注意是否提供了列标题、主标题或任何其他关于材料组织的线索。例如，你可能注意到某个电视节目的时间表是按星期安排的，但它同时也按具体时间安排。在扫读邮政编码目录时，你会发现它是按字母顺序排列的，但是每个州都有一个单独的字母列表。
2. **扫读一个特定的词、短语、姓名、日期或地名。**例如，在从泰伯的《独脚医学词典》中查询某个术语的含义时，你要查找的是一个特定的词。类似地，在物理教科书的术语表中查找某个公制单位，你的目标就非常具体。
3. **使用箭头扫描模式；这是一种直线向下的模式。**
4. **对于字母列表，关注每一行的第一个字母，直到你找到你要找的单词的第一个字母。**然后重点关注前两个字母，直到你找到你正在寻找的两个字母组合。不断拓宽你的聚焦范围，直到找出完整的单词。

小试身手　练习扫读

扫读表 10-2，并回答下面的每个问题。

1. 这个表格是怎么组织的？

   它显示了世界主要地区的成人识字率。主要有两类——识字和文盲（不会读和写的成年人的数量），每一类又进一步分为总人数、男性和女性。
2. “成人识字率”的下面显示的数量与“不会读写的成年人数量”有何不同？

   成人识字率数字以百分比表示，而文盲率数字显示具体数字（成千上万的人不能读写）。
3. 哪个地区文盲的数量最多？

   南亚。
4. 在全世界，有文化的男性占多少百分比？女性受教育的百分比是多少？

   男性：88.2%；女性：78.9%。
5. 世界上哪个地区的整体识字率最低？

   南亚。

表10-2　2008年世界各地区成人识字率

世界地区	成人识字率/%				不会读写的成年人数量/千人			
	总计	男性	女性	GPI	总计	男性	女性	%F
发达地区	99.0	99.2	98.9	1.00	8358	3438	4921	58.9
独立国家联合体	99.5	99.7	99.4	1.00	1061	311	750	70.7
北部非洲	67.3	76.7	58.1	0.76	36 290	12 882	23 408	64.5
撒哈拉以南非洲	62.5	71.6	53.6	0.75	175 871	65 748	110 123	62.6
拉丁美洲和加勒比海	91.0	91.9	90.3	0.98	36 056	15 945	20 111	55.8
东亚	93.8	96.8	90.7	0.94	70 233	18 656	51 577	73.4
南亚	61.9	73.2	50.9	0.70	412 432	150 668	261 764	63.5
东南亚	91.9	94.5	89.5	0.95	32 782	11 097	21 685	66.1
西亚	84.5	91.5	76.9	0.84	21 332	6061	15 271	71.6
大洋洲	66.4	70.2	62.6	0.89	1750	783	967	55.3
整个世界	83.4	88.2	78.9	0.90	796 165	285 588	510 577	64.1

注：GPI＝性别平等指数，或说女性与男性识字的比率。

%F－女性数字的百分比。

扫读散文材料

散文材料比列表格式的材料更难扫读。它们的组织方式不那么明显，信息也没有得到那么简明或明显的陈述。对于散文材料，你必须大量依赖于识别线索词和预测你的答案。把扫读散文材料想象成一个漂浮的过程，你的眼神在一段文字中快速移动，寻找线索词和短语。你的目光应当在句子和整个段落之间移动，注意那些暗示你可能已经接近答案的线索词。

小试身手　练习扫读

扫读下面每一篇精选的散文，找出问题的答案。

1. 哪两个因素决定了购物者对商店环境的反应？

兴奋和愉悦。

众所周知，人们的情绪和行为受到周围环境的强烈影响。尽管营销人员努力通过广告来向消费者预先出售，但他们知道，商店环境会影响许多购买行为。例如，消费者在超市购买的商品中，有三分之二是在过道上购买的。因此，他们当时收到的信息和他们在店里的感受，对他们的决定有着重要的影响。

兴奋和愉悦这两个维度决定了购物者对商店环境的反应是积极的还是消极的。换句话说，这个人所处的环境可以是沉闷的，也可以是令人兴奋的，也可以是令人愉快的，也可以是令人不快的。仅仅因为环境是令人兴奋的，并不一定意味着将是令人愉快的——假如我们都挤在熙熙攘攘的、闷热的商店中的话。在令人愉快的环境中保持兴奋的感觉，正是迪士尼乐园等主题公园成功的一个因素，它们试图为顾客提供持续的刺激。

这些环境的重要性解释了为什么许多零售商将两种最受欢迎的消费活动——购物和吃饭——结合到精心设计的主题环境中。根据全球市场调查公司罗普·史塔契最近的一项调查，外出就餐是最主要的户外娱乐形式，创新的公司正争相为顾客提供同时就餐、购物和娱乐的机会。以好莱坞星球餐厅为例，里面塞满了服装和道具，该连锁店目前在全球每年的票房收入超过 2 亿美元。

2. 气体交换发生在肺的哪个部位？

肺泡。

在哺乳动物中，外部呼吸是通过一种叫作肺的特殊的“囊”来进行的。外部呼吸是通过通风或呼吸，将含氧空气吸入肺部来完成的。空气从大气管进入分支支气管（单支气管），然后进入越来越小的细支气管，最终形成许多囊状肺泡，在这里进行气体交换。肺泡的数量众多，使得肺呈海绵状。顺便说一下，人类肺部肺泡的总面积相当于一个网球场的面积——一个很大的交换场地。

肺的表面是潮湿的，任何动物的呼吸表面也是如此。潮湿是必要的，因为氧气必须溶解，才能穿过这些脆弱的肺泡膜进入血液。血液将氧气输送到身体组织，然后扩散到细胞。在细胞中，氧气有一个不起眼但至关重要的作用，那就是从电子传递链中捡回耗尽的电子，从而产生代谢水。

3. 是什么导致了荷兰榆树病和栗树枯萎病？

真菌。

在过去的 30 年里，欧洲和美洲落叶林的组成因疾病而发生了巨大的变化。两种疾病荷兰榆树病和栗树枯萎病，几乎使得北美地区的大型榆树和美洲栗树灭绝。这些疾病是由真菌引起的，真菌会感染并杀死刚刚能够繁殖的成熟树木或幼树。很少有树木能在虫害中存活下来，所以尚未发现当地榆树或栗树中抗病的品种。

4. 开放社会和封闭社会的区别是什么？

开放的社会依赖于自己争取的地位，而封闭的社会依赖于被赋予的地位。

阶级制度的不同之处在于其内部的人可以轻易地从一个社会地位转到另一个社会地位。完全开放的社会是不存在的。但如果存在这样的社会，人们就可以赢得他们的天赋、能力和欲望所能达到的任何地位。开放的社会不是平等的社会；不平等的社会职位仍然存在，但这些职位将完全根据能力来填补。因此，这样的制度可以说是一种完美的精英政治。

在完全封闭的社会里，每个人在出生时或到了一定的年龄就会被赋予一定的地位。这一地位永远无法改变。没有哪个社会是完全封闭的，尽管有些社会已相当接近这个极端。

相对开放的社会和相对封闭的社会之间的主要区别在于各自所包含的地位的混合。开放社会的特点是比封闭社会更依赖于取得的地位；封闭的社会更依赖于被赋予的地位。许多研究表明，工业化的技术先进的社会，往往是相对开放的。相比之下，以农业为基础的前工业社会往往是相对封闭的。

阅读精选

改善你的睡眠

丽贝卡 · J. 多纳泰洛（Rebecca J. Donatelle）

你准备采取哪种阅读策略

注：计分卡可以让你计算你的阅读速度。为做到这一点，在你开始阅读之前，一定要在计分卡上记下你开始阅读的时间。

通过预习阅读材料来激活你的思维，并回答以下问题。

<u>b</u> 1. 这篇阅读材料将回答以下所有的问题，除了

a. 打盹能帮你补觉吗？　　b. 男人的睡眠习惯和女人的有什么不同？

c. 你每晚需要多少睡眠？　　d. 你可以采用什么方法来睡个好觉？

<u>a</u> 2. 下列建议中的哪一项不是用来促进宁静的睡眠的？

a. 睡觉喝牛奶。　　b. 保持活力。

c. 不要辗转反侧。　　d. 创造一个睡眠“洞穴”。

3. 根据你对阅读材料的预习，你认为你应该以多快的速度阅读这篇精选材料？解释你的回答。

很慢　　慢　　中等速度　　快　　很快

____

____

4. 你一般晚上睡几个小时？你相信你能补充失去的睡眠吗？

你需要多少睡眠

1　考虑到充足睡眠，尤其是快速眼动睡眠的重要性，你可能会问自己到底需要多少睡眠。遗憾的是，具体需要多少睡眠，并没有神奇的数字。让我们来看看为什么。

睡眠需求包括基本睡眠加上补充的睡眠

2　关于你每天需要多少睡眠，简单的答案是 7 ～ 8 小时。研究人员用这一建议作为“平均的”睡眠时间的标准，多年来得到了各种研究的支持。例如，研究表明，每晚睡眠 7 ～ 8 小时的成年人比睡眠时间少于 7 小时或超过 8 小时的成年人的死亡风险更低。

3　但如果你绝对确定每晚睡五六个小时就够了呢？那么，你可能会对另一项研究的结果感兴趣，在睡眠实验室的监控下，那些声称自己只需较少睡眠的年轻人，却发现每天仍平均需要 7 ～ 8 小时的睡眠！

4　不过，睡眠并不是一个“一刀切”的命题。个体差异确实根据年龄（孩子需要更多睡眠）、性别（女性需要更多睡眠）和许多其他因素而发生。此外，当你试图弄清楚你的睡眠需求时，必须考虑两个方面：你身体的生理需求加上你目前需要补充的睡眠，称为**睡眠欠债**。这是你缺少睡眠的总时间，要么是因为你的身体还没有完全休息好就起床了，要么是因为你的睡眠被打断了。假设上周你从周一到周四每晚只睡 5 个小时。即使你周五到周日晚上睡了 7 ～ 8 小时，但是这 8 ～ 12 个小时的未解决的“睡眠欠债”，仍然会在你下一周的工作中使你感到疲惫无力。也就是说，在接下来的几个晚上，你每晚需要睡超过 8 个小时才能“补觉”。

如果每天晚上没有睡足 8 小时，就会产生“睡眠欠债”。大学生由于日程安排繁忙，加之深夜学习和社交活动，平均每晚只睡 5 个小时。仅仅一个学期，你就欠下了 336 个小时的睡眠债，也就是 14 天！

5　好消息是，如果你明智地去做，还是可以补上。假如你整个学期每晚只睡 5 个小时，然后在休假的第一个周末睡 48 个小时，也不能让你的身体机能恢复正常，而且很可能打乱你的**昼夜节律**。相反，你可以通过在休息时间每晚睡 9 个小时来减少“睡眠欠债”，然后在新学期开始时，每晚睡 7 ～ 8 小时。

打盹也算吗

6　说到补觉，打盹也算吗？虽然打盹不能完全抵消大量的睡眠债务，但它们可以帮助改善你的情绪、警觉性和表现。最好在午后打个盹，这时大脑中的松果体会释放少量褪黑素，身体的昼夜节律也会自然下降。不要在下午晚些时分打盹，因为它会干扰你当晚入睡的能力。打盹的时间要短，因为超过 30 分钟的睡眠会让你处于**睡后迟钝**状态，其特征是认知障碍、昏昏沉沉和迷失方向。

怎样获得良好的睡眠

7　你是否需要一罐咖啡因饮料来使自己在早晨开始工作？你觉得上课时很难保持清醒吗？你开车时打过瞌睡吗？这些都是睡眠不足或质量差的迹象。

为了促进安稳的睡眠，试试下面的建议

8　以下几点可以帮助你获得更长时间更安稳的睡眠。

9　**·使白天的环境保持光亮**。在白天，花些时间在阳光下，与你的昼夜节律保持同步。如果你在一个阳光寡照的地方生活，可以购买模仿阳光的特殊发光二极管照明设备。暴露在室外的自然光中是最有益的，但在室内要打开窗帘，在阴天打开房间的灯，也能帮助你保持清醒。

如果我睡不着，应该怎么办？

如果你难以入睡，可能是噪声、灯光、干扰或持续的焦虑让你无法入睡。使用耳塞或白噪声机来屏蔽噪声，戴眼罩来遮挡光线，关掉手机和电脑以防干扰。如果你心头担心的事情让你无法入睡，就在日记里记下它。睡个好觉，第二天早上你就能更好地应对了。

10　·**保持活跃**。如果你坐了一整天，就很难感到困倦，所以要确保白天有足够的体育活动。要抵制住这样的诱惑：我要等到自己睡得更好的时候才开始锻炼身体。慢慢地开始，但要从现在就开始，因为有规律的锻炼可以帮助你保持有规律的睡眠习惯。

11　·**美美睡上一觉**。不要让煎饼枕头、起球的床单的沙沙作响的声音或破旧的毯子影响你的睡眠，如果床垫不舒服，你又不能换，试着在上面放一个泡沫床垫。

12　·**创造一个睡眠“洞穴”**。从蝙蝠、熊和穴居动物身上汲取经验吧！当就寝时间临近时，保持卧室安静、凉爽和黑暗。从关掉电脑和手机开始。如果你住在公寓或宿舍里，外面或走廊里有噪声，戴上耳塞或配备能产生“白噪声”的电子设备，比如细雨声。调低恒温器的温度，或在炎热的夜晚开一把安静的电风扇。安装可使室内光线变暗的窗帘，或在有需要时戴上眼罩，以阻挡街上的光线。

13　·**调节自己，使自己睡得更好**。每天在同一时间睡觉和起床。建立一个睡前仪式，向身体发出“睡觉时间到了”的信号。例如，坐在床边听首安静的歌，冥想，写日记，洗个热水澡或淋浴，或读一些能让你安静放松的东西。

14　·**深呼吸**。头一碰到枕头，就深深地呼吸。通过鼻子慢慢吸气，直到氧气完全地充满你的肺，然后缓缓地通过微微噘起的嘴唇呼气。重复几次。深呼吸能给你的身体提供所需的氧气，也可以减少焦虑和紧张感。

15　·**不要辗转反侧**。如果 20 分钟后你还没睡着，那就起来。打开低亮度的灯，读一些放松的、不刺激的书，或听一些柔和的音乐。一旦你觉得困了，就回到床上。

阅后评测

检验你的理解

__c__ 1. 这篇阅读材料回答了以下所有问题，除了（　　）。

a. 你需要多少睡眠　　　　b. 什么是“睡眠欠债”

c. 导致睡眠障碍的因素是什么　　　　d. 你可以怎样得到更好的睡眠

__b__ 2. 作者写这篇阅读材料，是为了：

a. 描述干扰睡眠的物质和行为。

b. 告诉读者充足睡眠的重要性。

c. 将锻炼和休息作为健康生活方式的一部分。

d. 探讨识别和解决睡眠障碍的各种方式。

<u>b</u> 3. 研究人员推荐的“平均”睡眠时间标准是每天：

a. 5 ~ 6 小时。 b. 7 ~ 8 小时。

c. 10 小时。 d. 8 ~ 12 小时。

<u>c</u> 4. 以下所有陈述都正确，除了（　）。

a. 儿童比成年人需要更多的睡眠

b. 女性比男性需要更多的睡眠

c. 普通的大学生一个晚上只需要 5 小时睡眠

d. 解决“睡眠欠债”的方法是循序渐进地补觉

<u>b</u> 5. 根据这篇阅读精选材料，提高睡眠质量的好方法是：

a. 使房间里整天保持黑暗。 b. 白天进行大量的体育锻炼。

c. 每天晚上改变你上床睡觉的时间。 d. 下午的晚些时分或黄昏时分打个盹。

批判地思考

<u>a</u> 6. 作者主要通过（　）支持她的观点。

a. 研究成果和原因 b. 个人经历

c. 比较和类比 d. 示例和描述

<u>c</u> 7. 作者对待这个主题的态度可以用（　）来最好地描述。

a. 超然和正式 b. 庄严和悲观

c. 富有见地和有帮助 d. 好玩儿和搞笑

<u>b</u> 8. 女生坐在桌子前的照片的目的是说明：

a. 睡后迟钝。 b. 睡眠欠债。

c. 昼夜节律。 d. 睡眠“洞穴”。

<u>c</u> 9. 这张照片的标题是“睡不着该怎么办?”与通过（　）促进安稳睡眠相对应。

a. 在床上看书 b. 在日记中记录梦境

c. 把在心头萦绕的担心写进日记里 d. 在床上写家庭作业

<u>a</u> 10. 根据这篇阅读精选材料中的信息，可以得出的一个结论是：

a. 睡眠对于整体健康很重要。

b. 年轻人需要的睡眠时间比一般人少。

c. 年龄和性别是决定睡眠需求的最重要因素。

d. 睡前使用电脑或手机不会影响睡眠。

计分卡

结束时间：______时______分______秒

开始时间：______时______分______秒

阅读时间：______时______分______秒

每分钟字数计分：__________

理解计分：从第 1 题至第 10 题

正确的数目：______×10 = ______%

评估你的阅读策略

1. 你会怎么评价你对这篇阅读精选文章的理解？

很好　　好　　一般　　差

2. 你认为你的阅读策略有效吗？

有效　　无效

3. 假设再去读另一篇与之类似的阅读精选文章。根据你对这篇阅读文章的经验，你会怎样调整你的阅读策略（如果需要调整的话）？

____

____

阅读理解

1. 什么因素影响一个人需要的睡眠时间？

年龄、性别、睡眠欠债和身体的生理需求。

2. 减少“睡眠欠债”的最好方法是什么？

在一段时间内每晚多睡几个小时。

3. 什么时候是打盹的最佳时间，为什么？

午后是最好的，因为松果体会释放褪黑素，昼夜节律也会自然下降。

4. 怎样才能让自己睡得更好呢？

形成在同一时间睡觉的惯例，并且建立一个睡觉的仪式。

批判地思考

5. 作者在第 1 段中提出了什么主张？将作者的主张与她提出的研究和规则进行对比。它们是一致的还是矛盾的？

她说，没有确切的睡眠时间是正确的。她的一些证据表明存在个体差异，但她也就睡眠的对错给出了具体的建议。

6. 如何描述作者的语气？

她是客观的，因为她提供了信息和研究成果，但她也指出了人们是如何犯错的，所以她有点主观。

7. 作者对大学生的假设是什么？

作者假定大学生非常忙碌，超时学习，有时候缺乏睡眠。

多想一想

1. 你是否同意作者所说的睡眠欠债需要逐步弥补？你有没有在睡眠不足的情况下睡了很长时间？事后你感觉如何？

2. 你觉得自己需要多少睡眠？你觉得作者的估计正确吗？你知道有什么人需要的睡眠比作者建议的更多或更少吗？

3. 读完这篇阅读精选文章后，你对睡眠有什么感觉？这些信息是有用的、有帮助的还是让你感到更有压力？

第 11 章

更快阅读的方法

这张照片暗示了时间对我们很重要。你可能觉得没有足够时间去做所有你想做的事情，并且发现自己在学校、工作和家庭责任之间疲于奔命。

为自己创造更多时间的方法之一就是提高阅读速度。例如，如果一个学生的阅读速度提高了 25 个字 / 分钟（而她目前的平均阅读速度是 250 个字 / 分钟），那么她每小时可以节省大约 6 分钟！一周 20 小时的阅读，就相当于节约 2 小时！

在本章中，你将学习各种提高阅读速度的技巧。你将了解阅读的生理方面的知识，学会意群阅读，并且练习其他五种方法来提高阅读速度——关键词阅读、过渡词阅读、快速阅读练习、定速阅读和重新阅读。

眼神移动模式

阅读主要是一个思考过程。然而，它也有生理的方面，那就是：你的眼睛识别了文字后，会将它们以信号的形式传递给大脑。阅读的这些生理方面远没有认知过程那么重要。尽管如此，以下对生理方面的简要概述将帮助你识别干扰速度和理解的习惯。

在阅读时会发生些什么

眼睛好比高度专业化和极其精密的仪器。它们能够快速识别文字，并以信号的形式传递给大脑。当大脑把意思和接收到的信号联系起来时，心理过程就会参与进来。当这两个过程发生时，你便理解了正在阅读的内容。为了解释你的眼睛在一行文字上移动时发生了什么，让我们来看看眼动过程的一些生理特征。

从左至右的进展

你的眼睛已经训练得很好了，可以在页面上以从左到右的模式移动。然而，这种进展的速度是可变的，能够通过练习和训练显著提高。

注视

当你的眼神在一行文字上移动时，它们一会儿移动，一会儿停止。目光在移动时，你什么也看不见。当你的眼睛停止移动或聚焦的时候，称为注视。当你的眼睛在一行文字上移动时，会停留或注视几次，而你对每一行文字注视的次数，直接关系到阅读效率。

眼距

当你的眼神从左到右移动的时候，你的眼睛会停下来或注视，使得你看到一定数量的词。你在每次注视时能够看到的单词或字母的数量叫作眼距。有些读者在每次注视中只看到一个词的一部分；另一些人则能在一次注视中看到整个单词。还有一些人可能在每次注视中看到好几个词。

你也许发现，阅读材料的类型不同，眼距的差异就很大。例如，如果你正在给孩子读一本儿童读物，你可能一次能看到几个词。而当你阅读化学课本时，你也许得把注意力集中在单个词上。你在辨认某个不熟悉的生词时，可能会先看这个单词的某一部分，然后再看另一部分。

回扫

当你的眼睛看到一行文字的末尾时，它会回到下一行的开头。这种回撤动作称为回扫。

虽然你的眼睛已经被训练成自动返回，但它们返回的速度是可变的。

倒退

你的眼睛通常是按从左到右的方向前进，看到每个词都是按照它被书写的顺序的。但是你的目光偶尔会向后移动，或退回到读过的词，而不是移到下一个词上。这个词可能在同一行之中，也可能在上一行。

倒退通常是不必要的，而且会拖慢你的速度。事实上，倒退可能打乱句子的顺序。因此，你可能在理解你阅读的内容上有困难。

观察眼神移动模式

到目前为止，这本书里描述的大多数过程都可以通过观察另一个人的阅读轻易观察到。为了更好地理解眼神移动模式，可以选择和另一个人一同做下面的实验。一定要坐好，让对方面对你，然后从你们都没有读过的书中选择作为示例的页面。

实验 1：观察眼神移动

请对方举起书，这样你就能看到他阅读时的眼睛。然后引导这个人开始读某个段落。当他阅读时，注意眼球如何移动和停止。还要注意回扫到下一行的开头。

实验 2：计算注视次数

当这个人阅读时，数一数在每一行上眼睛停留或注视的次数。通过计算每行文字的平均字数除以每行注视的平均次数，你就能算出这个人的眼距。

实验 3：倒退

在观察另一个人阅读时，让他有意识地回到上一行的某个单词上。注意眼球的移动。然后让这个人继续阅读，并注意他是否在不知不觉中出现了任何的倒退。

现在，当你阅读时，让另一个人试着和你做这三个实验。

减少倒退

即使是非常优秀的读者偶尔也会出现倒退，你会发现，频繁的倒退干扰了你的理解，使阅读速度变慢。各种机械设备都可以减少倒退，但是你可以通过使用以下一种或多种技巧来轻松地获得相同的结果。

1. **要意识到自己的倒退倾向，强迫自己的眼睛只从左向右移动**。不要在句子中间倒退。如果你读完后不清楚句子的意思，也不要倒退，而是从头到尾再通读一遍。

2. **使用长方形的抽认卡，以防止倒退到以前的行**。在阅读时，将抽认卡向下滑动，这样就能覆盖你读过的内容。这种技巧将帮助你消除倒退，因为当你打算倒退到前面的一行时，抽认卡可能将它盖住了。如果你倒退，发现什么也看不到，最终你会停止倒退。

3. **在阅读时，用钢笔、铅笔或手指引导你的眼睛从左到右浏览每一行内容。**以你通常阅读的速度移动笔或手指。你会发现，笔或手指向前移动会迫使你继续向右阅读，并且会阻止你倒退。

读出声音和过度默读

有些低效率的读者通过动嘴唇把每个词都念出来。另一些读者则在默默地阅读时在心里“聆听”每个单词。这个过程称为默读。研究表明，虽然默读可能是必要的，有时也确实能够提高理解能力，但在阅读过程中不应经常不断地默读。在脑子里听每个词也许有助于理清一段令人困惑的文章，但如果连续地这样，默读就会限制读者逐字逐句地阅读。有些学生会把读出声音或默读作为一种习惯，即使这是不必要的。

如果你发现自己经常读出声音或默读，练习迫使自己十分迅速地阅读，直到自己读得再也不能快了。此外，如果你发现自己在阅读时嘴唇在动，那就在阅读时把你的手或手指靠近嘴唇。你会感觉到你的嘴唇在动，可以努力改掉这个习惯。

学习风格秘诀

如果你倾向于是一位……	那么，你可以通过以下方法提高阅读速度：
空间型学习者	注意页面布局、标题、示意图、图表和照片，它们提供了意义线索，能让你读得更快。
语言型学习者	逐句通读这个段落，评价每句话。

意群阅读

大多数成年阅读者一次只专注于一个词。尽管大多数人能把词组合在一起，但他们还没有培养这样的技能。逐字逐句的阅读是十分费时的，而且在很多情况下实际上会降低对句子意思的理解。

意群是将单词分组在一起的技巧。当你的眼睛看一行词时，你的眼睛动了又停，动了又停。意群包括扩大你的眼距，这样你就能在一次注视中看到几个词。

如何进行意群阅读

意群阅读包括扩大眼距或聚焦点，以包含两三个词。为了最有效地进行意群阅读，你可以把那些自然匹配或相配的词聚在一起。在书面语和口语中，词都是自然归类的。我们的语言包含了许多单独意义不大的词，但当它们与其他词结合在一起时，就表达了一种思想或观点。当把词按意义的单位组合在一起时，你就会发现你读的东西更容易理解了。

根据意群来阅读对阅读效率有很大的影响。通过把词组合成有意义的词组，你可以使句子更容易理解。此外，扩大了眼距，减少了注视每一行的次数，你就缩短了阅读一行所花的时间，从而提高了阅读速度。

学会意群阅读

对大多数学生来说，学习意群阅读需要大量的练习。这不是一种你可以在几次试读之后就能掌握的技能。相反，你可能发现，需要几个星期的持续练习才能养成这个习惯。为了培养这种技能，你应当尝试着去阅读尽可能多的东西。从简单的材料开始，比如报纸和杂志文章。之后，当你对该技能更有信心时，继续阅读难度更大的材料。

开始进行意群阅读时，你也许发现自己经常陷入逐字逐句的阅读中。这是十分自然的，因为你将注意力集中在阅读材料的内容上而不是阅读技巧上了。

小试身手　练习意群阅读

阅读以下已划分了意群的段落。它们之所以这么设计，是为了让你了解意群阅读的感觉。阅读时，你应当感到你的眼睛在有节奏地从一个意群转到另一个。

1. 当你进行意群阅读时，应当是这样的感觉。你的眼睛应该动一下，停一下；动一下，停一下。每当眼睛停下来或注视时，它应当看到一个有意义的短语。意群阅读可以提高你的理解能力，帮助你读得更快。
2. 任何时候，当有人告知你需要手术，而且不是紧急情况时，最好从合适领域的合格专家那里获得第二意见。要找到这个专家，向你的初级保健医生寻求建议，或打电话给最近的教学医院或有资质的医院寻求建议。你也可以查阅医学专家名录。
3. 事实上，普通感冒并不像看起来那么简单。它可以由 200 种不同病毒中的任何一种引起，可能通过八种方式给人带来痛苦：喉咙痛、打喷嚏、流鼻涕、流泪、疼痛、轻度发烧、鼻塞和咳嗽。因此，“组合”产品背后的想法是：它们应该包含针对不同症状的一些东西。广告商说，一粒药丸或一粒胶囊就能解决整个问题。这有点像一站式购物。

关键词阅读

阅读下面一个段落的每个版本。

版本 1

关键词阅读新技巧。比仔细阅读快。实际理解下降。下降值得，取决于目的、材料类型。

版本 2

> 关键词阅读是一种新技巧。虽然它比大多数仔细阅读技巧快，但读者必须预料到其对实际理解能力的下降。在某些情况下，这种下降是值得的，这取决于读者的目的和所读材料的类型。

你能理解第一个版本表达的内容吗？如果是这样，那么你已经开始掌握关键词阅读的技巧了。你开始采用类似关键词阅读的方式来阅读了。比较每个版本的字数。请注意，第二个版本包含了第一个版本中删除了的内容。与阅读第一个版本时相比，你阅读完整版本中的关键词，是否获得了更多的信息？

什么是关键词阅读

从我们的例子中，你可以看到，关键词阅读包括跳过不重要的词语，只读那些能表达每个句子主要或核心意思的词语。

现在阅读下面这段标记了关键词的段落。用两种方式阅读这段文字。首先，只阅读段落中标记的关键词。你能理解这段话所传达的信息吗？其次，阅读整篇文章。你获得了多少额外信息？

> 美国唯一一位非选举产生的总统杰拉尔德·福特成为（这个国家的）首席执行官时，整个国家都迫切希望结束不信任和不确定性。福特似乎是开始治疗过程的合适人选。他是一位迟钝的立法者，曾在众议院任职多年，表现平平。他是一个坦率、正派、慷慨的人，大多数美国人似乎都喜欢他。

《美国这些事》(*These United States*)，小布朗出版社，作者：昂格尔（Unger)。

只阅读关键词，你也许就能理解这段话的基本信息。然后，当你阅读完整的段落时，你只了解到关于福特的一些额外的细节。

在培养关键词阅读技能时，有时可以把这个过程想象成阅读报纸上的标题或电视屏幕底部的飞字新闻。

> 电视飞字新闻：洛杉矶劫机，52 名人质，4 名劫持者，身份和目的未知。

此信息只包含具有基本含义的单词。通常，这些有意义的词是名词、行为动词和重要的描述性形容词和副词。这些词告诉人们“什么人、什么事、何时、何地”，通常包括姓名、日期、地点、数字等。

什么时候采用关键词阅读

在阅读关键词时，理解程度通常在 50% ～ 70% 的范围。但是，在牺牲了理解程度的情况下，你可以料到自己的阅读速度加快了。实际上，你得到的比你失去的多，因为尽管你阅读不到一半的材料，但你通常可以预期自己能够理解超过 50% 的信息。使用关键词阅读时，你的阅读速度有望达到每分钟 600 ～ 700 字。

关键词阅读不能用于所有类型的材料。在很多情况下，理解水平低于 80% 是不能接受的。尤其是在阅读教科书或技术性很强的材料时，不宜采用关键词阅读。然而，在许多其他情况下，60% ～ 70% 的理解就足够了。以下是一些适合进行关键词阅读的情况：

- 当你访问某个网站，以确定该网站是否包含你在准备自己的研究论文时所需的任何信息时。
- 当你阅读报纸文章，寻找最近当地事件的重要观点和主要细节时。
- 当你使用参考书来了解作者的方法和作者对某一事件、观点、概念或理论的处理方法时。
- 当你阅读信件，以确定作者的目的以及需要怎样回复时。

小试身手　练习关键词阅读

假设你正在写一篇关于颜色对心理影响的研究论文。你在《科学文摘》上找到了这篇文章，你想看看它是否提供了你还没有掌握的关于颜色心理学的新信息。使用关键词阅读技巧读这篇文章。为了帮助你开始，对前面的几行进行了标记，以显示关键词。读完这篇文章后，回答后面的问题。

颜色怎样进入你的大脑

橙色让你感到饥饿；米色让你整洁高效

仅仅看一种颜色就能影响你的行为或改变你的情绪吗？尽管一些研究人员对此持怀疑态度，但另一些研究人员认为，颜色可能对人类行为和生理有深远的影响。

一份发表在《国际生物社会研究杂志》上的报告显示，在加拿大威斯基温一所学校改变颜色和照明方案后，一些学生的智商分数提高了，旷课和纪律问题也减少了。这项研究由阿尔伯塔大学视觉艺术教授哈里·沃尔法斯主持，研究内容包括用黄色和蓝色来代替橙色、白色、米黄色与棕色，以及用全光谱的灯来代替荧光灯。

位于华盛顿塔科马市的美国生物社会研究所所长、临床心理学家亚历山大·肖斯带头在全国各地的教改机构中广泛使用粉色泡泡糖房间，让违法者和罪犯平静下来。肖斯评估了实验对象看着纸板上的粉红色阴影时的效果。他后来在《心理经济学会公报》上报告说，这种颜色让实验对象感到如此放松，以至于他们不能像看其他颜色时那样进行简单的强度测试。位于西雅图的美国海军禁闭室注意到了肖斯的研究，并允许他在囚犯身上测试他的"平静颜色假说"。如今，数百家机构会在人们发脾气时把他们安置在粉红色的房间里。

"我们过去不得不给他们用药，甚至给他们戴上手铐，"加州圣贝纳迪诺县缓刑局临床服务主任保罗·波库米尼说，"但这（颜色）管用。"

肖斯和沃尔法斯并不确定颜色是如何对生物或行为产生影响的。但肖斯推测，对颜色的反应由大脑的网状结构决定，网状结构是人体数百万神经冲动的中继站。有研究表明，当实验对象看到红色、橙色或黄色等暖色调时，血压会升高，脑电波活动增加，呼吸速度更快，出汗更多。加州大学洛杉矶分校的一项研究表明，蓝色则有相反的效果。根据这些数据，研究人员推测，眼睛对颜色的感知最终会刺激身体中重要生化物质的释放。

人眼对数百万种颜色很敏感。每种颜色都有独特波长的光，以独特的方式照射到眼睛后部的颜色敏感锥细胞。然后这些细胞被激发，向大脑发送神经信号。沃尔法斯和其他人认为，激素或神经递质的释放可能在这一过程中得到触发，它们反过来影响情绪和活动，如心率和呼吸。

彩灯有助于健康

也有一些证据表明彩色的灯光有助于健康。现在，许多医院都使用发出高浓度蓝色波长的光浴来治疗新生儿黄疸。光线穿透皮肤，分解导致黄疸的化学物质胆红素。心理学家和商业色彩顾问已经开始使用不同的色调来诱导特定的行为。加拿大一家牙科诊所的墙壁上使用了渐变的蓝色，以缓解病人的恐惧；在康涅狄格州斯坦福德的智障救助中心，房间漆成了桃色、黄色和蓝色，据说能让人们放松；橙色可以刺激食欲，因此快餐连锁店用这种颜色装饰墙壁。在美国东北部的一家燃气轮机工厂，甚至连机器也被漆成浅蓝色或米黄色，而不是战舰灰色，以激发工人们的整洁度和效率。

但是，"颜色是修正行为的合法工具"这一观点仍在争论中。"我们需要用确凿的数据说话，"美国国家精神健康研究所的精神病学家诺曼·罗森塔尔说，"红色是刺激的颜色，蓝色是抑郁的颜色，这种文化偏见可能会形成一种反应，你如何理解这种偏见呢？"

1. 这篇文章提到了许多色彩的效果。尽可能多地列出你能想起的。

   健康、智商分数、旷课、情绪、力量、纪律问题、饥饿。

2. 总结一种解释颜色如何影响行为的理论。

   某些颜色会增加脑电波的活动，而另一些则会减缓脑电波的活动，因为眼睛对颜色的感知刺激了生化物质的释放。

3. 这篇文章为进一步的研究提供了哪些参考资料或来源？

   《国际生物社会研究杂志》和《心理经济学会公报》。

使用过渡词

并不是作品中的每个句子、段落或部分都必须以相同的方式阅读。例如，当阅读一篇文章或教科书的章节时，根据内容及其相对重要性，阅读速度可能各不相同。幸运的是，许多材料都包含线索词和短语，告诉你什么时候该加快速度，什么时候该保持速度，什么时候该放慢速度。这些词和短语通常起着过渡作用，连接各个观点，并且引导从这个观点转到那个观点。

例如，读者通常发现，在作者介绍新的和不同的观点时，阅读速度常常必须慢下来。标志着作者的思想转折的一个词是“然而”，正如下面这个语句。

> 选择一份与你的兴趣、技能和能力相匹配的工作至关重要。然而，很少有学生能够找到完美的匹配。相反，大多数学生必须满足于……

在这句话中，作者正在从讨论完美的匹配转而讨论其他的选项。

作者在陈述要点，强调重要信息，或做总结时，也必须降低阅读速度。表 11-1 列出了这些情况下的过渡词和短语。

表 11-1　提示阅读速度的关键词

提示加快速度	
重复的信息	再次，换句话讲，也就是说
例子	举例来说，例如，假设，譬如，如
提示减缓速度	
思想改变了	不过，然而，而是，尽管
总结	总而言之，出于这些原因，总的来讲，简单地讲
结论	总之，因而，因此
强调	重要的是，最重要的是，最最重要的是，事实上
提示保持速度	
继续	同样地，类似地，还，此外，补充说一下
枚举（列举）	首先，其次；（1），（2）

训练快速阅读

许多读者读得太慢了。事实上，有些读者慢得过分，甚至影响了他们的理解。接收信息的速度和思考的速度有时会有差距。如果吸收信息太慢，大脑就有时间走神了，导致注意力不集中或理解力差。

有效提高阅读速度的方法是以让人不舒服的高阅读速度练习阅读各种材料。如果一开始你的理解不完整，不用太担心。你的第一个目标是提高学习速度——比以前更快地学习。然后，随着你在快速阅读方面变得越发熟练，你就会发现自己的理解能力也提高了。

你可能认为这个策略类似于拉橡皮筋。新的橡皮筋很紧，拉不了多长。然而，当你一次次拉伸它时，它会变得更松、更长、更有弹性。阅读速度也会产生类似的变化：放松，伸展，变得更灵活。

小试身手　加快阅读速度

下面的段落摘自萨缪尔·贝克尔的《发现大众沟通》一书。尽可能快地阅读，然后回答每一段后面的问题。不要犹豫，尽管去冒险：阅读速度要比你认为你能够做到的更快。

文章 A

美国商城

明尼苏达州明尼阿波利斯城外的美国商城是美国最大的封闭式购物中心。它也是全国最受欢迎的旅游目的地，每天有 10 万人前往。和其他许多商城一样，这个商城也曾是年轻人的聚集地。周五和周六晚上，多达 1 万名青少年聚集在那里。但这种做法在 1996 年终止了，当时美国商城规定，除非有成年人陪同，否则 16 岁以下的青少年周末下午 6 点要遵守宵禁。从那以后，数百家商场也实行了类似的宵禁。

平均每周在商城消磨 3.5 小时的青少年大声抗议。来自北卡罗来纳州夏洛特市的 16 岁的金伯利·弗拉纳根抱怨道："我们只希望能在商场里闲逛。"美国公民自由联盟的律师凯里·罗斯站在青少年一边："我们反对宵禁，这是在把所有未成年人都当成罪犯对待。"

美国商城坚持认为，作为私营企业，他们不受宪法第一修正案的保护，比如言论自由和集会权。商场不是公共财产。然而，最近的商城被设计成唤起 19 世纪城市的公共空间。美国商城包括一个展览馆、游乐园、婚礼教堂、会议厅、学校、医疗诊所和一个中央"圆形大厅"，用于举办从园艺表演到胡克·霍肯摔跤比赛等"公共活动"。

问题

1. 美国商城对青少年实行宵禁。
2. 除了商店，“美国商城”还包括展览馆、游乐园、婚礼教堂、集会大厅、学校、医疗诊所。（至少列出一项。）

文章 B

棒球的历史

三种主要的团队运动——棒球、足球和篮球——在 19 世纪的最后 25 年里逐渐发展成接近现代的运动形式。很久以前，人们就开始进行各种形式的棒球比赛。有组织的队伍在 19 世纪 40 年代首次出现，大多由上层社会的业余爱好者组成，但这项运动直到内战期间才真正流行起来，当时它是军队露营娱乐的主要形式。

战后，职业球队开始出现（第一个是辛辛那提红袜队，每赛季付给球员 800 ～ 1400 美元），1876 年，8 个城市的球队组成了国家联盟。1901 年，美国联盟成立。在短暂的竞争之后，两大联盟在 1903 年（也就是第一次世界大赛的那一年）达成了和解。

有组织的比赛导致规则的编纂和技战术的改进，例如，“小”联盟的发展；公正的裁判员对叫球和打击进行判罚，并对近距离比赛进行裁决；使用捕手面具和软垫手套；发明了各种各样的曲线和其他不稳定的投球（通常通过“矫正”球来加强）。早在 19 世纪 70 年代，棒球就被称为“全国运动”，失去了所有上层阶级的内涵。重要的比赛吸引成千上万的观众；赌球成了一个问题。尽管比赛起源于城市，但其宽广的绿色球场和尘土飞扬的跑垒道赋予了棒球比赛乡村特色，直到最近，这种特色才开始逐渐消失。

问题

指出下面每句陈述的正误，在前面的空格里用 T（正确）和 F（错误）来表示。

T 1. 棒球在美国的南北战争期间开始流行起来。

F 2. 直到 20 世纪 20 年代，棒球才被称为“全国运动”。

定速方法

提高阅读速度的一种既定方法被称为定速法。定速法包括强迫自己的阅读速度比平时稍快一点，并且努力跟上预先设定的速度。为了更好地理解节奏的概念，假设你在一群人中间，突然每个人都开始快速向前走。你被迫以人群移动的速度前进，不管你想移动多快。同样，在阅读中，如果一些外部手段“强迫”你读快一些，那么你也能读得更快。定速方法是一种强迫自己以比正常速度更快的速度阅读，同时保持自己的理解水平的方法。

定速方法

采用两种简单的方法来进行定速阅读。

1. 使用抽认卡片。将一张卡片往下滑动，在阅读时，卡片会覆盖住每一行。这种技巧将迫使你朝前读下去并且保持以较快速度移动。

2. 使用计时器或闹钟。首先测量一分钟内可以读多少内容。然后为自己设定一个目标：确定在给定的时间内你打算读多少页。将目标设定得稍微高于你目前测量的水平。

当你开始使用这些定速阅读方法时，请记住以下几点建议：

- **记录你的时间，你阅读的数量，每分钟阅读的字数。**
- **一定要保持足够的理解水平。**为了测试你的理解力，试着总结你所读的内容。如果你无法记住足够的内容来总结你所读的内容，那也许是你读得太快了。
- **通过几周的练习，逐步推动自己提高速度。**

为提高速度而重新阅读

重新阅读是提高阅读速度的有效方法。它包括以小幅的增量逐步提高阅读速度。为了提高速度，请遵循下面的步骤。

认知深化　如何重新阅读

1. 选择一篇或一段文章，按照你平时的阅读习惯仔细阅读或随意阅读。
2. 给自己计时，读完后以每分钟的字数为单位来计算你的阅读速度。
3. 休息一下（5分钟左右）。然后重新阅读同一篇文章。强迫自己比第一次读得更快。
4. 计时，再次计算你的速度。你应当能以比最初的速度更快地重新阅读这篇文章。
5. 读一篇新的文章，迫使自己以几乎和第一本一样快的速度阅读。

重新阅读可以为更快地阅读新材料做准备。重新阅读确立了更快的眼球运动的机械过程，并且使你能以更快的阅读速度进行初步的练习或“试读”。它有助于你学习更迅速地阅读文章，同时保持理解力的平衡。你已经从第一次阅读中对你选择的阅读材料有了基本的了解，因此能够自由地集中精力提高阅读的速度。

支持技术　提高阅读速度

电脑是提高阅读速度的理想工具。通过控制屏幕向下滚动的速度，你可以使自己阅读得更快。找到一些包含大量容易阅读的文字内容的网站。使用向下滚动按钮，强迫自己以一种稍微不舒服的速度来阅读。

十天内做十件事，让世界变得更美好

梅根·H（Meghan H）

你准备采取哪种阅读策略

注：计分卡可以让你计算你的阅读速度。为做到这一点，在你开始阅读之前，一定要在计分卡上记下你开始阅读的时间。

通过预习阅读材料来激活你的思维，并回答以下问题。

__a__ 1. 根据你对这篇阅读材料的预习，你会把作者列出的十条建议归入哪一类？

a. 从你自己家开始，帮助带来社会变化的建议。

b. 以环保的方式回收过时的科技产品的建议。

c. 从石油转向太阳能或风能的建议。

d. 使用脸书等社交媒体来扩大你的朋友圈子的主意。

2. 根据你对阅读材料的预习，你认为你应该以多快的速度阅读这篇精选材料？解释你的答案。

很慢　　慢　　中等速度　　快　　很快

____

____

3. 你用智能手机做什么？列出一些你可能使用智能手机为社区服务的方式。______________________________

____

1　如今，多亏了互联网和智能手机，从舒适的家中为社会带来变化变得越来越容易。虽然走出家门，在你的社区和周围从事一些志愿服务也是必要的，但你也可以坐在电脑前或通过手机做许许多多的事情。

2　这里介绍一些你和你孩子可以每天在家里采取的、帮助世界各地的社会带来变革的一些行动。

写信

3　这实际上是我们采取行动最古老的工具之一。但是有了互联网之后，写信（或电子邮件）的影响又增加了一层。你可以给组织、政客和公司发邮件，谈论世界上的每一个问题。如果你真的想有所作为或想表达你对某个问题的关注，坐下来写封信或电子邮件，让别人听到你的声音。有很多网站甚至会为你提供模板，你要做的就是签名并点击发送。

免费回收

4　每年我们会把 175 000 000 吨垃圾扔进垃圾填埋场。相反，你可以使用 Freecycle.org 这个网站把你的旧东西扔掉（或寻找你可能需要的东西）。这是另一种减少、再利用和循环使用旧物的方式。

步行

5　步行不仅对你有好处，对环境也有好处，还能非常可观地帮助整个国家减少对外国石油的依赖。如果每个人每天都能放弃一次开车而改为步行，你能想象我们会节省多少钱和能源，以及世界会变得多么健康吗？

在脸书上许个生日愿望

6　很多人在脸书上（承认吧，你很有可能在脸书看到这篇文章）并且很幸运地庆祝了一个“脸书生日”。当你在脸书上结识的朋友接二连三地给你送上温暖的生日祝福时，你的个人资料就会被他们填得满满的。为什么不试着利用这些生日祝福来实现更大的好处呢？通过 Causes.com，你可以许下一个“生日愿望”，然后与脸书上的朋友分享这个愿望，请他们不要生日愿望或礼物，而是向你选择的事业捐款。即使你在脸书上只有 100 个好友，他们每个人只捐了 1 美元，这 100 美元也将捐给对你来说意义重大的事业。无论你筹集的是 10 美元还是 1000 美元，都是为了慈善事业。

订阅 20/20 行动

7　20/20 行动组织的目标是，每年只要 20 美元，每月 20 分钟，你就可以帮助改变世界。当你订阅 20/20 行动时，你每月会收到一张明信片，你可以采取一次简单的行动来帮助拯救世界。每张明信片都包含了你需要的一切，你可以通过信件、电子邮件、传真或电话，向面临重大环境或和平问题的关键决定的决策者发送有效的、简短的个人信息。

在本地购物

8　在本地买东西可以通过很多方式让世界变得更美好。它能很好地利用你的税收，确保更好的经济，并鼓励本地的繁荣。但不要忘记，购买本地产品还有助于减少你的碳足迹！

网上冲浪

9　没错，像上网搜索这样简单的事情，也可以帮助你为你最喜欢的慈善机构或事业募集资金。访问 GoodSearch.com，填写你最喜欢的慈善机构，开始冲浪吧！它们会为你的每一次搜索捐款。

支持你当地的学校

10　你不需要让孩子上你当地的学校来帮助支持它和社区。当你附近的学校正在举办糕饼义卖、嘉年华、图书义卖、小型购物中心或任何其他筹款活动时，你都可以提前在淡季采购圣诞节的东西。支持当地的学校总是有利于整个社区，而不仅仅是你支持的学校。

捐出你的声音

11　在 LibriVox 网站上，志愿者们对公共领域中列出的图书章节进行录音，例如 MP3 格式，然后将音频文件免费提供给全世界。你可以自愿阅读并给书中的章节录音。这是你可以在家里的电脑上做的事情。

教你的孩子充满爱心

12 为了让世界变得更美好，在日常所做的事情中，没有什么比教育你的孩子们去关心和关爱这个世界的影响更大的了。参观图书馆，查阅有关保护的图书，观看关于世界各地不同问题的纪录片，只要你可以通过自己的例子来教育孩子，什么事情都可以。当他们看到你因为希望有所改变而在日常生活中做一些小事时，也会跟着你做。

13 你今天会选择做上面的一件事吗？也许是两件或三件？你还会通过什么方式来促进积极的社会变革？

阅后评测

检验你的理解

_c_ 1. 这篇阅读精选文章主要是关于怎样·

a. 在互联网上筹集资金。　　b. 改善环境。

c. 促进积极的社会变革。　　d. 通过社交网站捐赠。

_d_ 2. 作者写下这篇文章，是为了：

a. 为当地社区赢得支持。　　b. 鼓励成年人当志愿者。

c. 宣传具有环境意识的生活。　　d. 建议采用各种方法使世界变得更美好。

_b_ 3. 帮助人们避免把垃圾扔进垃圾填埋场的组织的网站是：

a. Causes.com。　　b. Freecycle.org。

c. LibriVox。　　d. GoodSearch.com。

_c_ 4. 根据作者的说法，从本地购物具有下面所有这些好处，除了（　）。

a. 好好地利用你的税收　　b. 确保经济变得更好

c. 增加你的碳足迹　　d. 助推当地繁荣

_a_ 5. 20/20 行动的目标是为用户提供一种（　）的方式。

a. 就重要问题每月向政策制定者发出信息

b. 通过脸书向他们选择的事业捐款

c. 对图书的章节进行录音，并免费提供音频文件

d. 在互联网上的同时支持他们最喜欢的慈善机构

批判地思考

_b_ 6. 基于这篇阅读精选材料，最好的指导问题是：

a. 互联网如何使世界变得更好？　　b. 我们可以采取什么行动来助推社会变革？

c. 我们可以怎样减轻对外国石油的依赖？　　d. 我们可以如何改善环境？

__a__ 7. 作者对这一主题的态度可以最好地描述为：

a. 热情的和乐观的。　　b. 愤慨的和担心的。

c. 嘲讽的和愤世嫉俗的。　　d. 客观的和超然的。

__b__ 8. 文中的照片是作为一个（　）的例子。

a. 减少你的碳足迹　　b. 支持当地学校

c. 购买本地生产的食品　　d. 教育孩子对他人要富有爱心

__c__ 9. 作者主要通过（　）来展开他的中心思想。

a. 叙述个人经历　　b. 进行比较和类比

c. 列举各种行动及原因　　d. 引述专家的意见

__d__ 10. 你可以根据这篇阅读精选材料做出的一个推论是：

a. 这篇材料最初出现在一本教科书中。　　b. 作者为 20/20 行动组织工作。

c. 作者没有孩子。　　d. 作者希望鼓励人们参与变革。

计分卡

结束时间：______时______分______秒

开始时间：______时______分______秒

阅读时间：______时______分______秒

每分钟字数计分：__________

理解计分：从第 1 题至第 10 题

正确的数目：______ × 10 = ______%

评估你的阅读策略

1. 你会怎么评价你对这篇阅读文章的理解？

很好　　好　　一般　　差

2. 你认为你的阅读策略有效吗？

有效　　无效

3. 假设再去读另一篇与之类似的阅读精选文章。根据你对这篇阅读文章的经验，你会怎样调整你的阅读策略（如果需要调整的话）？

____

____

阅读理解

1. LibriVox 的志愿者做些什么？

志愿者阅读图书的章节并录音，然后免费向全世界提供这些音频文件。

2. 作者建议人们如何使用 Causes.com 来筹集资金？

她建议人们使用脸书，让好友们通过在 Causes.com 上捐款来表达他们的生日愿望。

3. 根据作者的说法，步行的三个好处是什么？

这对我们自己的健康有好处，对环境也有好处，还有助于减少我们对外国石油的依赖。

4. 当你订阅20/20行动时，你会收到什么？

你每月会收到一张明信片，上面有一个简单的行动，你可以做些什么来帮助拯救世界。这张明信片包含了一些信息，告诉你怎样向决策者发送关于重要的环境或和平问题的短信。

批判地思考

5. 这篇阅读精选文章的目标读者是什么人？

它似乎是针对那些有孩子的人，他们正在寻找方便的和有意义的方式来使这个世界变得更美好。

6. 作者说“有了互联网，写信（或电子邮件）的影响又增加了一层”是什么意思（第3段）？

她的意思是，互联网使人们可以快速、轻松地给任何人写信，谈论对你来说重要的任何事情。

7. 哪两个领域似乎是20/20行动组织的重点？

这个组织似乎关心环境与和平问题。

8. 作者认为对世界变得更美好最有影响的是什么？

她相信没有什么比教孩子们关心世界更重要的了。

多想一想

1. 思考一下作者的建议。你最可能尝试哪一种？为什么？你还想在她的清单上添加什么？

2. 讨论这篇阅读精选材料的语气。作者的语气与她的主题有多么一致？如果以一种更客观的声音来写，这篇材料还会有效吗？

3. 讨论使用生日祝福或脸书好友以获得“更大的好处”的想法。你愿意让朋友们为你选择的事业捐款吗？为什么？

4. 讨论以身作则的意义。在你的日常生活中，你会做哪些小事来展示你想给别人带来的改变？